哲学原理与警务实践

崔北方 著

中国人民公安大学出版社
群众出版社
·北 京·

图书在版编目（CIP）数据

哲学原理与警务实践/崔北方著．—北京：中国人民公安大学出版社，2017.5

ISBN 978-7-5653-2936-4

Ⅰ.①哲… Ⅱ.①崔… Ⅲ.①哲学理论—研究②公安工作—研究—中国
Ⅳ.①B0②D631

中国版本图书馆CIP数据核字（2017）第130086号

哲学原理与警务实践

崔北方 著

出版发行：中国人民公安大学出版社
地　　址：北京市西城区木樨地南里
邮政编码：100038
经　　销：新华书店
印　　刷：北京兴华昌盛印刷有限公司

版　　次：2017年6月第1版
印　　次：2017年6月第1次
印　　张：15.5
开　　本：787毫米×1092毫米　1/16
字　　数：230千字

书　　号：ISBN 978-7-5653-2936-4
定　　价：55.00元

网　　址：www.cppsup.com.cn　www.porclub.com.cn
电子邮箱：zbs@cppsup.com　zbs@cppsu.edu.cn

营销中心电话：010-83903254
读者服务部电话（门市）：010-83903257
警官读者俱乐部电话（网购、邮购）：010-83903253
教材分社电话：010-83903259

使警务工作由复杂到简单的哲学智慧

（自序）

2017年5月19日，习近平总书记在接见全国公安系统英雄模范和立功集体表彰大会上所作的讲话中对公安队伍给予了充分肯定，指出，“公安队伍是一支有着光荣传统和优良作风的队伍，也是一支英雄辈出、正气浩然的队伍”，“和平年代，公安队伍是一支牺牲最多、奉献最大的队伍”。同时强调，公安机关要坚持人民公安为人民，全面加强正规化、专业化、职业化建设，做到对党忠诚，服务人民，执法公正，纪律严明。习近平总书记的讲话，充分表达了党中央对全体公安民警的关爱，对公安机关和公安工作倾注了极大的关注和期待。因此，所有公安民警，必须在复杂的警务工作中更好地贯彻落实党中央在新时期对公安机关、公安工作的新要求，更好地履行维护社会大局稳定、促进社会公平正义、保障人民安居乐业三大职责任务。

但是，我们知道，社会生活和警务工作纷繁复杂，千姿百态，总会有许多我们意想不到的事情发生，似乎也不按我们的意愿向前发展。所以，每个从事警务工作的同志，都必须勤于学习，乐于分析，善于把握事物发展的规律，自觉地在哲学原理的指导下，把党中央对公安机关和公安工作的各项要求落实到具体的警务工作当中去。

后人在解读我国最古老、最经典的哲学著作《周易》的过程中，总结了易学精髓的要义，就是“三易”，曰变易、简易和不易。变易是讲，宇宙万物随时随地都在变化之中；简易和不易是说，尽管宇宙万物变化不定，但是其中有一定的规律可循，掌握了这些规律，我们观察世界的能力就会大大提高，对宇宙万物的认识就会由难而易，而且只要我们认识、掌握和驾驭了这些规律，我们就可以以不变应万变，使我们的生活变得简单、清楚，更容易把握。

那么，在复杂的警务工作过程中，是不是也有这样一种规律可循呢？答案是肯定的。其实，马克思主义哲学的辩证唯物主义原理，就是指导我们认识复杂的警务工作过程的金钥匙。

《哲学原理与警务实践》这本书，就是一本试图把哲学原理与警务工作实践有机结合，使我们的警务工作者都能够通过复杂的警务工作现象认识、分析事物发展的本质，掌握和驾驭警务工作规律，从而使警务工作变得简单的一次初步尝试的书。全书分十二部分，分别从警务里的哲学智慧、警务工作的发展与时代同步、警务工作是社会发展的重要组成部分、警务工作必须符合客观实际、总结经验是促进警务工作上台阶的好办法、警务工作者必须树立群众观点、用唯物辩证法的三大规律审视警务工作、几对哲学范畴对警务工作的启示、正确处理警务工作中的几个关系、警务工作的价值所在、把文化建设放在警察队伍建设的重要位置、全面客观地看待民警个人的成长进步等问题进行了系统、全面的分析。对于这本书可能达到的目的，我们的基本定位就是：分析警务问题，总结警务经验，掌握警务规律，开启警务智慧。

希望这本书真正能使所有基层警务工作者有所启迪，对提高自己的工作水平、完善自己的人生价值起到一定的积极作用。

崔北方

2017 年 5 月

目 录

CONTENS

导论：警务里的哲学智慧

老子所著《道德经》一书，是中国最为古老的一部哲学著作。这部著作的哲学思想在世界范围内产生了巨大的影响。在《道德经》中，老子诠释了不可言说的"道"的含义和来源，认为"道"生成了万物，又内涵于万物之中，"道"在物中，物在"道"中，万事万物殊途同归。同时，他认为"道"不只是有形的"物质"、思虑的"精神"、理性的"规律"，而是造成这一切的无形无象、至虚至灵的宇宙本根。

《道德经》第十六章中说："致虚极，守静笃。万物并作，吾以观复。"意思是说，人们应该抛弃一切杂念，在沉静的环境和心态中去观照宇宙万物的发展变化，在日月升了又落，草木枯了又荣的过程中去寻找万事万物发展变化的规律。在这里，"致虚极，守静笃"的目的在于"观复"。"观复"其实就是最早的对于追问、探寻与发现哲学思维的一种直观表述，对于人们努力探寻事物发展规律的一种追求。

探究警务活动发展变化的规律，应该是每个警务工作者为了推进警务工作更加符合人类社会进步的需要而进行的一种有益的尝试。

（一）在警务工作中要自觉学哲学，用哲学

警务工作是人类社会所有领域中一个非常重要的领域，也是物质世界客观存在的一种表现形式。所以，我们有必要在哲学原理和哲学精神的指导下，追问和探寻警务工作的一般规律，从而更好地把握警务工作的规律，更好地进行警务工作实践。

从理论与实践结合的角度上看，警务工作的成效如何，直接关系到一个国家、一个社会、一个地区的安全、稳定和发展，也直接关系到全社会所有公民的权利和利益能否得到有效保障。根据唯物辩证法的观点，把我国的警察组织和警务工作运行纳入哲学研究的视野，把警务工作领域中的应用哲学融入整体的哲学研究框架，不仅是更好地用哲学原理指

导我国警务工作实践的需要，也是促进社会主义和谐社会建设的需要，是把哲学原理同中国特色社会主义建设的具体实践相结合的一种迫切需要。

长期以来，我国公安机关及其广大人民警察在警务工作的实践中总结了大量的、鲜活的、富有时代精神的工作经验，有的已经上升到了一定的理论高度，对于指导警务工作的进一步开展具有积极意义。但是，从普遍的情况来看，把哲学原理应用于警务工作实践的做法还不多，更多在基层一线工作的警务工作者，甚至相当层次的公安机关领导干部，对于用哲学理论指导实践工作还有一些模糊认识。一种普遍的观点是，哲学只适合理论家们研究，对于从事警务工作实践的同志来说，是一种可望而不可即的、高深莫测的知识领域，而且很多理论研究工作者和警务工作实践部门的同志对于充分准确地运用哲学理论指导实践有相当程度的畏难情绪，往往是敬而远之。

从纯理论的角度上讲，哲学确实是一门高深的学问。但哲学绝对不是离我们非常远和高不可及的学问。长期以来，哲学界的研究者们反复强调，哲学是生活里的盐，是指导人们社会生活的方法论，这都是强调哲学其实就在我们身边，就在我们的日常生活中，我们每时每刻都离不开哲学智慧的指导。只要我们有心，就可以发现，连古今中外随处可见的一些民谣、谚语，都反射着哲学思想的光辉。例如，每年的二十四节气，每个节气对应的天象、物候变化，都是我们古代的先哲们在循环的四季变化中，通过“观复”而发现的物候变化的规律，正是因为我们了解了这些规律、掌握了这些规律，并按照这些规律的要求安排我们的生产和生活，我们才是驾驭了规律，收获了相对丰盈的物质成果，使我们的生活变得更好，也使社会发展走上了正常的轨道。此外，我们还常说“咸中得味”，这其实也是一种对规律的总结，是哲学在日常生活中的一种体现。这也告诉我们，只要掌握了哲学基本原理和基本精神，用以分析和解决问题，就可以使我们的日常生活和工作更加有趣和富有成效。因此，我们必须破除对哲学理解上的误区，排除学哲学和用哲学方面的心理障碍，自觉地学哲学、用哲学，久而久之，学哲学和用哲学就会成为我们的一种工作和生活习惯，从而发挥越来越明确的作用。

（二）尊重客观实际，坚持实践的观点，掌握辩证分析的方法

有人说，哲学是永远的追问。哲学追问其实要追要问底的，就是思维与存在何者为第一性的问题，就是思维与存在的关系问题。在这里，唯物主义者认为，存在永远是第一位的，只有在正确认识客观存在的基础上，我们的思维才可以指导我们去认识世界和改造世界。

认识警察组织和警务工作，首先要承认警察组织和警务工作都是一种客观存在，要承认警察组织及其警务活动的存在与运行都要遵循一定的客观规律。这是我们在警务工作中学哲学、用哲学的基础。我们知道，我们赖以生存的客观世界是物质的，这不是由哲学中物质是第一性的原理所决定的，而是由客观物质世界存在的客观性所决定的，哲学中物质第一性的原理，不过是哲学家通过对物质世界的抽象和把握，总结出来的一种关于世界是什么的哲学认识，是一种对物质世界存在的基础把握。这就要求我们在日常的警务工作中，始终把物质第一性的原理贯穿于每项工作中，而不能靠拍脑门、凭空想象去做决策和开展工作。

承认客观存在是第一性的，尊重客观存在，只是我们学哲学、用哲学的一个先决条件。我们的目的是在承认的基础上去认识客观世界，进而通过深入地认识客观世界，更好地把握和驾驭客观事物运行的规律。我们从事警务工作的同志每天从事警务工作，往往会“不识庐山真面目，只缘身在此山中”。时间久了，就会忘记我们其实是在一个物质世界从事一种具有一定规律性的工作，而面对物质世界和客观存在的警务工作，往往把完成任务当成一种本能，不自觉地失去了认识警务工作实质和规律的意识，往往是孤立地、静止地、片面地看待自己的工作，导致警务工作效率不高，甚至可能出现各种错误。

为此，我们必须在尊重客观存在的基础上，自觉地在警务工作中深入地认识物质世界和客观存在，深入认识警务工作的规律。当然，这种认识的途径只有一个，那就是大量地、不断地进行警务工作实践。现在，我们说实践出真知，实践是检验真理的唯一标准，言外之意就是我们要

通过实践去认识客观世界，去检验我们对客观世界的认识正确与否。

要学好哲学、用好哲学，要求我们能够较好地掌握辩证分析的方法，就是要求我们在日常的警务工作中用发展的眼光、事物是普遍联系的眼光、一分为二的辩证眼光来对待我们的工作和生活。如果能够真正做到这一点，我们将获益甚大。前中央政治局常委李瑞环同志在《学哲学用哲学》一书中曾经写道，“有人说，由一个普通农民、工人，一步步走到党和国家最高领导层真不简单，这其中一定会有一些奥秘、诀窍，应该总结一下。要我说还是那句老话：是社会主义制度的产物，当然也不能否认个人的努力。光靠努力还不行，还要得法。得法就是要学习哲学。这一生对我帮助最大的就是马克思主义哲学。我从二十几岁开始学哲学，一直坚持在工作中学，边干边学，几十年从未间断”[①]。李瑞环同志回忆，他当过15年工人，其间搞过100多项技术革新，几乎是干什么就革新什么，后来当了干部，地位越来越高，责任越来越重，岗位变换很快，有时岗位变换的工作内容和性质变化很大，但他都能很快适应，并有所作为。他认为这都是哲学帮了他的忙。我们分析，李瑞环同志的经历说明，他是因为很好地掌握了哲学的基本原理，学会了并习惯于用辩证的方法分析和解决问题，才在不同的工作岗位上都能够得心应手。

（三）分析警务问题，总结警务经验，把握警务规律，开启警务智慧

在笔者另一本《警务哲学》的前言中，我们对于警务工作者学哲学、用哲学的意义给出了四个层次的答案：分析警务问题，总结警务经验，把握警务规律，开启警务智慧。

第一，分析警务问题。

毫无疑问，警务工作是所有政府部门工作中一项涉及面最广、最繁杂、难度最大的工作，不仅涉及行政执法，也涉及刑事司法，不仅要面对各种各样的人民内部矛盾，更要面对形形色色的敌我矛盾，而且警务

① 李瑞环著：《学哲学　用哲学》，中国人民大学出版社2005年9月第一版，第16页。

工作点多、线长，警务工作者每天、每时都要与社会上各部门、各阶层、各领域的人或事接触，所以接触的问题繁多，有的矛盾非常尖锐。21世纪以来，随着我国对内搞活经济、对外开放政策的不断深入，随着我国社会结构的崩塌与重建，随着社会中人们的人生观念、价值观念和道德取向的深刻变化，警务工作中我们面临的各种问题和矛盾层出不穷，时刻考验着我们的神经和勇气。在这种情况下，许多过去我们常用的、行之有效的警务工作方法已经不符合时代发展的需要，再用一成不变的工作方法去解决现在社会上的问题，不仅效果不好，还可能适得其反。这就要求我们在哲学精神的指导下，学会发现问题和分析问题，用发展的眼光、普遍联系的观点去认识这些问题，既要看到在当前形势下警务工作面临的巨大挑战，也要看到事业发展面临的重大机遇，认真分析当前我国社会中、警务工作中存在的主要问题和问题的主要方面，为制定针对性警务工作对策提供基础的理论依据。

第二，总结警务经验。

新中国成立60多年来，我国公安机关在丰富的警务工作实践中形成了许多行之有效的工作措施和方法，有的已经上升到了一定的理论高度。例如，在社会治安综合治理方面的经验；在群防群治方面的经验；在帮教违法犯罪青少年方面的经验；在社区防控方面的经验。同时，一些民警个人在工作中也不断发挥自己的聪明才智，创造了许多诸如“十个一工作法”“五访工作法”“一二三工作法”“五微工作法”等工作方法。应该说，这些经验都是在充分认识警务工作规律的基础上总结出来的，是行之有效的，也在警务工作中发挥了很大作用。但是，在新的社会形势和警务工作任务面前，现阶段对工作经验的总结还远远没有跟上形势发展的需要。许多基层公安机关和民警好的经验和做法还有待进一步总结并上升到理论的高度，用哲学原理加以解释以更好地指导警务工作实践。

第三，把握警务规律。

哲学所要研究的是事物最根本、最普遍的规律，只要掌握了哲学原理，就掌握了事物发展的基本规律，可以说，世界上的任何事物都不会离开这个基本规律的范围，对研究警务哲学如何运用也是同样的道理。当我们面对复杂的社会生活和警务工作时，我们就会通过发现问题、总结经验，把一些警务工作中的感性认识上升到理性认识，也就是把握事物发展的本质和规律性的认识，从而使警务工作者能够在把握规律的基础上，尊重客观规律，顺势而为，提高警务工作效率。

第四，开启警务智慧。

哲学就是爱智者的学问，是智慧学，也是明白学。只要我们下功夫学哲学、用哲学，就会发现自己的思维越来越敏捷，会轻易地发现问题所在，会很快找到解决问题的办法，会在一团乱麻中找到工作的重点和方向。因此，在警察组织中的所有同志，无论是一般民警还是领导干部，都应该下功夫掌握哲学的基本精神，自觉地用哲学思想指导自己的工作，这样，有利于培养全体警务工作者的辩证思维，使我们在学习哲学原理的同时，用更科学的方法分析问题和解决问题，并逐渐养成学哲学、用哲学的良好习惯，最终实现开启警务智慧之目的。

一、警务工作的发展与时代同步

古希腊哲学家赫拉克利特有一句名言：“人不能两次踏进同一条河流。”意思是说，当人第二次进入自己曾经进入过的那条河流时，这条河中的水流早已不是上次你进入河流时的那些水。其潜在的意思是说，宇宙万物没有什么是绝对静止而不产生变化的，一切都在变化之中。

赫拉克利特的哲学观点，充满了辩证法的思想，对后来辩证法的发展产生了巨大影响。

发展变化，是宇宙、世界万事万物的永恒主题。

作为社会生活重要组成部分之一的警务工作，必然也要处于动态的发展变化之中。所有警务工作中哲学智慧的产生与发展，亦发生在警务工作永远的发展变化之中。

（一）物质世界的运动与变化

曾几何时，我国农村基层公安派出所的警务活动，“交通基本靠走，通信基本靠吼，巡逻基本靠狗”的日子已经一去不复返了。随着农村公路“村村通”建设的基本完成，即使在农村，现代化的交通工具也已经成了农村派出所的标准配置，而手机、电脑、互联网、公安网这些在普通人眼里可以体现现代科技发展水平的高科技产物，也已经普通得不能再普通了。这种警务活动的变化可以从一个侧面反映出在马克思主义哲学中关于物质是运动的这一基本原理。

我们知道，我们所处的这个世界是由物质构成的，而物质是在不停地运动着的。物质与运动的统一，是辩证唯物主义对于我们这个世界最基本的看法。

在唯物辩证法中，对物质的认识有如下几个基本观点：

第一，运动是物质的根本属性，没有什么东西是不在运动着的。

在我们所处的这个物质世界里，没有什么东西是不在运动着的。上面我们所举的农村警务活动变化的例子，不过是世界诸多运动变化中一个小小的缩影。在世界上，运动一刻不停，无所不在。大到我们肉眼看不到运动的高山、摩天大厦，小到一滴水、一抔土，都在不停地运动变化之中。举个最简单的例子，我们世界的承载物是地球，地球的质量为5.965×1024千克，约是60万亿亿吨，约为月球质量的81倍。现在我们知道，地球是不停运动的。而在古代，在东方，我们还没有认识到地球是运动的，我国古人认为，人类所居住的世界是一个静止不动的空间，而我们居住在这个世界的中心，让世界各地、各种族来朝拜。天圆、地方，天覆地载，我们只知道四季和日夜的交替，却不明白其间的道理何在。现代科学告诉了我们这个答案，现在连中小学生都知道，地球不仅在自转，而且以每秒29.8千米的速度在围绕太阳公转。在地球自转和公转的过程中，我们在日常生活中却一点也感觉不到。这些运动的例子无所不在，无一例外地证明着世界是物质的，而物质是运动的这一根本事实。也就是说，物质和运动被不可分割地联系在一起，一方面，没有不在运动的物质；另一方面，也不存在没有物质的运动。否认这一点，就是唯心主义。例如，黑格尔哲学观点最著名的一点就是，他认为一切运动都是“绝对精神”的运动，而所谓的绝对精神，不过是他心中的世界之神。这个绝对精神创造了世界，包括物质的与精神的东西。显然，这一哲学观点在唯物辩证法面前是根本站不住脚的。

第二，物质的相对静止也是物质运动的一种特殊方式。

有些警务工作者会对一些警务现象深有感触。在某些地方，犯罪活动的季节性很明显。例如，在北方一些城市的城乡接合部，前些年每到春节临近，盗窃案件总会爆发式地频繁出现。而过了这个特定时期，盗窃案就相对要少很多。似乎盗窃犯罪分子一夜之间都销声匿迹了。这段盗窃案件相对很少发生的时期，就是一个警务活动相对静止的时期，我们也正好可以在这个时期养精蓄锐。这是用社会犯罪活动和警务活动的相对静止来解释物质的相对静止这个哲学原理。客观上说，这种例子还不能直观地说明物质运动的相对静止，而在日常生活中，太多事例则可以很好地说明这个哲学原理。

现在，中国逐渐步入老龄化社会。中老年人越来越重视养生，“生命在于运动”这句话也越来越深入人心，所以，健身的人也越来越多，他们会选择不同的方式运动，似乎运动已经成了一些中老年人生活的主旋律。其实，不管他们多么热爱运动，他们的运动一直也没有离开过相对静止，如每天晚上固定的睡眠，就是一种相对静止。而当我们看一个人在安安静静地休息时，其实他身体内的各种运动仍然在继续，他在呼吸、他的心脏在跳动、血液在循环、各种细胞不断地死亡又新生。即使人死了，他的身体内部也在运动，身体器官在腐朽败坏，一直到进入火炉化掉，组成他身体的物质成分才变成了其他的物质形式。

物质的相对静止还表现为量的积累，为质的变化积聚能量、创造条件。上面的例子说明，春节过后的盗窃案件相对减少，犯罪活动和警务活动看起来都相对静止，但是，如果犯罪分子掌握了节后警务活动相对静止的规律后，就会图谋策划更加严重的犯罪活动，使自己的犯罪活动升级，如在盗窃过程中抢劫杀人，等等。相反，公安机关在犯罪活动相对静止的过程中，也可以更加冷静地分析刑事犯罪发生的规律，从防范的角度加强警务工作的有效性，也可以最大限度地减少犯罪活动的发生。

唯物辩证法关于运动的观点还认为，静止是相对的、有条件的，而运动则是绝对的、无条件的。所谓动中有静，动中寓静，相对的静止只不过是运动的一种特殊的表现形式而已。

第三，物质运动的形式具有多样性，各种物质运动的形式又可以相互联系、相互转化。

恩格斯曾经说过，“运动，就最一般的意义来说，……它包括宇宙中发生的一切变化和过程，从单纯的位置移动直到思维”。[①] 这一论断说明，物质的形态是多种多样的，作为物质的根本属性，相应的运动的形式也是多种多样的。这一论断是在近代以来科学技术发展证明的基础之上的。在这之前，一些哲学家虽然不反对物质运动的观点，但是受当时科技发展水平的制约，把运动仅仅归为机械运动。现在我们知道，物质

① 《马克思恩格斯全集》第3卷，人民出版社2006年版，第101页。

运动的形式或种类多种多样，按照自然科学和社会科学发展的历史，从低级到高级，从简单到复杂，把运动的基本形式概括为以下五种：一是机械运动。指物质（物体）的位置变动，是最简单、最基本的运动形式。二是物理运动。指分子、电子和其他基本粒子的运动，它的物质基础是分子、电子、基本粒子和场等。三是化学运动。指元素的化合与分解，它的物质基础是原子。四是生物运动。指生命的代谢过程，它的物质基础是蛋白质和核酸。五是社会运动。指人类社会的发展，以社会生产方式为物质基础，即生产力和生产关系的统一。上述几种主要或基本运动形式中的每一种又包括无限多样的具体运动形式，如社会运动中又可以分为改革运动、革命运动、反动运动和乌托邦运动。其中，改革运动和革命运动比较好理解，而反动运动是指在改革运动或者革命运动中，一些阶级为了维护既有的社会价值与制度而进行的反动行为，因而又称保守运动或抗拒运动；乌托邦运动是指具有长远目标，以创造新的社会形态来取代既有社会制度的一种社会运动。在不同的历史阶段中，各种社会运动层出不穷，如我们正在经历的改革开放就是一种严格意义上的社会运动。而我们常说的世界范围内的四次警务革命也应当是社会运动中的一种表现形式。

要认识到，上述各种运动形式之间既有质的区别，又互相联系、互相转化。一方面，各种运动形式具有不同的物质基础，其运动规律各不相同，所以各种运动之间有质的区别。另一方面，各种运动形式都不是互不相关、孤立存在的，而是具有其内在的必然联系。一般表现为高级运动形式从低级运动形式发展而来，并且包含低级运动形式；各种运动形式之间因一定的条件可以互相转化。例如，现代科学的发展打破了原有的物理学、化学、生物学等基础科学的传统界限，导致出现了许多边缘学科。我们正在研究的警务哲学问题，就是结合了哲学、警务科学、管理学、心理学、社会学、政治学等学科知识而产生的一门新兴的部门哲学或者说应用哲学。这也从另一个方面证明了社会运动形式的变化。

（二）警务活动的发展变化是人类历史发展变化的一种表现形式

自有国家始，我们这个世界上广义的警察组织和警务活动就已经出现了。

按照辩证唯物主义和历史唯物主义的观点，我们可以把人类社会在不同阶段警察组织及其警务活动的发展过程做如下概括：

第一，原始社会或称原始共产主义社会时期。

在这一时期，社会结构是以血缘亲族关系为基础的氏族公社。当时，由于生产力水平低下，极少的生产资料归全体氏族社会成员，人们各尽所能，能打猎的青壮年出去打猎，不能打猎的老弱妇孺在家里从事可以满足日常生活必需的劳动，在人们共同劳动的基础上，所有氏族成员共同平均分配劳动产品。由于生产力水平低下，除了满足人们基本的生活需要之外，没有剩余劳动产品，人们也没有把任何劳动产品据为私有的意识，因而，社会中没有私有财产，也没有盗贼，没有犯罪，因此也就没有警察组织存在的必要。另外，由于氏族社会实行选举制或者禅让制度，不存在后来的统治与被统治之间的区别，这就从政治上杜绝了反对统治关系的犯罪活动的产生。正是在这样的经济与政治背景下，警察组织及警务活动还没有出现在人类社会之中。

第二，阶级社会阶段。

阶级社会，包括奴隶制社会、封建社会、资本主义社会和社会主义社会四个不同历史时期。警察、警察组织及其警务活动，就是阶级社会的一种必然产物。这是因为，在阶级社会，随着私有制的产生，阶级产生了，随着阶级对立的日益严重，国家产生了，随之而来的是军队、法庭、监狱和警察等国家机器的必然出现。所以说，私有制的出现是阶级产生和阶级对抗的直接原因，而国家机器，包括警察的产生，就是阶级压迫的工具，是私有制、阶级和国家产生之后的一种必然结果。

第三，共产主义社会或称社会主义高级阶段。

共产主义社会是人类社会发展的高级阶段，实现共产主义社会，是共产党人的崇高理想。正如毛泽东同志所言：共产主义社会是人类有史以来最进步、最合理、最美好的社会制度，它是人类发展的方向。作为一种运动，它“正以排山倒海之势，雷霆万钧之力，磅礴于全世界，而葆其美妙之青春”[①]。按照马克思主义的观点，共产主义社会具有如下几个基本特征。（一）生产力高度发展，物质财富极大丰富。（二）劳动不是谋生的手段，而是人们生活的第一需要。（三）社会成员共同占有生产资料，实行各尽所能、按需分配的原则。（四）消灭了阶级差别、城乡之间、工农之间、脑力劳动和体力劳动的差别。（五）作为阶级统治工具的国家完全消亡。那时，管理公共事务的机构虽然存在，但已经失去了其阶级性质。（六）全体社会成员具有高度的共产主义觉悟。（七）人全面而自由地发展。

对于共产主义的向往，不仅仅是我们共产党人的理想，也是古往今来许多贤哲们的共同理想。不论是中国古代圣哲孔子关于大同社会的解读，还是古希腊哲人柏拉图在《理想国》中的描述，抑或十八、十九世纪西方的欧文、圣西门和傅立叶的空想社会主义的初步实践，以至于巴黎公社、俄国十月革命的胜利和中国社会主义建设的伟大实践，都是在阐述共产主义社会在人类历史上的出现不仅仅是一种美丽的愿望和空想，而是具有雄厚的历史和社会实践基础。

综上所述，我们可以发现，警察、警察组织或者警务活动都属于一个历史范畴，是人类社会发展到一定历史阶段的产物，既不是从来就有的，也不可能是永远存在的，而是随着阶级与国家的产生而产生，也必将随着阶级与国家的消亡而消亡。

（三）警务活动的发展变化受人类历史发展变化的制约

警务组织从萌芽、出现到发展、壮大，同人类社会的发展一样，经历了一个漫长而曲折的过程。

在原始社会时期，阶级还没有产生，国家也没有产生，在氏族社会

① 《毛泽东选集》第2卷，人民出版社1967年版，第647页。

中，血亲复仇和同态复仇是处理一些矛盾纠纷的主要形式。

在阶级社会，包括奴隶制社会、封建社会、资本主义社会和社会主义社会，阶级对立始终是决定国家意识形态的根本原因，为了压迫被统治阶级的反抗，国家以及包括警察组织在内的国家机器被赋予了专政职能，其性质就是统治阶级、国家专政的工具。可以说，在漫长的阶级社会中，警察组织及其警务活动时刻都在反映着国家的意志，体现着阶级属性。

当然，即使在阶级社会中，由于不同阶段国家和统治阶级的利益要求有所差别，警察组织及其警务活动在基本性质不变的情况下，在警务活动的内容、形式和方法上也会产生相应的变化。这一点从新中国成立之后最能体现警察组织性质、职能的基层公安派出所警务活动的变化就可以直观地表现出来。

新中国成立之初，是我国各地警察组织，包括基层公安派出所从无到有的起步阶段。这一时期，旧的国家机器刚刚被打碎，新生的人民政权还很不稳固，国民党的散兵游勇、间谍特务、土匪恶霸到处伺机进行反革命破坏活动，妄图把新生的人民政权扼杀在摇篮之中。所以，这一时期，公安派出所的主要任务就是依靠广大人民群众的支持，镇压、防范各类敌对势力和敌对分子的破坏活动，恢复和稳定社会秩序，巩固新生的人民政权。

1966 年—1976 年“文化大革命”时期，公安机关受到严重冲击，公安工作遭到极大破坏，公安派出所的职责作用也无法正常发挥。

从 1976 年—20 世纪末，是我国社会拨乱反正时期，“文化大革命”结束，公安工作也走上了正常发展的轨道。这期间，基层公安派出所的职责，也随着社会形势的发展变化，有过相应的调整。“文化大革命”结束之初，基层派出所的职责，由上个阶段的以户籍、人口管理为重点转移到以社会治安综合治理为重点，强调做好群众工作和加强治安管理。随着我国对内搞活经济、对外开放的不断深入，社会治安状况日益复杂，社会犯罪呈现多样化和复杂化。为此，基层公安派出所的职责，从“文化大革命”之后的重点治理青少年犯罪和参与“严打”斗争转向更加强调治安管理和人口管理。

1997 年公安部推行公安派出所改革之后至今，基层公安派出所的组织建设更加成熟，主要职责为加强防范，严格治安管理，努力把基层派出所建设成集管理、打击、防范、服务于一体的多功能综合性战斗实体。特别是 2000 年之后，公安部接连下发了《关于改革和加强公安派出所工作的决定》、《进一步加强公安派出所建设的意见》等文件，对基层派出所工作的指导思想、总体要求、主要任务、工作职责等方面都做了具体规定，使基层派出所的工作职责更加复杂化，除了要继续承担以前的各项工作职责外，还增加了部分刑事案件的破案职责，对消防工作、新兴特殊行业的管理工作，协助上级公安机关完成重大治安案件处置以及维稳等工作任务。同时，开始推行社区警务战略的实施，推广一区一警的做法，负责管理常住人口、暂住人口、社区矫正人员、社区消防、社区治安维护等工作，使基层派出所的职责越来越宽泛。总之，与我国经济社会发展背景相适应，就基层公安派出所的警务活动来看，其发展的趋势是从职能单一向多功能、综合化方向发展，从简单向复杂过渡。

（四）警务活动的发展变化有其自身的规律

按照辩证唯物主义和历史唯物主义的观点，分析警察组织及其警务活动发展变化的规律，应该说除了具有与宏观时代背景基本一致的发展规律之外，由于警务活动与一般社会生活的不同，还具有其自身独具的一些规律、特点。

无论是从古代中国历史上的警务活动，还是西方国家历史上的一些警务活动的规律来看，在早期，警察组织和警务活动还都不是完全独立的。例如，在我国古代，警察组织的警务活动在相当长的历史阶段是与政府的管理职能交织在一起的，属于“政刑合一”的情况。在西方国家，警察组织在早期一直是与军队的职能相匹配的。军队在战时参战，而在非战时则转而执行警察组织的警务活动。

例如，在古希腊和罗马时期，警察和警察机构还没有独立出来，当时希腊各城邦担当警察职能的多是军人和执政官。恩格斯在考察雅典国家的历史后指出："雅典人在创立他们国家的同时，也创立了警察，即由步行和骑马的弓箭手组成的真正的宪兵队。"

这种情况，一直延续到西方工业革命爆发后才有了根本性的改变。近现代，西方国家发生的著名的四次警务革命就充分证明，警察组织及其警务活动在与时代发展相适应的基础上，体现出了警察组织及其警务活动发展变化的一些自身规律。

第一次警务革命以1829年伦敦大都市警察机构的建立为标志。第一次警务革命的背景是，18世纪末，英国的工业化与城市化产生了严重的阶级对立，犯罪增长，治安混乱。面对如此严峻的挑战，1829年，英国建立现代职业警察，西方公认的世界上最早的正式警察——职业制服警察从此诞生。这支警察队伍强调以预防为主，重视警民关系，增加服务职能，使其成为新旧警察的"分水岭"，被誉为第一次警务革命。

第二次警务革命是以美国的警察专业化为标志。19世纪末到20世纪初，世界各国警察大部分处于初创阶段，美国率先开展了警察专业化运动。其核心是通过专业化摆脱地方政治对警察的控制，使警察成为一支独立的、高效率的文职队伍。

第三次警务革命以欧美各国警察现代化为标志。20世纪30年代到70年代，西方主要资本主义国家逐步完成了警察的现代化，各国的警察编制、警察预算均有巨大的增长。第三次警务革命立足于使警察成为"打击犯罪的战士"。此时的警察形象是头顶钢盔、肩别对讲机、手持盾牌、腰挎手枪的"机械战警"。但是，增加警力带来了若干消极后果，在警力不断增长的同时，犯罪率处于上升较快的状态。警力与犯罪同步增长，这是人们始料不及的，从而引发了第四次警务革命。

第四次警务革命开始于20世纪六七十年代。这次警务革命，适应西方社会多元的社会思潮和价值取向，总结出了十个方面的哲学思考。有学者说，这次警务革命是"新警察模式改革"。它是对原有的警察组织结构、理论观念进行反思和冲击，是一种返璞归真，也是警察现代化技术与警察哲学的理性整合。第四次警务革命的主要内容是：以社区警务为主要内容，以全社会的力量参与打击和预防犯罪为重点，追求历史上的“自我警务” “人人皆警”[①] 的传统模式，形成主动提前式的警务风格。

目前，人类社会正在进入后工业化社会和信息时代，社会政治、经济都在发生着巨大变革。为适应这种变化，世界范围内的警务革命还将继续，并不断呈现出一些独具特色的规律与特点，等待我们去认识和把握。但警察组织及其警务活动总的发展趋势是明显的，即从镇压、对抗到相持、和谐。

① 资料来源：警察网。

二、警务工作是社会发展的重要组成部分

有人说，没有联系，就没有世界。这意味着世界就是一个普遍联系的整体，而孤立的事物是不存在的。这也是唯物辩证法的总特征之一。

警务工作也与物质世界、国家、社会以及社会公众具有这种普遍联系，离开了这种联系，警察组织及警务工作就会陷入孤立与静止，也就失去了存在的物质基础。

（一）我们的世界是一个普遍联系的世界

为了更方便地说明我们所处的世界是一个普遍联系的世界，我们不妨先列举两个网上流传很广的事例。

事例一，相克相生的谋略。

同处于亚洲的印度、缅甸等国家，由于处于亚热带气候潮湿，蛇、蜈蚣和青蛙这类动物很多。我们知道，蛇的主要食物之一是青蛙。而蜈蚣虽然体形很小，但却有剧毒，甚至使毒蛇毙命。青蛙虽然只是蛇的一顿早餐，但是它却可吞吃蜈蚣。所以，蜈蚣不怕毒蛇却很怕青蛙。有趣的是，有心人偶尔发现蛇、蜈蚣和青蛙在同处一个地方时的有趣现象：三者在一起时，可以和平共处，谁也不去招惹谁。这是为什么呢？按理说这三种动物都是没有智慧的，只能靠本能活着。可是经过长时间的自然选择，它们形成了捕食弱者的本领，也学会了利用自己天敌的天敌保护自己的本领。在三者的关系中，因为如果蛇吃了青蛙，自己就会被蜈蚣所杀，而蜈蚣若杀了毒蛇，自己立刻会成为青蛙的盘中餐，而青蛙如果贪吃了蜈蚣，毒蛇便会毫无顾忌地把青蛙吃掉。正是这种关系使它们可以在一起和平共处。

事例二，250 定律。

美国著名汽车推销员乔·吉拉德，连续 12 年荣登吉尼斯纪录大全世界销售第一的宝座，他所保持的世界汽车销售纪录——连续 12 年平均每

天销售 6 辆车，至今无人能破。乔·吉拉德从一个口吃患者到一个著名推销员和演讲家与他善于总结归纳经验有很大的关系，“250 定律”就是其中之一。乔·吉拉德认为，每一位顾客身后都大约站着 250 个人，这些人是他比较亲近的同事、邻居、亲戚、朋友。如果您赢得了一位顾客的好感，就意味着赢得了 250 个人的好感。反之，如果你得罪了一名顾客，也就意味着得罪了 250 名顾客。由于连锁影响，如果一个推销员在年初的一个星期里见到 50 个人，其中只要有 2 个顾客对他的态度感到不愉快，到了年底，就可能有 5000 个人不愿意和这个推销员打交道。由此，他得出结论：在任何情况下，都不要得罪哪怕一个顾客。这一定律有力地论证了“顾客就是上帝”的真谛。也让我们得到启示：必须认真对待身边的每一个人，因为每一个人的身后，都有一个相对稳定的、数量不小的群体。善待一个人，就像拨亮了一盏灯，照亮一大片。[①]

上述两个生动的事例都充分说明，我们所处的这个世界上，事物是普遍联系的，世界上的一切事物都处在相互联系之中，尽管联系的方法不同、形式不同、渠道不同、效果不同，但世界是相互联系的整体，不同事物之间以及不同事物的各要素之间都在相互影响、相互制约。在第一个事例中，哪怕是天敌，但在生死选择面前，最低等的动物也会做出智慧的选择，这也是对联系的选择。而第二个事例更告诉了我们联系的重要性。当有的基层公安民警问：为什么老百姓会“仇警”的时候，那么，“250 定律”就会明确地告诉我们正确的答案。

唯物辩证法关于世界是普遍联系的观点，主要有以下几个要点需要引起我们的注意：

第一，我们所处的这个物质世界，联系具有普遍性。

在唯物辩证法中，所谓联系，是指客观事物和客观现象之间以及客观事物和客观现象内部具有相互依赖、相互制约的关系。这种关系不独是自然界才有的，如树木和水源、土壤的关系。在人类社会中，这种普遍联系也同样存在。简单地说，一个社会之所以可以称为社会，是由相

---

① 百度百科：250 定律。

对数量的人构成的，而这些人之间又通过法律、道德、风俗习惯等成文或不成文的规定结合在一起，形成了我们所处的世界。

另外，需要了解的是，在我们这个世界上，没有什么事物或者物质可以离开与他事、他物的联系而孤立存在的。任何事物的存在都需要以与之相关的事物的存在为基本前提。例如，我们说世界上之所以存在警察组织、存在警察、存在警务活动，是因为有阶级、国家、社会对警察的需要，有可能危及政权及社会稳定的犯罪行为和治安问题。在这个表象的背后，任何事物都是作为事物的某种系统而存在的，任何事物都要以其自身的各个部分、各个要素形成联系而作为一个有机整体。例如，人的四肢不过是人的一个组成部分，如果手离开了身体，这只手就只能被叫作手，却因与身体失去联系而只能是一只名义上的手罢了。

另外，我们还需要树立事物既是普遍联系的，又是作为过程而存在的观念。也就是说，不论是任何事物、系统，都有其发生、成长、发展和消亡的历史。这个观点，与唯物主义关于物质不灭、物质世界无限的观点并不矛盾。因为具体的事物和系统都是有限的，只有了解了物质、系统这种有限与无限的辩证关系，我们才可以把握事物发展的历史联系，避免在分析问题时陷于孤立境地。

第二，事物的联系具有多样性。

在我国古代，有一种礼法叫作“五服”，是封建礼教把人的血缘亲属关系按照远近亲疏分为五等，当有亲人去世后，人们就按亲疏关系分别着不同的丧服，亲者服重，疏者服轻。而出了五服的人，便不再是直系血亲。从这种关系中，我们可以看出人类社会中人与人之间的关系，也可以称为直接联系。这种关系就是联系具有多样性的一种表现形式。

辩证唯物主义关于事物联系的多样性理论认为，事物联系的形式尽管多种多样，但是我们可以将之抽象和归纳为直接联系和间接联系、本质联系和非本质联系。事物联系的最普遍形式就是直接联系和间接联系。所谓直接联系，是指“事物和现象之间，以及事物和现象内部不同方面之间，不通过中间环节而发生的相互依赖和相互制约的关系，这种关系是比较明显的”。所谓间接关系，“则是需要通过中间环节才能发生相互作用的联系，这种联系显得比较曲折和迂回”。[①] 直接联系和间接联系是按照事物联系的直接与否和远近亲疏程度来划分的。所谓本质联系和非本质联系，“本质联系是事物内在的、必然的联系，是事物发展过程中稳定的反复起作用的因素”。“非本质联系，是事物外部的、偶然的联系，是事物发展过程中易逝的、暂时起作用的因素”。[②] 在这里，“种瓜得瓜，种豆得豆”是本质的、必然的联系。而种瓜后因为管理、天灾人祸的原因导致减产或者绝收，就是非本质的联系了。用老百姓自古以来对警务活动的认知来形容，“杀人偿命，欠债还钱”应该是本质的、必然的联系，但在审判过程中发现有其他从轻的情节以致该杀的未杀，则是一种非本质的偶然的联系了。

第三，事物的联系虽然多种多样，但其中却有客观规律可循。

既然世界上事物的联系多种多样，那么，我们怎样才能更好地在纷繁复杂的联系中发现和区别直接联系和间接联系、本质联系和非本质联系呢？辩证唯物主义给我们提供了答案和方法，就是学会掌握事物联系的规律，在认识规律的特点、尊重规律的必然性的基础上，我们就能有效地运用规律、驾驭规律为我们的社会生活增添色彩，促进国家、社会的发展。

认识事物发展的普遍联系，特别是认识与把握规律，对于从事任何工作都具有重要意义。作为从事警务工作的人民警察，必须充分把握事物的普遍联系，认识和把握规律，从而使自己在警务活动中由联系出发，发现和运用规律，分析和解决问题。

（二）警察组织及警务工作的运行离不开各种联系

世界上首先有了警察组织这种客观物质存在的组织构架，然后才有了警务工作。这是一个非常容易理解的客观事实。而警察组织之所以可以有效运作，完成属于自己的使命，是因为警察组织本身是一个复杂的、结构严密的、靠组织制度与纪律的约束而形成的有机整体。

---

① 韩树英主编：《通俗哲学》，中国青年出版社 1982 年第一版，第 96 页。
② 韩树英主编：《通俗哲学》，中国青年出版社 1982 年第一版，第 97 页。

从目前世界各国警察组织的构架方面来看，虽然各国警察组织的名称、隶属关系、经费保障方式不同，甚至警服的制式会有所差别，但各国警察组织的内部结构一定是严密有序的。以我国公安机关的情况为例，从隶属关系上来看，实行的是统一领导、分级管理、条块结合、以块为主的管理方式。其中，统一领导，是指党对公安工作的统一领导；分级管理，是指公安部、省级党委和人民政府领导省级公安机关，省级公安机关和地、市级党委、政府领导地、市级公安机关，地、市党委、政府和地、市级公安机关领导县级及以下公安机关，如公安分局、公安派出所和其他基层公安机关所、队。这是就公安机关整体构架而言的。其实，在公安机关内部，各组织部分也存在严密有序的普遍联系。即在党委和行政首长负责制的基础上，按照打击、防范、行政管理、社会服务、通信联络、经费保障、队伍管理、后勤管理、警务监督等工作职责，设置了不同的工作部门和派出机构。各业务部门职责明确，相互联系，相互支撑、相互制约。

从警察组织及其警务工作与外部世界的联系方面来看，联系的频率、联系的方式、联系的幅度也明显不同。可以说，警察组织及其警务工作的运行，每时每刻都离不开各种各样的联系。用辩证唯物主义的观点来看待这些联系，可以是直接联系也可以是间接联系，可以是必然联系也可以是偶然联系，可以是整体联系也可以是部分联系，也可以是因联系的原因而产生相应的结果，等等。对此，我们可以择要而言之。首先，警务活动要与外部客观存在的物质世界相联系。例如，东北某林区公安局每年于秋季都会组织打击盗窃、抢劫珍贵林产品的专项行动，主要是因为该局处于林区，辖区内栽种人参的参农较多，每到秋天，总有一些不法分子进入林区盗抢参农的人参和参籽等珍贵林产品。而处于城市中的公安机关就因外界环境的关系，不会遇到盗窃珍贵林产品的犯罪行为。其次，警察组织的警务活动要与党和国家、政府的各项政策相联系。警察组织的所有活动，都要由国家的法律政策来规定，具有明确的因果关系，而缺乏或者没有国家法律政策依据的行为，则往往是警察组织应该避免的。最后，警察组织及其警务行为，要与社会方方面面相联系，与社会中的千家万户以至于每个社会成员产生联系。基层公安派出所的民警常说，派出所的工作千头万绪，是上面千条线，下面一根针，上面党政机关、公安机关的所有工作都要由派出所直接执行，而周边横向联系的各部门、各企事业单位、各团体，也有很多工作要求派出所协助完成。这样基层公安机关就形成了工作上点多线长，涉及社会各种人群、各个角落、各种群体的格局。而在这些工作中必不可少的一个环节就是联系，并且联系的方式多种多样，如打电话、用微信、见面谈、散发警民联系卡、进入居民家中走访等，甚至在刑事执法过程中，在确认犯罪嫌疑人准确无误的情况下，直接抓捕，使用戒具，也是一种特殊的联系方法。因为对犯罪嫌疑人而言，当警察出现并对他实施抓捕的一刹那，他就会联想到自己的犯罪行为，并与警察产生一种直接的对应关系。在上述联系过程中，还会因联系产生各种各样的结果，如在抗洪抢险过程中，基层公安派出所因为准备充分，就可能把被困的群众全部转移到安全的地方，但如果准备不充分，就有可能完不成转移群众的任务，甚至民警自身安全也得不到充分保证。

（三）警务活动受宏观社会因素的制约

唯物辩证法认为，宇宙中的万事万物都具有普遍联系的特性。任何事物首先作为个体事物存在，同时又作为普遍联系的事物存在。从这个意义上说，整个世界是一个普遍联系的有机整体，没有任何一个事物是可以孤立存在的。

第一，警察组织，是整个国家政治构架中的有机组织部分，作为统治阶级意志的集中体现，与国家政治建设有着天然的血缘联系。

根据历史唯物主义关于阶级及国家起源的学说，警察机构就是伴随着阶级与国家的起源而产生的。正是因为国家的出现，使警察这种暴力工具应运而生。自警察出现后就一直带有鲜明的阶级性，是统治阶级压迫被统治阶级的工具。

警察组织以及警察组织中的每个成员，因警察组织的性质及其职责，决定了警察的所有警务活动，都代表了国家行为。从现代意义上来看警察组织及其警务行为，是以国家宪法和法律的规定而存在的。无论警察及其警务活动是打击犯罪还是管理社会秩序，都是一种国家行为、法律行为，直接体现着国家的性质和统治阶级的需要。

在现阶段，我国公安机关的性质仍然是国家专政的工具，应该是握在我们共产党手里的一把尖刀，肩负着巩固党的执行地位，维护社会长治久安的重大的政治责任。2016 年 6 月 23 日，公安部部长郭声琨在全国公安队伍建设会议上再次强调，全国“各级公安机关要认真学习、深刻领会，准确把握公安机关的政治属性和职责使命，准确把握新形势下公安队伍建设的目标要求、基本方针和发展方向，紧紧围绕维护社会大局稳定、促进社会公平正义、保障人民安居乐业总任务，牢牢把握政治过硬、业务过硬、责任过硬、纪律过硬、作风过硬总要求，坚持正规化、专业化、职业化发展方向，坚持政治建警、素质强警、从严治警、从优待警，以铸牢忠诚警魂为根本，以强化科学管理为核心，以增强能力素质为重点，以培育优良警风为保障，全面深化公安改革，大力推进‘四项建设’，着力打造法治公安，努力建设一支信念坚定、执法为民、敢于担当、清正廉洁的过硬公安队伍”。这就充分说明，我国的公安机关始终处于国家政治环境之中，受党和国家宏观政治背景的影响甚深，须臾离不开党的领导。

第二，警察组织的发展，直接受经济社会发展水平的影响。

警察组织的发展不仅与国家的宏观政治背景相联系，也受国家的经济社会发展水平左右。从古今中外世界各国警察组织的发展历史来看，情况概莫能外。在我国，改革开放后公安工作的发展过程，更是直接有力地证明了这一点。我们知道，改革开放初期，面对社会上突发的犯罪高峰，公安机关不仅警力严重不足，而且经费保障不足，装备相当落后。当时，社会犯罪已经出现了流动性强、跨区域流窜作案多、技术性犯罪多发等新的犯罪发展趋势。而公安机关由于受各地经济社会发展不平衡的制约，很多地方出现了犯罪分子在前面开着车况较好的小轿车飞速逃离，而民警只能驾驶破吉普车在后面追的情况，客观上影响了打击刑事犯罪的效率。同时，由于经费保障不足，基层公安机关要靠“化缘”过日子，有的基层单位电话都没钱安，民警外出办案的票子一压就是几年报不了。这些情况都极大地限制了公安工作的发展，经济因素成了制约公安工作发展的“紧箍咒”。而随着国家经济建设的快速发展，特别是对公安经费实行新的保障制度以后，公安工作受经济因素限制的情况得到了极大改观，无论是警用车辆配置、基层公安机关的办公条件改善，还是警用装备的配发，都上了一个大台阶，对于促进公安事业的发展，保证公安机关更好地履行职责起到了巨大的推动作用。

第三，警察组织及其警务活动也与社会人文环境具有直接联系。

文化的内涵非常丰富，既包括政治因素、经济因素，也包括法律、道德、风俗、宗教、艺术、社会心理、价值观念，等等。毫不夸张地说，只要是人所创造和进行的各项事业、活动，莫不具有文化的内涵。现在，人们已经普遍认识到文化的力量是巨大的，不仅可以改变人们的思想观念，也可以指导人们改造自然界。而由人所造就的社会人文环境，更是警察组织立身的客观外界环境中的一个重要部分，对警察组织及其警务活动产生的影响经常而且深刻。

社会人文环境对警察组织及其警务活动的影响无处不在，时刻都在发挥作用。

首先，警察队伍中的所有成员，无不受社会人文环境中包括信仰、道德规范、价值取向以及共同的社会认知的影响。改革开放以后，随着经济社会的飞速发展，社会主义精神文明建设和物质文明建设脱节，社会主义精神文明建设严重滑坡。由此导致的严重后果就是社会中极端个人主义、拜金主义、享乐主义大行其道，而集体主义、奉献精神、为人民服务的情怀弱化。这种情况反映在警察队伍中，就出现了一些民警在执法和社会管理、为民服务过程中吃拿卡要，办金钱案、关系案、人情案，徇私枉法，甚至知法犯法的严重问题。正是意识到了问题的严重性，中央制定并出台了富强、民主、文明、和谐、自由、平等、公正、法治、爱国、敬业、诚信、友善24个字的社会主义核心价值观，而公安部也推出了以忠诚、公正、为民、廉洁为主要内容的公安机关核心价值观。社会主义核心价值观和公安机关核心价值观的提出，主要目的是从宏观上改变全社会人民的道德观念和价值取向，改变公安民警的道德观念和价值取向，使全体民警真正树立全心全意为人民服务的宗旨意识，更好地为国家的长治久安和经济社会发展服务。

其次，社会人文环境直接影响警察组织及其警务活动的质量和效率。现在，公安机关从上到下都有一个共同的认识，就是当下的警民关系大不如前。这里的“前”，是指改革开放之前。新中国成立后，公安机关与广大人民群众建立了血浓于水的鱼水深情。在当时，无论公安机关要做什么，巡逻防范也好，揭发犯罪行为也好，帮助公安机关搜集犯罪线索也好、监视犯罪分子也好，群众没有讲条件、要代价的，都把完成好民警交给自己的任务当作天然职责。而现在则不同了，公安机关要请群众帮点忙，有的群众会先问有没有报酬。发现了犯罪线索，也要看公安机关有没有案件悬赏、悬赏多少再决定是否把线索告知公安机关。为了改变这种局面，公安机关从上到下想了很多办法，如强调严格执法、热情服务，强调加强警察公共关系建设，召开民警恳谈会。客观地说，这些要求和做法确有实效，但其效果绝不可高估。因为在当下由社会主义计划经济向社会主义市场经济转轨的过程中，经济因素已成为社会生活中的主导因素，离开了这个背景，再要求公安机关与群众的关系回到改革开放之前的状态，难度不是一般的大。对此，我们必须有足够清醒的认识。

最后，社会人文环境决定着社会上广大人民群众对警察组织及其警务活动成效的评价，反过来又影响警察组织及其警务活动的开展。对于安全的需要，是人们在社会中生活，在满足了基本的生存需要之外的第一需要。一个地方的社会治安环境如何，往往是评价一个地方经济社会发展状况的重要指标之一。在社会管理学中，一个重要的衡量指标就是安全感指数。所以，现在从各级政府到各地公安机关，都非常重视本地安全感指标的升降。因为从安全感指标上，可以反映一个地方公安机关工作成效的高低。另外，近年来，我国各地普遍开始进行的政风行风测评活动也包括对公安机关工作作风的评价。有的地方甚至把政风行风测评的排名，作为对地方公安机关领导任免的基本条件之一。为此，各地公安机关非常重视政风行风测评工作，每到政风行风测评前后，都要进行大量或明或暗的公关工作。其目的，就是努力提高测评的排名，这既是对公安机关工作成效的肯定，也对公安机关领导的进步有益。由此可以看出，通过对安全感满意度和政风行风测评排名的衡量，在很大程度上可以左右基层公安机关工作的摆布。这也是社会人文环境对警务活动联系与影响的一个重要方面。

总之，警察组织及其警务活动要根植于物质社会、社会生活之中，就绝不可能是一种孤立的存在，他必须与物质世界及社会、社会心理等方面产生复杂的、多样的、密切的联系。这种联系是一种客观存在，无法回避。我们只有正视这种联系的普遍性，才能在尊重客观规律的基础上，更加有效地促进警务工作的开展。

（四）警务工作对社会发展的双向作用

笔者曾见过一个谜语，谜面是：“刘邦笑，刘备哭。”谜底是打一个字。想了一会儿就知道了谜底，原来是一个“翠”字。为什么是“翠”呢？因为能让刘邦高兴、大笑不止的原因是项羽死了，于是刘邦就打下了大汉朝的根基。而能让刘备哭的重要原因是刘备的结拜兄弟、爱将、蜀汉的柱石关羽死了。两个名字有羽字的人死了，导致了刘邦和刘备两个皇帝一笑一哭的不同结果。这就是联系的一种直接体现。而且因为联系的形式、内容不同，因联系而产生的结果也大大不同。

在哲学界，人们还常常用西方的一首民谣隐喻世界是普遍联系的观点。“丢失一个钉子，坏了一只蹄铁；坏了一只蹄铁，折了一匹战马；折了一匹战马，伤了一位骑士；伤了一位骑士，输了一场战斗；输了一场战斗，亡了一个帝国。”这是因为，世界上的一切事物都是普遍联系的，没有任何事物可以孤立地存在，所以，整个物质世界其实是一个普遍联系的统一整体。

在这个西方民谣的隐喻中，我们似乎没有理由把一个钉子和一个帝国的命运联系在一起。其实这种联系可能是非常紧密的。我们知道，在古代，特别是在古代的西方，有些国家是非常小的，其规模可能只是一个城邦或者一个部落，而且那时的战争规模也很小，与我们在影视作品中见到的恢宏的战争场面没有可比性。所以，一个骑士的武勇程度，可能会决定一场战争的胜负。在这种情况下，因为一个铁钉的磨损过重就可能损坏一只蹄铁，一只蹄铁的损坏可能就会使一匹战马失蹄，之后骑士受伤，再之后战争失败，导致一个帝国灭亡，其中的联系就非常直接了。

基于上述认识，我们可以对警察组织及其警务活动与国家、社会等宏观社会现象的联系，作一个笼统的说明。

第一，警务工作与政权稳固的关系。

前些年，笔者曾到东北某省的一些农村村屯调研，调研的主要目的是了解农村基层治保组织的现状。做这个调研的初衷，是了解到一些地方的基层党组织，也包括治保组织软弱涣散，发挥不了应有的作用。到一些地方调研后就发现了一个非常突出的问题，就是个别地方的基层党组织，包括治保组织已经被黑恶势力、宗族势力所把持，党的领导在当地已经成了“灯下黑”。对于这种情况，后来从中央到地方的各级党委政府都有了明确的认识，如2010年4月，公安部明确要求，各地、各部门要突出打击操纵农村选举、把持基层政权、欺压百姓的黑恶势力。

“海选”是我国农村在村民自治中创造的一种直接选举方式，其主要内容用四个字概括就是“村官直选”。海选的基本形式是由村民直接提名村官候选人，并根据被提名者得票多少，按照差额选举的原则确定正式候选人。其实质就是村民直接行使村委会成员候选人的提名确定权。海选是我国基层民主的一种重要体现方式，对于促进我国的民主进程具有重要意义。但是，由于海选是一种新的尝试，所以在实践过程中存在许多不足。最应该引起足够重视的是，一些黑恶势力、宗族势力，甚至一些别有用心的人采取各种手段操纵海选，改变农村基层政权的颜色。我们要充分认识到，农村基层政权如果被黑恶势力、宗族势力甚至别有用心的人把持，不仅可能滋生各种村霸、路霸、矿霸、街霸、市霸，使黑恶势力坐大，严重威胁当地的经济社会发展，严重破坏当地的社会治安稳定，削弱了广大人民群众的安全感，还有可能使党和国家的基层政权改变颜色，久而久之，集腋成裘，就有可能从根本上动摇党的执政根基，其危害之巨，不可不察。

当前，各级公安机关巩固共产党的执政地位是所有警务活动的首要任务。这样做，符合警察机关作为专政工具的性质与地位。我们要认识到，警察组织首先必须是党和政府手中的“刀把子”，只要警察组织在社会中还存在一天，其性质就不会改变。

第二，警务工作与经济社会发展的关系。

社会的文明进步，永远不能只靠经济发展一条腿来走路。失去了平衡的运动，总是不能够长久的。如果说经济发展是社会进步的动力的话，那么警务工作就是推动社会文明进步的另一条腿。在国外有人说，警察和警察组织不是直接从事物质生产的人员和部门，他们所用的每一分钱都是纳税人的。在国内，人们虽然没有明确地这样说，但警察只是花钱的部门，与物质生产没有丝毫关系这样的观点却非常普遍。甚至在警察组织内部，许多警察对此也存在一些困惑。这样的观点，当然是偏颇的，因为其没有从联系的观点去认识警察组织、警务工作与经济社会发展的紧密联系。

试想，我们外出公干，去外地探亲、旅游，每到一地，安顿好了行囊之后，暮色中我们要出去吃点当地的风味小吃，或者到人群密集的地方领略一下当地的风土人情，在走出宾馆之前，我们一定要找一个熟悉当地情况的人问一下这里的治安情况怎么样，治安好的地方，我们一定会放心大胆地出去遛遛，如果治安不好，就会放弃外出。

第三，警务工作与群众安全感的关系。

古人云，死生亦大矣，岂不痛哉？这说明，人生不易，活着是人生的第一要务。保证人的生命权不受侵害，保护随着生命权而来的财产、名誉等权利不受侵害，自古以来就是警察组织及其警务活动要达成的首要目的。

美国著名的社会心理学家马斯洛将人的需要划分了五个层次，构建了人的需要的理论结构。他认为，人的需要从低到高为生理的需要、安全的需要、归属的需要、尊重的需要和自我实现的需要。其中，安全的需要是人在满足基本的生理需要之后的第一需要。也就是说，人在不是为了活命而焦虑的时候，第一需要就是安全的需要。

近年来，社会的安全感满意程度已经成为衡量一个地方经济社会发展的重要指标。调查社会公众的安全感首先是从西方一些发达国家兴起的。改革开放以后，我国也开始对社会公众的安全感指标进行调查。从理论上说，所谓安全感，就是人们渴望稳定、安全的一种心理需要。其主要内容可以分为精神和物质两个层面，具体又可以体现为情感的安全感、身体的安全感、社会关系的安全感、法律的安全感、收入的安全感、福利的安全感、房子的安全感以及生活环境的安全感等方面。那么，警察组织和警务活动能够给人们的安全感首先是生活环境的安全感，之后是法律的安全感、房子的安全感。至于其他的安全需要，都要在满足生活的安全感、法律的安全感和房子的安全感这些物质基础之后才可能实现。因为我们不能设想，在社会中，外面真的是一个弱肉强食的世界，只适用丛林法则，我们每天走出家门，甚至不知道晚上能不能回家，有没有安身的地方。

警察组织及其警务活动除了作为专政工具之外，最重要的任务就是给社会公众提供一个安全的环境，就是通过打击犯罪、整治社会治安秩序实现或者满足人们对于安全的需要。这项重要任务作为专政工具的属性，来维护统治阶级的统治地位，也是维护社会秩序的一种体现。

第四，警务工作与社会文化发展的关系。

文化与社会文化是两个不同的概念，包含的内容体系相当庞大。既包含与人类生活有关的一切文化因素，也涉及人类社会的意识形态领域，专业性很强，因为本书不是专门研究文化与社会文化的著作，故仅在一般意义上探讨文化与社会文化的浅显问题。

我们现在一般性地理解文化，就会联想到文化是软实力，以及知识就是力量之类的说法。再进一步说，文化是人类社会历史传承的必要条件，因为有了文化的重要表现形式——文字符号，人类文明的火种方可传承下来。此外，文化是只相对于人类社会而言的，动物的世界里没有文化。文化在人类社会中既是物质存在，又以精神的方式存在于人们的意识之中。而且文化的力量是巨大的，不仅可以改变人，还可以改变世界。人类社会的所有进步，都离不开文化因素的作用。从普通的意义上说，文化犹如空气，散播于人类社会的每一个空间和角落，无时无刻不对人与社会产生这样或者那样的影响。

毫无疑问，警察组织及其警务活动本身，也是人类文化活动表现的一种外在形式。它不仅以文化的形式来表现，而且还以文化的形式来影响人类社会。这些就是我们对警务活动与社会文化发展一般情况的表述。

现在，我们说起警察文化这个概念，公安机关内部的同志们往往会想到，警察文化纯粹是公安机关内部的事情，主要是指公安机关内部的文化建设。其实不然，警察文化是整个社会文化的一个重要组成部分，不仅公安机关或者警察组织内部具有警察文化的因素，在社会主体文化中也有海量的警察文化元素在不断影响社会发展，同时也影响着警察组织的文化建设。我们仅仅以纯观念态的文化，即以文学艺术、影视作品等形式来表现的警察文化为例，这样的例子其实不胜枚举。例如，许多侦探小说表现出警察的大智大勇，如一些文学作品反映的警民鱼水情，都是对警察文化的具体体现。

（五）警察组织的社会定位

唯物辩证法告诉我们，物质世界的联系是普遍的、具体的、有条件的，而且一定的原因必然引起一定的结果。这个原理告诉我们，必须用普遍联系的眼光看待世界，要根据某种原因，去预见事物可能的发展结果。正如古人所言，“凡事预则立，不预则废”。具体到警察组织及其警务活动的发展上来看，要求我们首先必须明确警察组织及其警务活动处于一个什么样的普遍联系之中，明确自身在这些联系中的基本定位，然后才可以决定自身的目标和努力方向。

第一，要做政治稳定的坚强柱石。

党的十八大以来，习近平总书记多次就公安工作作出重要指示，从全局和战略的高度，明确了公安工作要始终把确保国家政治安全、政权安全放在首位，深刻阐述了事关公安工作发展方向的一系列重大问题，为进一步加强和改进新形势下的公安工作和队伍建设指明了方向。

当前，国际政治局势风云变幻，国内的各类不安定因素不断增长，看似平静的社会生活背面暗潮涌动，国内外的各种政治势力、敌对势力遥相呼应，都在伺机有所作为。一旦发生影响较大的政治事件，就可能从根本上破坏目前国内的平衡状态，影响我国社会的政治稳定、社会稳定。在这种严峻复杂的形势面前，各级公安机关必须增强政治定力，时刻关注时局的变幻，通过加强公安基层基础工作，及时把握各种信息，及时作出相应反应，并针对各种可能发生的情况制定有效的应对预案，确保国家来之不易的改革发展成果，维护国内的政治稳定和社会稳定。

第二，要做经济建设的保障者和促进者。

2016 年 1 月 23 日，公安部部长郭声琨同志在全国公安厅局长会议上指出，公安机关要牢固树立“创新、协调、绿色、开放、共享”的发展理念，“努力为经济社会发展提供新动能、打造新亮点，让人民群众增强获得感、提高舒适度。要主动服务推进新型城镇化建设、一带一路建设、自贸区建设等国家重大发展战略”。这就为在新的形势、任务面前公安机关如何发挥职能和作用指明了方向。

长期以来，公安机关内部不少同志总是把公安工作与经济社会发展人为地割裂开来，认为公安机关主要从事的是打击犯罪、保护人民生命财产安全的现实斗争，看不到公安机关在调节经济关系、维护和促进经济社会发展方面的作用，找不准公安工作服务经济建设的切入点和结合点，认为经济建设中公安机关无所作为，也难以作为。针对这种情况，公安机关必须为优化经济发展环境扫除思想障碍，准确把握自身在服务经济社会发展大局中的角色定位，正确处理好大局与局部、稳定和发展、管理和服务的关系，进一步增强为经济社会发展服务的主动性和自觉性，站在经济社会发展的潮头，做积极进取的弄潮儿。

要认识到公安机关是经济建设的保障者。经济发展建设离不开安全稳定的社会治安环境，公安机关作为维护社会稳定的专门力量，必须承担起依法预防、制止和惩处违法犯罪活动，保护人民，服务经济社会发展，维护国家安全，维护社会治安秩序的职责，为经济建设发展营造良好的治安环境。

要认识到公安机关是经济建设的促进者。公安机关作为社会管理和公共服务的重要行政部门，多项工作与社会各界和广大群众密切相连，在经济社会发展中，必须不断更新管理理念，创新管理方式，拓宽服务领域，自觉地为经济社会发展服务好。

第三，要做社会文明进步的促进派。

我们知道，人文环境是一个地区文明程度的重要标志，也是政治文明、精神文明的重要内容，直接影响着人们的价值取向和社会发展走向。可以说，一个地区的人文环境如何，直接决定了该地区的经济发展前景和方向。公安机关要促进社会文明进步，就要从两个方面入手，即内强素质，外树形象。要突出公安队伍的人文建设，注重从文化品位、道德修养、职业素质、行为操守、仪表形象等方面入手，提高公安民警的人格魅力，全面提升公安队伍的人文水平，以文明向上的精神面貌，在整个社会的人文环境建设中发挥示范作用。要通过努力，不仅把公安机关培养成一支人民群众可信赖的“威武之师”，更要培养成一支人民群众可亲近的“文明之师”。近年来，全国公安机关重视队伍的警察文化建设，其实就是促进社会文明进步的一种踏实的社会实践。

第四，要做打击刑事犯罪的利剑。

作为阶级统治和人民民主专政的重要工具，我国的警察组织即公安机关最重要的职责，就是打击一切形形色色的犯罪活动，这一点从来就没有任何疑问。改革开放以后，我国社会中的阶级划分比较模糊，很长时间以来，也不再提及阶级斗争和阶级专政，但从根本上说，社会主义社会属于阶级社会这个基本判断没有变，警察组织具有的阶级属性没有变。因而，警察组织及其警务活动维护统治秩序的作用也没有根本性的改变。现在我们需要做的是，在警务活动实践的过程中，按照哲学原理，采用阶级分析的方法，正确区分人民内部矛盾和敌我矛盾两类不同性质的矛盾，并针对不同性质的矛盾区别对待。

第五，要做社会秩序稳定的守护者。

社会秩序稳定，是国家政治稳定的一个基本前提。而要实现社会秩序的稳定，就要求警察组织须通过其警务活动，充分履行自身职责，切实维护国家的政治稳定和社会稳定。

较长时期以来，党和国家为了保证改革开放的大局，促进中华民族的伟大复兴，多次、反复地强调，要坚持改革开放不动摇，要处理好改革、发展和稳定的辩证关系。我们简单地理解，要实现这一目标，稳定是基本前提，改革是必要的措施，而发展才是我们要实现的最终目标。因此，公安机关必须通过积极的警务活动，应对国内外的政治风险，处理传统的犯罪行为和非传统的安全因素，以确保国家的长治久安，为中国梦的实现提供必要的保障条件。

总之，警察组织必须时刻用普遍联系的观点去看待国家的经济社会发展问题，要时刻把自身放在整个国家的政治建设、经济建设、文化建设的大局之中去理解自身所处的位置，而不能孤立地、静止地、片面地看待问题。无论是事关全局的问题，还是局部的、小范围的问题，抑或是一起刑事案件或者治安案件，都不能就事论事。要意识到，警察组织的任何决策都离不开整个国家、经济社会发展的大背景，处理任何小矛盾、小问题也都可能涉及事关全局的大问题。这样由小见大，才有可能使我们的所有警务活动更加符合国家发展的需要。

三、警务工作必须符合客观实际

我们所处的这个世界，是一个物质的世界。万事万物，皆以物质的形式存在。对于物质世界的认识，无论是东方还是西方，自古至今，人们进行了太多的思考与争论。在中国，神话故事中说是盘古氏开天辟地，才有了人类社会；在西方，《圣经》中说上帝创造万物以及人。这都是因为过去人们对于世界的认识局限太大，对于自己不能解释的问题，只能用唯心主义的观点去理解。马克思主义哲学横空出世之后，合理地解释了意识和存在何者为第一性的问题，为人类认识世界、认识人类自己打开了一个新的窗口。

马克思主义哲学认为，我们所处的这个世界，物质是第一性的，意识是第二性的。在这个理论基础之上，物质第一，客观第一，存在第一。包括警务工作在内的万事万物，都必须坚持这一根本特性，并在这个基础上，认识、把握和驾驭物质世界的客观规律，从而更好地改造世界，推进人类社会的文明进步。

（一）正确理解物质与意识的辩证关系

列宁曾经对“物质”一词作过一个精确的哲学概括。他说，“物质是标志客观实在的哲学范畴，这种客观实在是人通过感觉感知的，它不依赖于我们的感觉而在，为我们的感觉所复写、摄影、反映”。[①] 列宁的这一简短的哲学定义，起码说明了三个方面的问题：一是物质是客观存在的；二是物质可以被人的感觉所感知；三是不管人类的感知是否感知到了物质的存在，它都会客观存在。也就是说，物质的客观存在是第一位的，而感知或者意识对于物质的感知总是第二位的。

在这个基础上，马克思主义哲学关于物质的理论还包括：

世界统一于物质。尽管我们都知道，我们面前的世界是丰富多彩的、

① 《列宁选集》第2卷，人民出版社1995年版，第128页。

多种多样的，从自然界来看，有山川、有河流，有花草、有树木，从人类社会来看，有男人、有女人，有高楼大厦等，但是，世界的多样性用一点来概括，那就是一切都统一于物质。也就是说，世界是多样性的物质的统一，而且物质的各种属性都依赖于物质而存在。

物质的存在形式是运动。“运动，就最一般的意义来说，就它被理解为存在的方式、被理解为物质的固有属性来说，它包括宇宙中发生的一切变化和过程，从最单纯的位置移动直到思维。”① 在这里，物质是运动的直接承担者，而运动则是物质所固有的根本属性。我们理解，一方面，运动和物质不可分割，没有了物质的运动也就无所谓运动，或者说，所有运动都是物质的运动，甚至包括思维的运动，也是一种物质的运动而已。另一方面，我们也会发现，在我们的日常生活中，物质有时也处于一种静止状态。其实，静止也是物质的一种运动的特殊状态，运动是绝对的，而静止是相对的，是物质发展运动的必要条件。

物质的运动形式具有多样性。例如，就目前的科学发展程度而言，可以把运动的形式分为机械的、物理的、化学的、生物的、社会的五种基本的运动形态。各种运动形式之间不仅相互联系，而且在一定条件下可以相互转化，如水的动能可以转化成电能，等等。

时间和空间在哲学关于物质的运动理论方面具有重要地位。一是所有的物质运动都要经历一定的时间和占据一定的空间条件；二是时间、空间与物质的运动不可分离，缺少了时间和空间条件，就不存在物质的运动；三是时间和空间具有绝对性、相对性、无限性与有限性。

所谓意识，从哲学上讲，它是人类大脑的一切活动及结果，即作为一种具有自觉性的思维而存在。辩证唯物主义认为，意识不是上帝赋予我们的，也不是人类天生就有的，它是物质的人脑的一种机能，而人类的大脑，不过是人的意识活动的物质器官，离开了人脑这种物质基础，就没有意识可言。

辩证唯物主义认为，意识是对客观存在的物质世界的反映。意识是

---

① 《马克思恩格斯选集》第3卷，人民出版社2006年版，第491页。

大脑的机能，但人类的大脑不会自动产生意识。正如一个人生活在一个狭窄黑暗的环境中，那么他除了对狭窄黑暗的环境有所了解之外，他对于这个环境之外的客观世界将是一无所知的。马克思对于这种情况的解释是："观念的东西不外是移入人的头脑并在人的头脑中改造过的物质的东西而已。"[①] 这说明，意识是人脑的主观活动，而意识活动的对象内容却是客观的、物质的。一切不在客观世界中存在，只在人的大脑中反映的东西，都是虚无的、主观的，正如神仙妖怪，都只能在人类的意识中存在，而没有物质的客观基础。

人类的意识对于客观物质世界的反映不仅仅是被动的，而且是能动的，即人类大脑不仅可以反映客观物质世界，也可以通过指导人类的实践活动，能动地改造客观存在的物质世界，促进人类社会的发展。

正确理解物质与意识的辩证关系，对于每一个警务工作者来说，都具有重要意义。

第一，要有正确认识。

只有承认物质第一、客观第一、存在第一的唯物主义观点，我们才能够在正确认识的指导下，不盲从，不蛮干，脚踏实地，一步一个脚印地向前迈进。物质是第一位的，意识是第二位的，是对客观物质世界的反映。这就要求所有警务工作者在实际工作中，首先必须认清自身所处的位置，自己在周围环境中开展工作有哪些有利因素和不利因素，从而充分利用对自己有利的环境条件，把自己的工作做好。例如，作为一个基层派出所的治安民警，就应该认真分析自己管辖内的各类管理对象，可以依靠哪些人，可以争取教育哪些人，应该重点盯住哪些人，可以利用环境中有利的条件，开展哪些治安防控工作，并从这些实际情况出发，一个问题一个问题地解决，在把自己工作做好、做实、做到位的基础上，逐步实现自己的人生价值，用自己的辛勤努力推进警务工作的开展。而不能身在基层却好高骛远，总想着做更高层次职务的警务工作者才应该考虑的事，这样脱离了实际，也就离自己的奋斗目标越来越远。

---

① 《马克思恩格斯选集》第2卷，人民出版社2006年版，第217页。

第二，要从实际出发。

正确认识和理解物质与意识的辩证关系，可以使我们做到一切从实际出发，遇到问题的时候，做到主观愿望符合客观实际。实事求是是我们党的思想路线的核心内容。而一切从实际出发，是实事求是思想路线的前提。很久以来，由于党风和社会风气不正，形式主义、官僚主义盛行，受这些风气的影响，警务工作中也形成了一些不良的习气。比如，文山会海，遇有案件，不论有没有必要，都不计成本，无视警力浪费，不是在认真分析案件情况的基础上采取针对性强的工作对策，而是为了好看，动不动就搞地毯式排查、人海战术，不考虑公安机关自身的承受能力、民警的身体状况，其结果往往是钱没少花，民警的罪没少遭，但效果却微乎其微。

第三，要尊重客观规律。

只有正确理解物质和意识的辩证关系，才能更好地指导我们尊重客观规律，更有效地发挥主观能动作用。世界上万事万物的发展变化都有自身的规律特点，即客观规律是不以人的意志为转移的，既不能被创造，也不能被消灭。这就要求我们在警务工作中，既要认识客观规律，又要尊重客观规律。只有充分把握和驾驭、运用客观规律，我们的工作才能取得成效，否则，只能事倍功半，甚至以失败告终。例如，基层民警处理治安案件，有些案件必须“热处理”，有些案件则只能“冷处理”。如果不考虑这些因素，效果就会适得其反。

（二）警务工作要坚持做到一切从客观实际出发

坚持一切从实际出发，是我党的思想路线、光荣传统和制胜法宝。2014年，习近平总书记在庆祝全国人民代表大会成立六十周年大会上的讲话中指出：设计和发展国家政治制度，要从国情出发，从实际出发。这一讲话精神的实质，就是要求全党、全国人民坚持实事求是，以国情实际为客观依据，把国家的事情办好。应该说，这是把马克思主义理论应用于中国社会主义革命和社会主义建设实践的具体体现，这一思想路线，也适用于我国各行各业、各个领域。

警务工作要从客观实际出发，可以从以下几个层次来理解：

第一，警务工作要从我国的国情出发。

新中国成立之后，我国一直处于人口多、底子薄、耕地少、人均资源相对不足，经济社会发展不平均的基本状况。受国土面积和自然条件的限制，这一点很难改变。

改革开放三十多年来，我国的经济社会发展取得了举世瞩目的伟大成就，经济总量在世界排名第二，综合国力世界排名第三，人民生活水平得到了极大提高。但是，由于人口众多，人均 GDP 为 8113 美元，我国仍属于发展中国家，而且处于社会主义初级阶段，资源、人口、环境的压力都相当大。这些，还都只是从简单的经济因素角度而言。从国际政治环境上看，西方一些国家出于不同的目的，对我国采取全面遏制和防范的措施。不断制造事端，支持、唆使我国周边国家与我国对抗，并且不断实施“西化”“分化”，妄图在我国实施“颜色革命”。从国内的社会结构上看，随着改革开放政策的不断深入，我国社会结构发生了翻天覆地的变化，原有的社会结构被打破、重新构建，一大批企业人员下岗、再就业，一批新的社会阶层兴起，原来的单位人已经变成了自由人和社会人，一批人使用不同的手段先富起来了，社会中贫富差距不断加大。而且伴随着以经济建设为中心，经济因素占据了社会生活的主导性地位，社会上拜金主义、极端个人主义、享乐主义甚嚣尘上，社会心理中仇官、仇富、仇警的倾向越发严重。而且在社会主义物质文明建设与社会主义精神文明建设严重不匹配的情况下，社会上的道德取向发生了极大变化，从整体情况上看，人们的道德文化素质亟待提高。另外，社会犯罪形势一直比较严峻，不仅传统意义上的犯罪增多，一些非传统的安全因素也越来越多，犯罪智能化、跨区域作案等趋势越来越明显，打不胜打，防不胜防。这些都对新时期我国警察组织的警务工作提出了新的、严峻的挑战。

第二，警务工作要从警察组织所在区域的实际情况出发。

我国地大物博，土地面积辽阔。现在，全国有 23 个省、5 个自治区、4 个直辖市、2 个特别行政区。从全国的情况来看，在地域上大致可以分为长江南北、东部西部、沿海与内地等不同的环境状况、风土人情情况、经济发展状况等。即使在一个省级区划范围内，自然状况、经济发达程度也有很大差别。例如，江苏省的苏南就与苏北的经济水平相差较大。而在广东，一些沿海地区的经济状况就明显好于内地的其他地区。至于“十里不同风，百里不同俗”的情况在不同的省份中就更是比比皆是。

从警察组织的组织领导上看，我国公安机关从新中国成立以后，一直实行“统一领导，分级管理，条块结合，以块为主”的领导体制：中央由公安部统一领导全国的公安工作；各省级行政区划内，由公安厅（局）领导本行政区划内的公安工作，省下设地或市、州，由公安处、局领导本行政区划内的公安工作；地、市或州下设县及县级市公安局，城区设公安分局，县、县级市和公安分局下设公安派出所及其他基层所队。在这种领导体制下，统一领导是指公安机关必须坚持党的统一领导，坚持党指挥；条块结合、以块为主中的“条”，是指以公安部、省级公安厅（局）及地、市、州公安局和县、县级市级公安机关以及公安分局、公安派出所等机构设置，由上一级公安机关从上至下进行业务指导和管理；以块为主的“块”，是指不同行政区划的党委政府对本行政区划内的公安机关分级管理，并且以块的管理为主。

从实行“统一领导，分级管理，条块结合，以块为主”这一管理体制的初衷考虑，是新中国成立之初，中央就已经考虑到了不同地区之间自然状况和社会状况的不同情况，坚持从实际情况出发考虑公安工作的领导体制，所以这样做在较长的时间内保证了公安工作的正确方向，是基本符合我国实际情况的。

第三，警务工作要从形势需要和公安队伍建设的实际情况出发。

新中国成立以来，我国公安机关经历了一个从无到有、从小到大、从弱到强的发展历程。这个发展历程，其实就是伴随社会形势的变化发展变化的过程，就是根据不同时期社会形势的客观实际使公安机关的警务活动不断适应形势发展需要的过程。例如，新中国成立之初以及恢复国民经济时期，各级公安机关只有政保、刑侦、治安、内保（经济、文化保卫）和警卫几个警种。交通警察只是设在治安部门内的一个警种。而改革开放以后，随着社会形势的不断变化，公安机关内部的分工也越来越细，先是随着社会形势发展的需要，交警从治安警中分离出来，并且已经成了全部警察组织中一个重中之重的部门。而后，禁毒、经侦等警种也先后从刑侦部门中分离出来。1997 年，为了加强公安队伍建设，公安督察部门也正式成立，被人们形象地称为“管警察的警察。”再之后，为了应对新兴的网络犯罪、恐怖犯罪，相应的工作部门也陆续建立起来。

上述内容，是从警察组织适应形势发展的需要而发展这个角度出发分析公安队伍的建设情况。另外，我们在日常的警务活动中，还要正面分析目前警察队伍的现状，并从这一现状出发安排警务工作。

目前我们面临的公安民警队伍是一个怎样的状况呢？从积极的方面来讲，我们的民警队伍整体是好的，是一支召之即来、来之能战、战之能胜，党和人民放心的队伍。但是，我们还应该看到，目前的公安队伍建设中还存在许多不容忽视的问题，严重影响公安机关整体战斗力的发挥。一是警力严重不足，在基层公安机关担负大量非正常警务活动的情况下，警力不足的情况越发凸显。为了弥补警力的不足，各级公安机关不得不越来越多地使用文职人员或者辅助警力。由于这些人来源复杂、素质参差不齐，在管理与使用上都有许多问题。二是经费保障不足。我国各地各级公安机关的经费保障问题一直是公安工作发展的一个“瓶颈”。随着国家经济形势的不断好转，保障不足问题有所缓解，但仍然没有得到根本性的改善。由于经费保障不足，基层公安机关一些非正当的罚没以及其他形式的摊派等问题仍然时刻困扰着基层公安机关。同时，也直接影响了一些案件的办理。三是在公安队伍管理上存在一些问题，主要表现是机关大、基层小，整个队伍呈倒“金字塔”形，由于有限的警力不能有效地充实到基层一线，加重了基层的负担和警力不足问题。四是队伍整体素质较低，在社会上金钱至上、一切向钱看等因素的影响下，民警的道德素质有待提高，在执法过程中的道德风险比较大。五是警民关系建设严重滑坡，过去基层公安机关有了任务，广大人民群众踊跃帮助公安机关的情况相当普遍，而现在，公安机关再要求群众帮助，群众会讲条件或者直接拒绝，等等。

只有正视公安队伍中存在的这些突出问题，了解自身的长处和薄弱环节，在开展警务工作过程中，才能够做到知己知彼，有效安排警务活动。

第四，警务工作要从具体的警务活动需要出发。

警务活动涉及社会生活的方方面面，性质不同，内容不同，形式不同，在执行职务的过程中，不仅涉及行政管理问题，更涉及刑事打击问题。对于不同性质、不同内容的警务活动，就要从警务活动的客观需要的角度考虑，采取针对性的工作对策。

在人类认识世界和改造世界的活动中，人的因素从来都是最重要的因素。在警务活动过程中，人的因素也始终是起主导作用的因素。因此，在考虑警务活动需要的过程中，人的因素要始终放在一个重要的位置。不仅要考虑执法相对人的因素、管理与服务相对人的因素，同时也要考虑民警队伍本身的因素，考虑就不同的警务活动内容来安排适合的警务人员，这样才能达到更好的效果。这也是从实际情况出发考虑问题的一个重要方面。

执法相对人，又可以分为行政执法相对人和刑事执法相对人，即犯罪嫌疑人。在执法过程中，要考虑不同的执法对象，采取不同的警务措施。行政执法相对人，大多是违反了社会管理秩序而应受到相应行政处罚的对象。对于他们的执法活动、执法态度，要相对温和，采取的措施相对平和。而刑事执法相对人，由于他们的主观恶性一般较深，有的犯罪嫌疑人有多次违法犯罪的经历，有与公安机关打交道的丰富经验，因此，对于他们采取的警务措施，按照相关法律规定，从性质上看比对行政执法相对人采取的措施就要严厉得多。而且不论是行政执法相对人，还是刑事执法相对人，在采取警务措施之前，都应该对他们的情况进行比较详细的了解，对他们的经历、性格、处世方式、违法行为的目的、欲达成的结果等都要做到心中有数，从这个基础出发，采取的警务活动才可能有的放矢，收到较好的效果。

另外，警察组织在安排警务工作的过程中，还要从队伍自身、所属民警的实际情况出发，扬长避短。例如，对于智力较突出，但身体较弱的民警就不宜安排他们执行抓捕等任务。总之，要尽量根据民警的自身特点安排警务工作，这样才能更好地发挥他们自身的优势，顺利完成警务任务。

（三）警务决策要杜绝拍脑袋、想当然

现阶段，我国公安机关开展警务活动的目的，在社会层面上是“发案少，秩序好，社会稳定，群众满意。”因此，警察组织要作出任何决策，都不应该离开这个大框架。

所谓决策，是各种管理中经常发生的一种行为，是一种管理行为，是具有指导性、方法性的工作措施。从理论上说，决策是为了实现特定的目标，根据客观的可能性，在掌握了一定的信息，在决策者经验的基础上，在对影响工作目标实现的各种因素进行分析、判断优劣之后，对未来的行动所作出的决定。决策一般必须有两个以上的备选方案，供判断优劣之后作出选择。而警务决策，就是各级警察组织的领导在警务活动过程中，为了达成一定的目标，根据客观存在的内外部条件、对所掌握的相关信息的分析和领导者的警务工作经验，在对不同的备选方案上进行综合考量之后作出的对某项工作的决定。

警务决策可以分为战略层面的决策、战术层面的决策和单项警务活动的决策三种。

所谓战略层面的警务决策，是指直接关系到警察组织的生存与发展问题，涉及警察组织全局的、长远的、方向性的决策。例如，中央、国务院和公安部于党的十八大之后作出的关于公安工作改革的决策，即战略性的警务决策。所谓战术层面的警务决策，是指警察组织内部执行的决策，它不会决定警务组织的发展，但会影响警务组织目标的实现和警务活动质量的高低与成败。在很大程度上，警务层面的战术决策是围绕战略层面的警务决策来制定与实施的。例如，为了实施公安机关深化改革的战略目标，各地各级公安机关要根据本地公安机关的实际情况，制

定相应的改革方案。所谓警务业务层面的决策，即执行性的警务决策，是警察组织领导根据一个问题的解决方法、一个案件的侦破思路所作出的决策。

从管理学和决策学的角度来讲，警务决策必须遵循一定的原则。这些原则主要是：

其一，可行性。警务决策的目标能否最终实现，主要取决于警务活动主体操作的可能性以及外在客观条件是否充分。也就是说，在进行警务决策的过程中，不仅要考虑自身条件，是否具有实现目标的实力，还要考虑外在条件的制约。

其二，效益最大化和风险最小化。所有警务决策，都必须围绕警察组织的职责、任务、战略层面的目标来进行。对此，在决策过程中一定要首先考虑决策能否使警察组织所取得的效益是否能够最大化，并把决策执行的风险降到最低。在效益方面，不仅要考虑经济效益，也要考虑政治效益和社会效益。

其三，必须有备选方案。即在进行警务决策的过程中，不能只有一种方案，选无可选。而是必须有根据内外在客观条件，制定的两套或者两套以上的备选方案，供决策时权衡利弊得失后作出最终选择。

其四，必须重视信息的作用。当代社会，信息爆炸，信息充满社会生活的所有空间，掌握必要的信息，是决定警务决策能否最终实现的重要环节。现在，公安机关强调信息导向的警务战略，就是重视客观条件的重要表现。

在现实社会中，一些政府官员单纯为了获得政绩，为自己的升迁铺路，所作出的一些决策已经让社会付出了极为惨重的代价。例如，一些城市的领导为了政绩，不顾现实情况，在城市规划上大做文章。有群众讽刺这种情况，说："规划规划，纸上画画，墙上挂挂，橡皮擦擦，最后全靠领导一句话。"掌握了这个规律后，群众又把规划跟着领导转形容为"三拍"："一拍脑袋，就这么定了；二拍胸脯，出了问题我负责，但真出了问题则一推了事；三拍大腿，决策形成了巨大浪费，'呀！又交学费了'。"

在公安机关，领导决策的失误给党和国家、人民群众造成的损失，有时是仅仅靠经济补偿也补偿不了的。在这方面，一些冤假错案的出现，给我们敲响了警钟。

例如，近两年来，“呼格案”再次在我国司法领域掀起了轩然大波。2016 年 10 月 18 日，内蒙古自治区呼伦贝尔市中级人民法院公开宣判呼和浩特市公安局原党委委员、副局长冯志明受贿，巨额财产来源不明，非法持有枪支、弹药，贪污案，对被告人冯志明以受贿罪，判处有期徒刑十年，并处罚金人民币一百万元；以巨额财产来源不明罪，判处有期徒刑七年；以非法持有枪支、弹药罪，判处有期徒刑三年；以贪污罪，判处有期徒刑二年，并处罚金人民币十万元，数罪并罚，决定执行有期徒刑十八年，并处罚金人民币一百一十万元。上述判决，似乎与“呼格案”并没有直接联系。有直接联系的是，冯志明是“呼格案”办案、定案的主要领导和直接责任者。

所谓“呼格案”，是 1996 年 4 月 9 日，发生在呼和浩特市的刑事案件。当日，在呼和浩特市第一毛纺厂家属区公共厕所内，一女子被强奸杀害。报案人是呼格吉勒图，公安机关却认定呼格吉勒图是凶手。在定案几个月之后，即 1996 年 10 月 6 日，呼格吉勒图被执行死刑。

据报载，冯志明认定呼格吉勒图为当事凶手，完全凭自己的主观判断，并没有形成有效的证据链条可以证明。对此，1996 年 4 月 20 日呼和浩特晚报上发表的一篇题为“‘四·九’女尸案侦破记”的报道，描述了案件的侦破过程：“冯志明副局长和报案人简单地交谈了几句之后，对报案人产生了怀疑，眼前这个男的怎么会知道女厕内有女尸？”这一疑问，就是冯志明认定呼格吉勒图有罪的唯一主观凭据。

“呼格案”给我们留下了太多的思考，但是，冯志明以主观判断而非事实依据作出呼格吉勒图为案件凶手的决策，无疑是后来冤案成立的最主要的动因。这个血淋淋的教训，值得我们深思。

（四）改革创新警务工作要以客观实际为基础

人类要发展，社会要进步，就离不开改革创新。警察组织在新的时代和新的社会历史条件下发展进步，也离不开改革和创新。但历史的经验反复告诉我们，要改革创新，就必须以客观实际为基础，否则，只能是空中楼阁。

第一，《关于全面深化公安改革若干重大问题的框架意见》为新时期警务工作的改革创新指明了方向。

2015 年 2 月，中共中央审议通过了《关于全面深化公安改革若干重大问题的框架意见》及相关改革方案。这是在我国全面深化政治体制改革过程中从宏观与微观上对警务工作深化改革的纲领性文献，对于指导新时期警务工作的全面改革创新具有极其重要的意义。

该框架意见提出了公安工作改革的总体目标是：完善与推进国家治理体系和治理能力现代化，建设中国特色社会主义法治体系相适应的现代警务运行机制和执法权力运行机制，建立符合公安机关性质任务的公安机关管理体制，建立体现人民警察职业特点、有别于其他公务员的人民警察管理制度。到 2020 年，基本形成系统完备、科学规范、运行有效的公安工作和公安队伍管理制度体系，实现基础信息化、警务实战化、执法规范化、队伍正规化，进一步提升人民群众的安全感、满意度和公安机关的执法公信力。

同时，《关于全面深化公安改革若干重大问题的框架意见》也提出了公安工作改革的主要任务，包括：全面深化公安改革共有七个方面的主要任务、100 多项改革措施。一是健全维护国家安全工作机制；二是创新社会治安治理机制；三是深化公安行政管理改革；四是完善执法权力运行机制；五是完善公安机关管理体制；六是健全人民警察管理制度；七是规范警务辅助人员管理。

全面深化公安改革坚持以问题为导向，将改革的指向聚焦在三个方面：一是着力完善现代警务运行机制，提高社会治安防控水平和治安治理能力，提高人民群众的安全感。二是着力推进公安行政管理改革，提高管理效能和服务水平，从政策、制度上推出更多惠民、利民、便民新举措，提高人民群众的满意度。三是着力建设法治公安，确保严格、规范、公正、文明执法，提高公安机关的执法水平和执法公信力，努力让人民群众在每一项执法活动、每一起案件办理中都能感受到社会公平正义。

《关于全面深化公安改革若干重大问题的框架意见》关于改革的精神，符合我国当前的国际国内形势和社会背景，是在总结较长时期以来我国公安机关各层次、各地改革创新工作的经验之后，做出的一项根本性、方向性的指导性改革创新意见，对今后一个时期公安机关警务改革工作必将起到积极作用。

第二，近年来，公安改革创新的经验与教训。

新中国成立之后，一直到改革开放之前，我国公安机关适应当时社会主义计划经济时期的社会形势和工作需要，自公安机关成立以后，就一直延续着新中国成立初期建立的管理体制和工作运行模式，基本上没有大的改变。

“文化大革命”结束及改革开放初期，我国社会上经历了一次新的犯罪高峰，社会治安形势严峻，各类违法犯罪活动打不胜打，防不胜防，说明当时的公安工作管理体制和工作运行机制都已不能很好地适应社会形势发展的需要。为此，我国公安机关从上到下都进行了一些新的改革创新尝试。

1997年，公安部为了加强治安防控和更加有效地打击刑事犯罪，开始谋划实施对公安派出所和刑事侦查工作进行大刀阔斧的改革。在公安派出所改革方面，以“发案少、秩序好、社会稳定、群众满意”为目标，通过建立责任区民警负责制，担负起治安防范和管理的主要职责；在刑事侦查方面，改革后将刑侦部门和预审部门合二为一，实行侦审一体化的工作体制，要求各地刑侦部门通过建立覆盖社会面的责任区刑警队，承担起打击破案的主要职责。在改革过程中，要求公安派出所民警和责任区刑警队各司其职、各负其责，密切配合、相互协作，在打击和防范两个环节上形成并驾齐驱、比翼双飞的格局。

1997年，全国范围内的公安改革，可以说是新中国成立之后我国警务工作的第一次大规模、全覆盖的改革尝试。改革的效果之一，是进一步加强了公安派出所的治安防控基础工作，对于预防社会犯罪发挥了重要作用。但不可否认的是，由于社会大背景的限制，这次改革还是有一些方面不尽如人意。

进入21世纪后，全国各地各级公安机关开始进行一系列大胆的改革尝试。这次尝试以吉林省辽源市的改革为起点，带动了全国范围内一些地方的改革创新。涉及的地方，从南到北，从东到西，有吉林、黑龙江、辽宁、河南、上海、福建、重庆以及西北的一些地方。改革的主要内容有二：一是减少管理层次，在中、小城市中变公安机关的三级管理为两级管理；二是实行“多警合一”的警务运行模式。实行这两项改革的根本目标，是最大限度地把有限警力投放到最需要警力的基层实战单位。

以吉林省辽源市的警务改革为例。辽源市是一个人口只有100万左右的中小城市，下辖东丰、东辽两县及龙山、西安2个区。警务改革之前，实行市公安局、区公安分局和公安派出所三级管理体制。改革之后，取消了城区公安分局，成立了8个警察署作为最基层的实战单位（后来因警察署与相关机构无法衔接，又改称公安分局），每个警察署内设刑警队、治安队、户籍队、指导组4个部门。每个警署根据辖区面积的大小，配备50~80名警力。辽源市的这次警务改革，彻底改变了公安机关头重脚轻，机关中部门林立，职责不清、相互扯皮，人员倒流，呈倒“金字塔”形的情况，把90%的警力投入一线，切实增强了基层公安机关的战斗力和快速反应能力，提高了工作效率。

辽源市的警务改革实践在全国公安系统产生了极大反响，全国各地公安机关纷纷派出人员前去辽源学习。辽源市警务改革的做法很快在全国范围内的一些地方开始推广。一些省的地级市公安机关纷纷结合本地的实际情况，参照辽源的做法，做出了许多大胆的改革尝试，这期间，有成功的经验，也有失败的教训。现在，我们回过头来分析这些改革尝试的成败，当然其积极的影响不言而喻，至今仍有其不可磨灭的功绩，但是，由于受社会大环境背景的影响，客观上不可避免地受到很大局限。一是在全国整体的政治体制改革，特别是政法体现改革尚未全面铺开的情况下，在没有全国性统一政策支撑的情况下，由地方各省公安厅（局）及地市级公安机关主导的警务改革，属于孤军深入，受制于各地党委、政府各部门的诸多限制。虽然各地党委、政府都在自身的权限范围内给予各地的警务改革一定的宽松政策，但这些政策在很大程度上与整体性的方针政策并不兼容，改革政策与相关政策不能很好地衔接，因而类似的警务改革不可能触及一些根本性的管理体制方面的问题，更多的是在工作运行机制层面进行改革，所以改革的成效有限也就在情理之中了。二是要进行警务改革，就要涉及较大范围的公安机关内部人员的权力再分配和经济利益再分配。而改革的目的不是剥夺现有人员的权力和经济利益，因而改革必须在当地人事管理的权限和经济发展水平允许的条件下进行或者更多的是在提升现有人员待遇的基础上进行。这样，在人事管理权从中央到地方的限制下，在经济利益分配从中央到地方的限制下，各地的警务改革缺乏政治、经济杠杆的撬动，缺少相应的客观条件基础。三是由于全面进行政法体制改革的时机不够成熟，不同地方的警务改革由于内部人员对改革重要意义的认识不够深入，情绪不够稳定，患得患失，积极性不高，也在一定程度上影响了警务改革的顺利进行。总之，尽管21世纪初各地公安机关的警务改革和创新意义重大，是一些有志之士承担风险进行的大胆尝试，但是从客观上说，由于社会政治条件、经济社会发展的限制，能够取得这样的成绩是非常难能可贵的，必将在公安工作发展史上留下不可磨灭的印记。

第三，大改革与微创新并重，方能推进警务工作的全面发展。

当前，随着全国政治体制改革的不断深入，特别是政法体制改革已经进入攻坚阶段，公安部开始谋划从上至下、从管理体制到工作运行机制、从民警分类管理到提前退休、从执法到为民服务多层次、多方向的改革。其中，不仅有方向、政策层面的改革，也涉及一些行政、执法方面的改革。这些改革有全国性的、政策层面的支撑，有经济社会发展速度快的保证，有全面改革的总体氛围，所以改革的成效应该是可以预期的。

在全面进行警务改革的同时，还应该特别强调基层公安机关的民警在自己工作岗位上进行的微创新。所谓微创新，雅虎中国前总裁周鸿祎称：你的产品可以不完美，但是只要能打动用户心里最甜的那个点，把一个问题解决好，有时候就是四两拨千斤，这种单点突破就叫“微创新”。根据这个解释，基层警务人员进行微创新就具有无限可能。例如，在服务窗口工作的民警，对自己的工作岗位和工作流程有了深刻认识后，可以把几个流程合并为一个流程，把三天的工作时间缩短到一天，把让群众跑三次才能解决的问题跑一次就能办好，这就是微创新。公安机关应该大力鼓励和提倡基层公安民警进行微创新，所有的基层民警也应该从为公安事业发展的角度考虑、从自身的发展进步的角度考虑大力开展微创新。只要这种创新符合党、政府和广大人民群众的根本利益，只要这种创新不是民警心血来潮不顾客观实际、随心所欲瞎搞的夺人眼球，为自己谋私利的微创新，就都是应该鼓励和提倡的。当微创新已经成为一种风气，成为每个警务人员的一种自觉和习惯的时候，公安事业的大发展，就指日可待了。

（五）求真务实不能只停留在口头上

党的十八大之后，习近平总书记曾论述，在党的作风建设方面，要做到“三严三实”，即严以修身、严以用权、严以律己；谋事要实、创业要实、做人要实。据此，中共中央办公厅印发了《关于在县处级以上领导干部中开展“三严三实”专题教育方案》，对在党员领导干部中开展“三严三实”专题教育作出了专项安排。在全国范围内，一次涉及全党的专题教育活动轰轰烈烈地开展起来。

“三严三实”，用一句话概括，就是求真务实。这是党中央坚持马克思主义科学世界观和方法论的本质要求，是对马克思主义哲学关于认识论的精神实质的精辟概括。它体现了马克思主义要求的理论和实践、知和行的具体的历史的统一。所谓“求真”，就是“求是”，也就是依据解放思想、实事求是、与时俱进的思想路线，不断地认识事物的本质，把握事物的规律。所谓“务实”，则是要在这种规律性认识的指导下，去行动、去实践。求真与务实的统一，是马克思主义认识论的必然要求和本质体现。

我们要如何做到求真务实应掌握以下几个方面的主要问题：

第一，要大兴调查研究之风。

要求全党坚持实事求是，大兴调查研究之风，是毛泽东同志的一贯主张。党的十八大之后，即2013年7月，习近平同志在武汉召开部分省市负责人座谈会时也曾指出，调查研究是谋事之基、成事之道，谋划全面深化改革的思路和重大举措，必须进行全面深入的调查研究。对于党的各级领导干部、政府的各级官员来说，不断深入地进行调查研究具有重要作用。因为大力开展调查研究，不仅是我们随时了解基层情况的过程，是一个深入联系群众，就地就近为广大人民群众办事、排忧解难的过程，也是我们不断把各项工作推向深入的过程，更是我们不断提高自身修养的过程。对于警察组织和各级公安机关的领导，以至于对所有基层民警来说，注重开展调查研究，大兴调查研究之风，对于促进警务工作的开展，也具有重要作用。事实上，警务工作者开展调查研究工作，相对于其他部门的领导和工作人员来说，具有很大的优势。因为警务工作的重要内容之一，就是广泛收集社情民意，成为党和政府联结广大人民群众的桥梁和纽带。而且基层公安机关的领导直接工作、生活在基层一线，与广大人民群众有着天然的血缘联系，与人民群众的交往更直接、关系更密切，开展调查研究也更容易和简单。对此，各级公安机关的领导和民警们应该有足够的认识，不仅要把调查研究的结果随时上传下达，还要把调查研究的结果当作我们制定各种地方性警务政策、决策时的重要参考。同时我们还应该认识到，调查研究的过程也是我们学哲学、用哲学的过程，是我们加强与人民群众血肉联系的过程，是我们增进与广大人民群众的情感交流的过程，是提高我们的自身修养和工作能力的过程。

第二，要重视警务实践。

实践和认识是马克思主义哲学中的两个重要范畴。所谓认识，就是作为社会活动主体的人在实践的基础上，对于外在的客体的能动的反映，也就是说，没有实践，认识也就失去了源泉。而在实践基础上得到的对于客观世界的认识，是我们更好地理性地分析客观世界和改造客观世界的理论指导。

警察组织和警务工作者必须非常重视警务实践。我们知道，目前警察组织的框架和体制、警务运行的环节和流程设计，都是基于对一定的警务实践基础的认识导致的结果。21世纪以来，随着社会形势的急剧变化，世界范围内的警察组织，包括我国的公安机关，都已经迫切地感到，过去一些行之有效的警务工作方式方法已经不再适应新的社会形势的需要。为此，世界范围内的警察组织都在试图通过警务实践寻求新的更适合社会形势发展变化的警务工作管理体制和工作运行机制。在我国，改革开放以后公安机关从上到下的警务改革实践，也都是在这个认识的基础上进行的。从具体警务工作环节上看，现在刑警侦查破案更多地依赖技术手段，依赖手机监控、视频监控以至于车辆监控等。而刑事犯罪分子的犯罪手段也越发高明，智能化、技术化、流动化作案的趋势越发明显，犯罪分子的反侦查能力越来越强。这也是犯罪分子通过犯罪的实践对于警务工作进行的一种主观能动的反向对策。对此，我们在采用更加先进的技术设备对犯罪进行监控的基础上，应该重视传统的侦查破案手段，重视刑侦民警的发散性思维和推理能力的不断提高。

第三，要克服官僚主义，力戒形式主义。

官僚主义、形式主义都是危害极大的工作作风和领导作风。所谓官僚主义，是指脱离实际、脱离群众、当官做老爷的领导作风，这与共产党所提倡的做人民公仆的要求格格不入，是剥削阶级思想和旧社会衙门作风的反映，其本质是只想当官做老爷，不想为人民服务。所谓形式主义，在这里特指某些政府部门或者官员、工作人员做一些表面文章、表面功夫当作政绩，以求本部门或者个人得到升迁或者其他好处的行为。

从哲学的角度上看，官僚主义和形式主义紧密相连，官僚主义滋生和袒护形式主义，形式主义助长官僚主义，其核心都是以主观愿望代替客观实际，不注重调查研究，不了解实际情况，崇尚空谈，置国家利益和群众利益于不顾。警务部门同样存在官僚主义和形式主义。不仅一些部门公安机关的领导官僚主义严重，制定警务政策不注重调查研究，乱决策。例如，一些打击某类刑事犯罪的专项行动在一些地方可能相当突出，在另一些地方却没有存在的基础，但领导头脑一热，就要搞相当范围内的专项打击行动，非但达不到很好的效果，相反，一些地方基层公安机关为了完成任务，不得不采取形式主义或者弄虚作假的方法一层骗一层。就连一些最基层的派出所民警也有严重的官僚主义倾向。在警务活动中唯我独尊，仍然在玩我是警察、我就是法律的游戏，听不得群众的不同意见，我行我素，严重伤害了广大人民群众的感情。

第四，要实事求是，不能只报喜不报忧。

报喜不报忧，也是官僚主义和形式主义的一种延续或表现形式。在工作中只报成绩，不提失误或者错误，一方面蒙骗上级，另一方面欺骗群众，再一方面是骗自己，报喜不报忧多了，就忘记了真的还有忧，自己整天在假象里迷醉。这种情况不符合实际的社会生活，也不符合我们的工作，是与辩证唯物主义的要求背道而驰的。

唯物辩证法认为，事物都具有两面性，我们的警务工作也是一样。即使是一项好的工作举措，在工作中也可能会有不同的结果，更何况在官僚主义、形式主义盛行的今天，谁说自己的工作中只有成绩没有缺点和失误，那就是自欺，亦欺人。现在，在基层公安机关，报喜不报忧的突出表现是立案不实。这个问题由来已久，存在了许久，纠正了无数次，但至今还是一个顽疾。这里面的原因有很多，可能是地方领导怕发案报得多了影响自己的政绩，也可能是有公安机关从自身考虑，怕案件报得多了就抹杀了自己的工作成绩。于是就想方设法报喜不报忧。一个直接的办法是有案也不立，特别是一些在基层公安机关看来是鸡毛蒜皮的小案，如谁家丢辆自行车、谁家的小鸡被人偷了，尽管不立案群众意见很大，但就是不给你立案，美其名曰按规定不够立案标准；再一个办法叫作“不破不立”。案件本来已经发生了，如果没有破案，就不予立案，什么时候案子意外地被破了，再立案，这样做的好处是既可以缩减立案数，又可以提高破案率，真是一举两得，但就是不考虑群众的感受。

基于上述问题考虑，警务工作中要提倡真正做到有喜报喜，有忧报忧。尽管真正做到这一点并不容易，但只要我们这样做了，就会让上级了解不同地方社会治安的真实情况，有利于上级决策，有利于公安机关自身根据存在的问题采取针对性对策。当我们都说真话的时候，群众也会谅解我们的苦衷，并真心实意地帮我们做好维护社会治安的工作。

四、总结经验是促进警务工作上台阶的好方法

人类文明薪火传承，最重要的意义之一，就在于后人可以站在前人的肩膀上回望，把前人多少年以来不断探索、追问、总结、积累下来的各类知识通过学习继承下来，传承下去，使后人最大限度地缩短认识世界、认识事物发展规律的时间，从而在前人文明传承的基础上，探索和总结属于自己的知识领域，不断把前人的文明成果放大，以利于当代，留泽于后人。我们可以毫不夸张地说，前人所留下的一切文明的火种，都是知识的累积和总结，正是有了这些知识的累积和总结，我们才可以避免太多的、重复的探索。而前人留下的一切，都是前人智慧和知识的经验总结。可见，经验对于现代人的社会生活乃至更高深的哲学追问与科学探索，具有重要的意义。

对于所有的警务工作者来说，在学习前人经验的基础上，探索符合新时期社会发展形势需要的警务工作经验，一方面是促进当代警务工作上新台阶的有效方法；另一方面，我们也可以把我们累积的经验传承给后来的警务工作者，使他们也可以站在我们的肩膀上开拓属于他们的辉煌。

（一）指导实践的理论来源于实践

指导实践的理论来源于实践，这是一个直接而简单的命题。但要弄明白这个命题，却涉及了马克思主义哲学中的一个重要问题，一个唯物主义与唯心主义有重大区别的问题，即物质与意识的关系问题。

第一，物质第一性，意识第二性。

学习唯物辩证法，最重要的就是认识物质与意识的关系问题，这是学习唯物辩证法的基础。

所谓意识，“是物质的一种高级有序组织形式，它是指生物由其物理感知系统能够感知的特征总和以及相关的感知处理活动。”“意识是思

维主体对信息进行处理后的产物。没有思维主体及思维活动就不可能产生意识。思维主体是可对信息进行能动操作（如采集、传递、存储、提取、删除、对比、筛选、判别、排列、分类、变相、转型、整合、表达等作业）的物质（指人）。”

唯物辩证法认为，物质第一性，意识第二性。这句话的意思是说，物质是不依赖于人的意识，并能为人的意识所反映的客观实在。物质的唯一特性就是客观实在性。而意识是人脑的机能，是物质世界长期发展的产物，是人脑对客观存在的反映。再进一步用辩证唯物主义的理论来解释，也就是说，物质是本原的、客观存在的，不管人如何看，它就在那里。所以说，世界上总是先有物质，才会有意识，这就是物质决定意识的本意。但同时，意识也不是消极的，意识对物质也具有能动作用，不仅可以能动地认识世界，而且可以能动地改造世界。

第二，意识是物质的反映形式长期发展的结果。

唯物辩证法认为，作为第二性的意识，它对于物质的反映是通过人的感觉、思维等形式来进行的。在这个认识过程中，感觉是我们认识任何事物的开始。意识、思维并不是天生就有的，而是物质发展到一定阶段才出现的。一切物质形式都具有反映能力，这种反映能力也有一个从低级到高级的发展过程。人的意识和思维，正是猿脑到人脑发展到一定程度的产物。

例如，我们认识盗窃犯罪行为，先是有人报案丢了东西，我们感觉到可能有盗窃行为发生。之后我们进一步了解，从监控录像中发现有一个男性嫌疑人具有作案的条件，就初步确定了一定的侦查范围。再经过对嫌疑人的深入调查，我们会发现，这个嫌疑人游手好闲，具有多次作案前科。然后我们就根据掌握的情况，摸清了嫌疑人的活动规律，实施抓捕，从而破获了这起案件。这个过程就是从感觉开始，逐渐深入，从感性认识与前人办案经验的结合中发现了一定的侦破盗窃案件的规律。

上述这个简单的例子说明，感觉只是我们对客观事物的反映，即感觉的产生，必须以客观事物的存在为前提。如果没有案件发生，我们不会凭空设想发生了盗窃案。

应该注意的是，人类对客观事物的认识不限于感觉，感觉只是人的意识的低级形式。其高级的形式是思维。人的感觉客观事物的能力是在长期的、不断的实践基础上产生和逐步完善起来的。感觉与思维的不同之处在于，感觉只能使人认识事物的个别特性，而思维则可以使人在感觉的基础上抽象地认识客观事物的全体和本质方面。以上面的盗窃案为例，当我们感觉到有盗窃行为发生时，其实我们的思维已经把这个行为现象抽象为一起刑事案件，这才有了之后深入的侦查行为。

人类意识的产生，就是在长期对客观存在的物质世界进行感觉、感知的基础上产生的。在这里有一个哲学关系，就是感觉、意识直接反映客观事物，它的内容具有客观的属性，但是由于感觉、意识存在于人的头脑中，并经过人脑的不断加工，所以从形式上看又是主观的。

第三，意识是人脑的机能。

我们说，人是万物之灵长，其中很重要的原因是人类的大脑会思维，有意识。动物也有大脑，但它们都没有意识，也不会思维，只有动物的本能。

人的大脑是物质发展的一种高级形态。人的感觉、知觉、思维、意识是大脑的产物，是人脑的机能。从过去到现在，一直有人认为，人类的意识其实也是一种特殊形态的物质。对于这一点，列宁早就作过批判，他说，“把思想叫作物质的，这就是向混淆唯物主义和唯心主义方向迈出了错误的一步”[①]。

从哲学和现代自然科学的角度上讲，人类的大脑是一种高度发达的物质形态，是一种高度组织的特殊的器官。而人类的各种精神活动，如感觉、知觉、记忆、思维、意识等，都是大脑的机能。现代自然科学已经证明，当外在的客观事物作用于人脑时，人的神经系统就会把客观事物的反映传达到大脑并引起大脑的皮质活动，于是大脑就开始用思维工具的语言对感觉到的外界客观事物进行概括，从而形成对事物的认识。

① 《列宁选集》第2卷，人民出版社1995年版，第249页。

第四，经验来源于实践。

所谓经验，学界因研究的出发点不同，对“经验”一词的定义也不同。例如，有人把经验定义为人在同外界客观事物接触中通过感觉器官获得的对于外界客观事物的现象和外部联系的认识。而有人把经验定义为社会主体的人从多次实践中得到的知识或技能，以及人的亲身经历。

不管怎样定义，经验来源于实践这一点是不变的。对于主体的人来说，实践、经验与意识、认识都有密切关系。但在唯物辩证哲学体系中，意识与认识却有所区别，有所联系。主要区别在于，意识属于唯物论范畴，而认识属于认识论范畴。考虑到认识论属于马克思主义唯物辩证法中的一个重要分支，而从认识论的角度可以更方便地讨论认识与实践的关系问题，所以，我们主要从认识论的角度来探讨实践、认识与经验的关系问题。

毛泽东同志认为认识与实践的关系是实践、认识、再实践、再认识循环往复以至无穷，而实践和认识每一次循环的内容，都相应地进入了高一级的层次。我们理解，实践、认识、再实践、再认识的过程，就是人们对客观事物从形成感性认识，经过反复实践，上升到理性认识，即理性经验的过程。此外，他还对这个观点进行过深入论述，在《实践论》中，他说，“一切比较完全的知识都是由两个阶段构成的；第一个阶段是感性知识，第二个阶段是理性知识，理性知识是感性知识的高级发展阶段。”这一论述，说明了人的认识通过实践由感性认识上升到理性认识，再回到实践中去指导实践的过程，也就是经验从实践而来，经过升华之后又反过来指导实践。

辩证唯物主义哲学关于意识与实践辩证关系的理论告诉我们，在任何工作中都必须树立一切从实际出发，实事求是的思想，同时，要努力发挥人的主观能动作用，把主观能动性与客观事实和客观规律有机结合，这样才能更好地用科学理论去指导实践。

（二）警务工作者要把总结经验作为一项基本功

去基层调研，在与民警闲谈的时候，曾经问起，基层民警每天工作都怎么个忙法，业余时间有没有看书的习惯，对每天经历的事情，有没有写写日记、积累些资料、记下心得的习惯？遗憾的是，好多民警的回答都比较一致：太忙了，事太多，很多时候连饭都顾不上吃，一到晚上累得不行，洗洗就睡了，哪里还有时间写日记、思考问题。忙，固然是基层民警面对的一种客观情况，但或许正是因为他们不善于思考，不善于总结经验，才没有抓到基层工作的规律，所以忙得不得法，才整天陷于事务堆中抽不出身来。这个问题在基层非常普遍，不仅使民警牺牲了很多，也限制了他们自身的发展与进步。从这个比较普遍的现象上，我们可以发现学会和善于总结经验，这对于包括基层民警在内的所有警务人员具有重要意义。

第一，总结经验的重要意义。

所谓总结经验，是指人们通过对实践活动中一些具体情况的理性思考和归纳与分析，使之系统化、理论化，上升为经验的一种方法。自古以来，总结和推广先进经验一直是人类历史发展中长期运用的较为行之有效的方法。

常言说，基层公安机关的工作，是“上面千条线，下面一根针”，极言基层工作的繁杂与辛苦。这确实是当下基层公安机关民警面临的实际问题，无法回避，也不可能回避。客观地说，很多基层民警平时的工作没少做，苦也没少吃，累也没少受，罪也没少遭，但是工作效果并不一定让人满意，不是领导、上级不满意，就是群众不满意，或者同事有意见。当然，这里面的情况千差万别，但有一点却是肯定的、相同的，那就是许多基层公安机关所、队的领导和民警在工作中“胡子眉毛一把抓”，工作不分轻重缓急，抓不住主要矛盾和矛盾的主要方面，表现在工作方法上，就是不善于总结工作经验，使本来应当成为自己财富的丰富的警务实践只成为一种经历、一种经过，过去也就过去了，工作做多少、重复多少次，都没有总结经验，吸取教训，长此以往，难免陷入事务性工作堆里去。

其实，在很多情况下，工作成绩不仅仅是干出来的，也是总结出来的。不干，肯定是没有成绩的。但只知道埋头苦干而不会或者不知道总结经验，人就很难提高自己，就不会把警务工作中的感性认识上升到经验的范畴，也就很难用工作经验指导自己的工作实践。因此，所有警务工作者都不但要努力工作，还要善于总结、归纳；不但要肯吃苦，还要善于思考、总结经验。

具体地说，总结经验对于推动工作、促进个人的自身发展都具有非常重要的意义。

其一，不断总结警务工作经验，有助于所有民警形成符合新时期社会形势需要的警务工作观念。新的历史时期、新的社会形势发展对每个警务工作者都提出了新的要求。不论是要求民警树立全心全意为人民服务的宗旨意识，还是要求民警严格、公正、文明执法，以及从文化建警的角度要求民警确立忠诚、为民、公正、廉洁的社会主义人民警察核心价值观，都不仅是一个理论课题，还是一个实践课题。我们知道，正确的思想来自丰富的社会实践，这就要求我们每个警务工作者在不断进行执法、行政管理与为群众服务的实践过程中，通过反复的实践活动，不断地、有意识地、自觉地总结新的经验，从而通过警务实践，逐渐认识社会形势发展对警务工作者的需要，经过不断的、反复的实践与认识，促进警务工作者树立新的、符合社会和广大人民群众需要的思想观念。同时，为了提升整个公安机关警务活动的水平，提高队伍的整体战斗力，使公安机关能够更好地履行巩固共产党的执政地位，维护社会长治久安，保障广大人民群众安居乐业，促进经济社会发展的重大政治和社会责任，也要通过不断地总结丰富的警务工作经验，促使公安机关整体和一般的警务工作者更加深刻地认识到警务工作的重要性，使每个警务工作者都意识到自己所担负重大责任。

其二，不断运用马克思主义哲学的原理指导我们总结经验，是揭示警务工作规律的一种手段，对于丰富警务理论具有重大的哲学意义。辩证唯物主义认识论认为，实践是认识的源泉，人们对于实践的社会需要是认识发展的动力所在，同时，实践也是认识最终的目的指向。根据这一哲学原理我们发现，丰富的警务实践是警务理论发展的基础，一旦脱离警务工作实践，警务理论就会陷于唯心主义的泥潭而失去生命力。广大基层警务工作者每天都要进行大量的警务工作实践，他们通过对循环往复的警务工作的认识、归纳、概括和总结，可以对已经掌握的警务工作规律有新的、更进一步的认识，同时，也会在新的社会环境里总结出新的、符合社会发展需要的警务工作规律，并使之形成警务工作的理论。在不断的实践和不断的总结经验的过程中，警务工作者还可以把握警务工作的最新进展，验证警务理论的正确与否，掌握社会与广大人民群众对警务工作的新要求、新期盼。特别是一些有心的警务工作者通过不断地总结经验促进了自己工作的时候，他们就会更加习惯于把哲学的原理应用于实践，促进新兴的警务哲学的发展。

其三，不断总结警务工作经验，有助于各级公安机关及其领导同志深入实际，调查研究，正确贯彻执行党关于警务工作的方针政策和各项法律法规。各级公安机关及其领导同志，从履行职责，保一方平安的愿望出发，一方面，应该积极组织相关力量和人员，经常深入基层一线开展调查研究，对于本辖区警务工作中遇到的新情况、新问题进行调查，了解问题发生的原因，寻求解决问题的方法。另一方面，各级公安机关的领导更有必要经常深入基层，深入基层民警和广大人民群众中，经过调查研究，掌握基层第一手材料，如到交通管理现场了解交通拥堵状况，可以采取哪些方法加以解决。特别是可以针对一些突出的治安管理和巡逻防范等问题，亲自带队组织开展一些深入的调查研究，在此基础上，总结经验，吸取教训，举一反三，使本地的警务工作决策更具有针对性，更好地为本地的经济社会发展服务。

其四，基层一线民警通过总结警务工作经验，可以不断提高自身的业务素质，促进公安机关执法水平的整体提升。公安机关能不能真正做到严格、公正、文明执法，关键在于人，在于一线执法民警的水平是否符合执法规范化的需要。现在，许多年轻民警充实到公安队伍中来，他们绝大部分在基层。而这些年轻民警在基层工作，空有做好工作的愿望，但却缺乏与之相适应的能力和水平。虽然其中有很大一部分是公安院校的毕业生，但他们掌握的知识大多还停留在书本阶段，不能与实践很好地结合起来。在这种情况下，各级公安机关如果有意识地在采取师傅带徒弟、岗位练兵训练等方法加强对他们进行业务培训的同时，鼓励并组织他们经常性地对自己的警务实践活动进行总结，就可以使他们在较短时间内掌握业务本领，明白自己的长处和不足，从而促进执法、行政水平的不断提升。

第二，把总结经验作为一项基本功。

所谓基本功，我们理解，主要是指从事某项工作必须具备的能力和条件。从事不同的工作，要具备不同的基本功。作为警务工作者，也必须要有扎实的基本功，而且各个不同的警种对基本功的要求也大不相同。例如，禁毒民警要熟悉各种毒品，并对现在流行的最新毒品有所认识；技术民警的基本功是要学会、学精怎样勘查现场。从最普遍的意义上说，现在大家公认的民警应具备的基本功之一，是做群众工作。我们在这提出，学会总结经验也要成为警务工作者的一项基本功，这种要求是不是太高了？是不是与要求民警做群众工作的基本功有矛盾？其实，大可不必有此疑问。做群众工作的基本功与学会总结经验的基本功二者之间并不矛盾，相反却可以相互促进，或者说，总结经验的基本功过硬了，就会使群众工作这种基本功更加扎实。因为在做群众工作的实践过程中，怎样做效果更好，怎样做才可以得到广大人民群众的认可，都需要我们在不断实践、不断认识、不断总结经验的过程中来实现。

具体地说，警务工作者要养成总结经验的习惯，练好总结经验这项基本功，就要从以下几个方面入手：

其一，要多观察，勤思考。不论是生活经验还是工作经验，对人生来说，都是宝贵的财富。作为警务工作者来说，无论是理解党关于公安工作的方针政策，落实千头万绪的警务工作，还是开展群众工作，管理行业场所，都离不开经验。但经验不是与生俱来的，固然我们可以通过学习前人的经验，学习其他同志的经验，但说到底，前人的经验和别人的经验都只可以借鉴而不应该照抄照搬。因为每个地方的情况不同，别人的经验、别的地方的经验不可能完全适用于每一个地方。

在日常的警务工作中，实际情况千变万化，会经常遇到新情况、新问题。面对这些问题如何处理，怎样少走弯路，怎样才能避免出现问题，无论是新民警还是老民警都会经常遇到。我们常常会发现，往往在这个时候，以往的经验、别的地方的经验，哪怕是自己身边同志处理相似问题的经验可能都不太管用，没有现成的经验模式可以参照，这时候该怎么办？这就是考验我们基本功的时候了。我们应及时总结经验，并在凭借以往的经验摸着石头过河的过程中，边实践边观察，边观察边思考，边思考边总结，这样才能对新情况有新认识，并在重新认识事物的基础上，总结和积累新的经验。

在警务工作中，遇到困难、遭受挫折在所难免。特别是基层一线的民警，遇到群众不理解的事经常发生。刑警在侦破案件的过程中，所有案件的线索都已经断掉，看似破案无望的时候也很多。每当这种时候，我们一是要回过头去想一想，前人遇到挫折后怎么办，看一看身边的同志遇到案件没有线索时，持一种什么样的心态。二是对面临的问题要认真、反复地思考。我们明明是出于好心，出于更好地为群众服务，可是群众为什么不理解？看似案件的线索都断掉了，其实真的都断掉了吗？是不是还有什么线索被我们遗漏了？另外，在我们每天从事警务工作的闲暇，对自己做过的每一件比较重要的事情，开展的每一项工作，都应该回头看看，认真想想，自己的处理有哪些地方可取，有哪些地方应该改进。这样思考多了，总结多了，经验就会随之增长，懂得的道理也会越来越多，久而久之，我们就可以很好地处理繁杂的事物，抓住工作的难点、重点，进而思路清晰地处理好每项工作。

当我们在工作中遇到困难与挫折时，我们不仅要充分运用所学的知识和工作经验，积极思考该怎样打开工作局面，还要用心观察，认真总结。在村里，每做一件事、每开展一项工作，事后都要认真思考、认真总结，总结多了，经验多了，懂得的道理就多了，从而使我们在工作中能够把握工作的轻重缓急，工作的重点、难点，进而得到工作的思路，清楚地把目标厘清晰、目标，这样就会觉得工作越来越有条理，也越来越轻松。

其二，注重学习，勇于实践。古人云：“学以致用”。观察是学习、思考是学习，学习的目的是实践。从没有听说过某人的爱好就是学习，但却是没有目标的学习，不求学以致用的。而且对事物观察的结果如何，学习的结果如何，也都要通过我们每天的警务工作实践来检验。《三国演义》里写了诸葛亮挥泪斩马谡的故事，这个故事大家耳熟能详。其实，马谡真是一个很好学的人，自幼熟读兵书，有很高的军事理论素养，也深得诸葛亮喜爱。但在与敌军对战时，诸葛亮派他驻守街亭，把守重要关口。实战时，他却没有根据有利地形排兵布阵，也不采纳别人的正确意见，结果吃了败仗，使对蜀军有重要意义的街亭失守，诸葛亮伐曹的整个计划全盘失败。最后，为严肃军纪，诸葛亮才不得不挥泪斩马谡。这个故事说明，仅有理论，没有实践是不行的。只有将理论与实践有机结合，并在实践中不断认识、不断升华，形成有益的经验，才能取得切实的工作效果。

其三，养成动脑动手的习惯。要适时将工作经历总结为经验，上升到理论高度，这样才能更好地指导工作。要善于总结经验，养成随时总结经验的习惯，这说起来容易，做起来其实也不难。只要养成了习惯，就会像每天起床后要刷牙、洗脸一样，想忘都不容易。俗话说，“好记性不如烂笔头。”这是说习惯于动笔的好处。

在基层，我就曾遇到过这样一位刑警。每当遇到一个案子，他都会清楚地做好记录，留下属于自己的档案。他的做法是，随身带一支笔和一个笔记本，每接到一起对于他来说比较有特点的案件，他就把案件发生的时间、地点、经过都记录下来。在侦破案件的过程中，哪一天遇到了哪些有特点的人和事也记得很清楚，并且他会把侦破案件过程中自己的一些想法写下来。最难得的是，每当他在办案中突然受到什么启发，有什么思路想法的时候，都马上记下来。案件最终破获以后，他还要把侦破报告完整地复印一份备存，而且要写一份关于这个案件的总结。这样时间久了，他自己就留下了一份完整的档案，说起每个案件的侦破经过，他都记得很清楚。有不清楚的，可以随时查记录。这样做的好处非常明显。在交谈中就可以发现，他的思路条理非常清楚，分析问题也总是有根有据，可以很轻松地说服人。其实，这就是他善于思考、勤于记录，在实践中学，用学习促进实践的结果。这种态度和方法，值得每个警务工作者学习。

总之，总结经验是锤炼思想方法和工作方法的基础。善于总结经验，是我们提高思想理论素质，提高认识能力的重要途径。我们只有通过不断总结经验，才能变方法为理论，不断深化对客观世界的认识；也才能使我们在警务工作中，从看似繁杂的事务中解脱出来，对各种警务问题的处理游刃有余。

（三）总结经验的基础是搞好调查研究

毛泽东同志于1930年5月在《反对本本主义》一文中提出“没有调查，没有发言权”的著名论断。在《实践论中》，他还说，“要想知道梨子的滋味，就要亲口尝一尝。”说的都是一个意思，即要想了解事物发展的真相和规律，就必须亲自去体验，深入基层，深入群众，深入实践，没有实践的基础，要想得到真知与灼见，只能是一句空话。

要想总结好经验，得到对实践的规律性认识，基本前提和唯一的基础就是调查研究。那么，调查研究的好处在哪里呢？

其一，只有不断、深入地进行调查研究，才能使我们总结出的经验逐渐丰富起来。经验是在实践中形成的，这是一个比较浅显的道理。因为我们只有通过实践，才能亲身接触到各种客观事物，才能认识和把握客观事物发展变化的规律。作为警务工作者，我们的调查研究工作本身越深入、越扎实，所获得的警务工作经验也就越全面、越深刻。况且对于基层一线的民警来说，每天的工作都是具体的警务工作实践，只要我们真正地投身到警务实践中去，而不是走马观花，当一天和尚撞一天钟，心完全不在工作上，那么，我们对警务工作实践的认识就永远没有止境，我们总结出的经验就会越积累越雄厚，就会由浅显到深入、由匮乏到丰富。

其二，只有不断地、深入地进行调查研究，才能使警务工作经验保持鲜活。辩证唯物主义坚持认为，客观世界中的一切事物，都处于不断的发展变化中，运动是物质存在的形式。我们要正确地认识和改造客观世界，有效地推动警务工作发展，就必须不断地深入基层，深入实践中去，在客观事物不断运动和发展变化的过程中，去汲取养分，去感受新鲜事物，去把握事物发展的新规律，使我们的经验和客观事物的发展变化相同步，只有这样总结出来的警务经验，才能是鲜活的、有生命力的。否则，总是浮在表面上，总是抱着过去的经验不放，过去的经验就会凝固起来，就会变成僵化的教条，也就失去了指导工作的意义和作用。

注重调查研究，是我们党的一项光荣传统。毛泽东同志就是一个搞调查研究的高手。1965 年，毛泽东同志在与人谈话时曾说："我是靠总结经验吃饭的"。而"靠总结经验吃饭"的毛泽东同志，总结经验靠的就是调查研究。早在 1927 年，在帝国主义支持下的蒋介石、汪精卫等国民党右派突然叛变革命，当时，中国共产党还处于幼年时期，缺乏斗争经验，整个中国革命处于低潮。在这种复杂的大背景下，毛泽东同志历时 32 天，实地考察了湖南湘潭、湘乡、衡山、醴陵、长沙五县的情况，用 1 个月的时间归纳总结，写出了著名的《湖南农民运动考察报告》。这个调查报告充分估计了农民在中国民主革命中的伟大作用，明确指出了在农村建立革命政权和农民武装的必要性，科学分析了农民的各个阶层，着重阐述了放手发动群众、组织群众、依靠群众的革命思想。这个报告不仅对当时革命低潮时期的形势进行了透彻分析，而且为后来农村包围城市的战略思想的形成奠定了基础。

长期以来，我们在如何深入实际，搞好调查研究方面，也有许多好的经验做法。大致归纳一下，要搞好调查研究，应该掌握以下几个方面的主要问题：

第一，要把调查研究的触角有效涉及警务实践的各个层面。

我们知道，现代社会是开放的社会、多样化的社会。目前，由于社会结构的重新构建，社会分工越来越细，不仅社会阶层划分的层次越来越鲜明，而且各方面、各层次的差异越来越突出，不同地方、不同领域、不同社区、不同人群的生存状况、发展情况和重点也各不相同。警务实践是政府部门中涉及社会生活方面最多的部门，要与最普遍的人民群众打交道，每天接触到的信息量相当大。对哪方面的情况不了解，在进行警务决策时都可能出现大的失误。这就要求我们尽可能地深入警务实践的各个方面，掌握尽可能多的情况，并且学会从大量个别问题和情况中找到一般规律，在整体把握客观事物规律的基础上，对于一般的客观事物作出正确判断、正确决策。在调查方法上，抓好点、搞好典型调查是必要的，但更要注重把握调查研究对象的广泛性，在调查中不能以点代面，以偏概全，不能只见树木，不见森林。即使进行一个单项的调查，也不能忽略对整体警务工作实践的把握。因为看似单一的问题，也是警务实践整体中的一个有机部分，要从普遍联系的观点出发，从普遍联系中找到一个单项调查的客观事物发展的规律性的经验。例如，派出所要搞本辖区内影响社会治安稳定因素的调查，其中就要涉及辖区内人员方面的不安定因素、治安灾害事物方面的因素，以及我们在防范中的漏洞因素，等等。

第二，调查研究的针对性要强。

调查研究的针对性和涉及面要广的要求并不矛盾。如果说上述警务工作实践调查的广泛性是一项调查研究的基础性工作，那么进行具有较强针对性的警务实践调查研究，就是一项对具体问题进行具体分析，以求得某项警务实践规律性认识或者经验的工作。而且这项工作，必须在广泛性的基础上才可以收到成效。开展有针对性的调查研究，一个重要原则是，必须围绕中心工作开展。要贴近警务实践，贴近广大人民群众，贴近警务决策。当前，公安机关开展警务工作的中心，始终是围绕国家改革、发展、稳定的大局。因此，进行警务工作的专项调查研究也离不开这一主题。要认识到，针对性就意味着时效性，时效性总是与一个时期国家、经济社会发展的大局密切相关。当然，针对性调查研究与中心工作的关系，可能是直接的，也可能是间接的。

第三，提倡调查研究的方法多种多样，以调查对象不反感、乐于接受为要。

在新中国成立前后，我们革命队伍中进行调查研究的事例有很多，积累了许多优秀的工作经验。例如，召开座谈会、开研讨会、走访调查、蹲点调查、典型调查、实地考察与群众同吃同住同劳动等。这些都是我们应该继续学习和运用得好方法。

结合社会发展实际，特别是互联网发展迅速的实际情况，我们在调查研究过程中还必须善于运用科学的调查方法，如进行网上调查、进行问卷调查等。要综合运用经济学、社会学、信息论、系统论、控制论等学科的现代理论，收集、掌握翔实可靠的信息和数据。

第四，要把调查研究与警务工作有机结合起来。

公安机关与其他政府部门最大的区别就在于，公安机关的许多工作，特别是基层一线公安机关的工作，本身就是最直接的警务实践，工作就是实践本身，也是进行调查研究的过程。而其他政府机关的工作人员或者各级领导，要进行调查研究，必须专门抽出身来，从机关到基层，由于他们工作不熟、群众不熟，开展调查研究工作有许多不便之处。因此，基层一线的警务工作者必须树立一种意识，即警务实践的过程，就是调查研究的过程。这样，我们就可以把警务工作与调查研究有机结合起来，收到事半功倍的效果。在实践和调查研究的基础上，只要我们养成了勤于思考、善于总结的良好习惯，我们的调查研究工作就会收到极大的成效，这是其他政府部门工作人员和各级领导进行调查研究工作所不具备的优势。

在分析调查研究的方法的过程中，一些同志还提出了调查研究必须遵循的主要原则：一是客观性原则。这要求我们在进行调查研究时，应该按照事物的本来面目了解事实本身，必须无条件地尊重事实，如实记录、收集、分析和运用材料。调查者对调查对象不应抱任何成见，收集资料不应带任何主观倾向，对客观事实也不能有任何一点增减或歪曲，这是调查研究工作中必须遵循的实事求是的科学态度。二是实证性原则。这要求调查研究的结论及与此相联系的所有观点，都必须有真实、可行的资料充分支持。调查报告形成后，所有观点都要以资料、数据为依据，观点、意见、建议等不能凭空臆想。三是整体性原则。这要求我们调查任何警务工作的客观现象，都要从事物的整体性出发，不能就事论事。四是系统性原则。这要求我们在调查研究过程中，要从系统的整体目标出发，要充分注意到系统内部诸要素之间及系统与环境之间相互作用的有机联系，认识到系统与系统之间、子系统与大系统之间的关系。五是多向性原则。这要求我们在调查中要注意横向与纵向、宏观与微观、多因素与个别因素的结合。六是灵活性原则。这要求我们在调查中，要根据不同调查对象的特点，采取灵活的调查方法，如对年龄较大的人，他们眼神不好，就不宜让他们填写调查问卷。

这些原则，主要是从哲学认识论和方法论的角度，提出的对调查研究工作的总体要求，有作为调查研究的工具的意义与作用，我们在调查研究中应该充分重视。

（四）既要总结经验，更要吸取教训

《战国策·楚策四》中有这样两句话，“见兔而顾犬，未为晚也；亡羊而补牢，未为迟也。”意思是说，看见了兔子，想起召唤猎犬，还不算晚，要追上兔子也还来得及；丢了羊，赶紧去把坏掉的羊圈修补好，就可以避免蒙受相同的损失。这两句话的意思，都是要我们吸取教训。恩格斯也有一句话是说这个道理的。他说：要明确地懂得理论，最好的道路就是从本身的错误中“从亲身经历的痛苦经验中”学习。由此可见，教训其实也是一种经验，只不过我们在感情上有些难以接受，所以把经过痛苦取得的经验叫作教训。

当我们在工作中取得成绩了，也需要我们马上去总结，这既是对我们自己工作成绩的肯定，同时报告给自己的上级，上级也很高兴，因为下级有了成绩，肯定是上级领导有方。所以，对于取得成绩后总结出来的经验，上上下下，皆大欢喜。但对于因失误给我们造成的教训，我们却总是毫不在意。也难怪，因为我们在感情上难以接受，我自己就遇到过这样一件事。某地刑侦大队遇到了一起影响很大的杀人案。在案件侦破过程中，各级领导、各级专家对如何定性争论不休，有的说是流窜作案，有的说是内外勾结作案，有的说是奸情杀人，还有的说是见财起意。由于定不了性，案件侦破的范围就不好圈定。大家意见不统一，具体的侦破工作措施难以有效落实。尽管上级党政领导下了严令要限期破案，但半个月过去，案件进展并不大。一直到一个多月以后，由于一个偶然

因素，因为杀人嫌犯去卖从案发现场带走的手机，被管控场所的派出所民警发现，才一举破获了案件。案件破获以后，就到了请功受奖、总结经验阶段。在这个阶段，各级领导因为指挥有方功劳不小，各级专家因为分析有据，当然也要分“一杯羹”，参与侦破的其他民警没有功劳，苦劳当然也有一点儿。至于经验，当然也有大把：第一领导重视、第二专家分析透彻、第三现场勘查仔细、第四分工合作有序，等等。但是到总结教训时，匆匆忙忙几句话一带而过：警力严重不足，对相关卡点没能及时把握住，经费严重不足，该去复核的线索没能及时复核，该去及时鉴定的检材没能及时送检。浮皮潦草，应付了事。

类似上面的例子，在基层绝不是个别现象。有了成绩，大家一哄而上，至于教训，没有谁真正把它当一回事。其实，从真正推进刑侦工作进步的角度上看，在这起案件侦破过程中，最应该总结的不是经验，而是教训。为什么有些案件线索完全可以在案发后马上着手调查却因为等着专家为案件定性而放着不去调查？为什么现场遗留的物证，如可能是嫌疑人留下的头发不马上送去检验？如果送检就可以发现嫌疑人特有的职业特征。为什么有的参战民警提出要及时严格管控手机买卖等行业场所，但却因为人微言轻不被采纳？等等。

教训是一种虽然惨痛，但却比经验更加可贵的财富。正是因为我们的好大喜功、报喜不报忧、怕承担责任，于是大家不约而同的总是把目光放在总结经验上。这种态度，不是马克思主义者应该有的态度，就是罔顾事实，凭主观意愿办事的唯心主义表现。

尽管我们的话说得很重，会伤很多人的心，但事实就是如此。在对待教训的态度上，我们也应用哲学的观点来分析、评价。古代先贤说，“塞翁失马，焉知非福”“吃一堑，长一智”“祸兮福之所倚，福兮祸之所伏”，都是从哲学的角度上看待经验与教训辩证关系的至理名言。为此，重视总结并吸取教训，应该和重视与总结经验一样重要。因为我们恰恰可以通过对缺点和错误的分析、回顾与反思，及时发现问题，并善于解剖错误，弄清错误产生的原因，才可以从自身所犯的错误中学习到更令人有切肤之痛的经验，这样的经验才会让我们记忆深刻，领悟深切，时刻不敢忘怀，才能使我们避免犯更大的错误。这一点，望所有从事警务工作的同志慎思之。

（五）所有警务工作的成效都要用实践来检验

辩证唯物主义早就提出什么是检验真理的标准问题。马克思曾说过，“人的思维是否具有客观的真理性，这并不是一个理论的问题，而是一个实践的问题。人应该在实践中证明自己思维的真理性，即自己思维的现实性和力量，亦即自己思维的此岸性。关于离开实践的思维是否具有现实性的争论，是一个纯粹经院哲学的问题”。[①] 这句话意思是，理论能否正确地反映客观实际，是不是真理，只能靠社会实践来检验。

早在 1937 年，毛泽东同志在他的著名哲学著作《实践论》中说：“马克思主义的哲学辩证唯物论有两个最显著的特点：一个是它的阶级性，公然申明辩证唯物论是为无产阶级服务的；再一个是它的实践性，强调理论对于实践的依赖关系，理论的基础是实践，又转过来为实践服务。判定认识或理论之是否真理，不是依主观上觉得如何而定，而是依客观上社会实践的结果如何而定。真理的标准只能是社会的实践。实践的观点是辩证唯物论的认识论之第一的和基本的观点。”

关于实践是检验真理的唯一标准这个问题，在我国曾引起过一次事关国家命运与发展的大讨论。

1976 年，党中央一举粉碎“四人帮”之后，国家面临着向哪里去的重要问题，面临着一个非常严峻的选择。在这种情况下，是继续坚持“以阶级斗争为纲”的思想路线，还是根据我国的实际国情，走改革开放的道路，从上到下的意见并不统一。

对此，邓小平同志多次指出，中国共产党人要完整准确地理解毛泽东思想，要恢复和发扬我们党实事求是的优良传统，正确认识、把握理论和实践的辩证关系，提出要把实践作为检验真理的标准。1978 年 5 月 11 日，《光明日报》发表了《实践是检验真理的唯一标准》一文，在全

① 《马克思恩格斯选集》第 1 卷，人民出版社 2006 年版，第 16 页。

国思想政治领域引起了巨大反响，引起了全国范围内的大讨论。现在我们回过头来看，应该说这次大讨论对中国社会的发展产生了深远的影响，为中国的改革开放奠定了思想基础。

关于当前指导我国公安机关工作的警务理论是否正确，检验我们的警务工作是否符合社会形势发展的需要，也应该以实践作为检验的唯一标准。那就是，我们的警务工作是否符合社会形势发展的需要，打击刑事犯罪是否有力，维护社会政治稳定和治安稳定是否有实实在在的效果。公安机关对于检验自身工作成效的标准，还有一个直观的参照系指标，就是人民群众是否满意。较长时期以来，公安机关一直强调要通过公安工作，实现发案少、秩序好、社会稳定、群众满意的效果。

客观分析公安机关用以指导警务工作实践的理论，从根本上说，是有中国特色的社会主义理论，是马列主义、毛泽东思想、邓小平理论、“三个代表”重要思想和科学发展观，从业务领域的角度上说，是长期以来形成的各项公安专业理论，其中也有借鉴世界其他国家警界的先进的理念和做法。实践证明，关于我们遵循的根本指导思想，即具有中国特色的社会主义理论，新中国成立以后的历史证明是正确的。这一点，我国社会发展的历程可以证明。而长期以来形成的各项公安业务理论，在指导警务工作实践方面也已经证明，这些理论有待于完善和升华。例如，我们以改革开放为“分水岭”，分析改革开放前后的公安工作实践，就可以发现指导我们工作的各项业务理论，有的经实践证明还是符合实际情况的，但有些则早已落后于时代和社会发展的步伐。例如，在开展群众工作方面，实践证明一些方法已经不符合社会的实际情况，老的方法不仅用得不好，群众也不买账。这就要求我们积极探索在新形势下开展群众工作的新方法。

总之，通过实践的检验，一方面可以发现成绩，肯定我们的做法；另一方面可以发现警务工作中还存在哪些问题，从哪些方面加以改进。

（六）总结警务经验的主要方法

据最新消息，2016 年 11 月，联合国教科文组织保护非物质文化遗产政府间委员会第11届常委会经过评审，正式通过决议，将中国申报的“二十四节气——中国人通过观察太阳周年运动而形成的时间知识体系及其实践”列入联合国教科文组织人类非物质文化遗产代表作名录。而二十四节气是中国先民根据地球在黄道（即地球绕太阳公转的轨道）上的位置变化而制定的，是中国古人对自然规律进行观察后反复总结的结果。这一经验总结说明，我国古人从很早开始就重视对自然规律和社会生活经验的总结。特别是近代以来，人们对于总结经验有了进一步认识，并且得出了一些在总结经验时行之有效的规律性认识，为我们总结警务工作经验提供了极好的参照。

一般来说，总结警务工作经验主要有以下步骤：

第一，根据警务工作的实际需要，确定调查研究、总结经验的主题。

确定调查研究，总结经验的主题，就是根据社会形势发展对警务工作的需要，确定一个明确的目标，即总结经验要达到什么样的目的，解决什么问题。原则上，确定的主题对促进警务工作具有普遍意义。例如，当前，公安群众工作遇到了一些困难，但有的基层公安机关或者民警恰恰在这种情况下，在做群众工作方面取得了突出进展，那么，他们的工作做法就对全局性的警民关系建设具有重要的借鉴意义，我们就有必要在该公安机关内部或者民警之间开展关于群众工作经验方面的专题总结。在进行总结时，工作的主体可以是一个公安基层单位，也可以是一个民警个人的工作做法。

第二，总结之前要拟订初步的调查研究和经验总结的提纲。

在调查研究和撰写工作经验总结之前，一般应先对所要调研和总结的工作有一个大致的了解，并在调研之前就先期形成一个大致的调研提纲或者写作提纲，以确定调研工作的范围。提纲一般应分为大小几个层次，要围绕中心内容确定每个层次需要说明的情况和内容。在调研过程中不断地了解情况，一方面进一步完善提纲，另一方面围绕主题不断收集相关资料。也有同志总结经验时不在事前准备调研和写作提纲，只是确定一个主题之后，先行深入基层调研，待情况了解透彻之后，再根据调研得到的资料列出撰写提纲。对此没有硬性要求，凭调研和撰写者的习惯而定。

第三，深入基层，收集相关资料。

收集资料的过程，是对所要调查总结的经验的认识不断加深的过程。收集资料可以采取多种方法。一是召开座谈会，请了解相关工作经验情况的同志和领导，包括周围了解情况的群众召开专门会议，请他们介绍自己的工作方法和取得的经验，并在会议过程中提出问题请与会同志解答；二是到基层与相关警务工作者聊天，有条件的可以与他们同吃同住，在一起生活的过程中，逐渐了解相关情况；三是可以查阅、收集相关历史资料，从中确定有用的素材。特别要注意的是，对涉及经验工作的典型事例和数据资料要重点收集。收集资料阶段应该注意的是：收集资料要客观，不能凭个人好恶或者主观愿望先入为主，收集到的资料应该反映工作经验的各个方面。不仅要收集好的方面，对缺点、疏漏方面的问题也应该客观地收集。

第四，对收集到的资料进行认真梳理和分析。

分析资料也是总结经验的一个重要环节。分析收集到的资料，主要目的是对所要总结的经验有一个全面、客观、深刻的认识，并且把基层同志的一些感性认识通过分析上升到理性认识。此外，要通过资料分析，去粗取精、去伪存真，进一步发现资料中的问题，对资料不全，说明不了问题的，要进一步补充收集。在对资料有了一个全面认识的基础上，还要认真分析，评估所要总结的经验是不是具有普遍的指导意义，经验出台后的社会效果如何，能否站得住脚。

第五，形成文字材料。

前面四个环节之后，即撰写经验报告的准备阶段已经完成。接下来就是形成经验报告的文字材料。这一阶段，既考验写作者的文字功夫，更考验写作者的哲学分析能力。往往学哲学、用哲学的高手写出来的东西不仅层次清楚，而且分析透彻，说服力极强。一般来说，经验报告要说明主旨、目的，还要说明经验的主要做法、取得的成绩，并要从理论上分析这些经验做法的科学依据。此外，还要对经验做法中存在的问题和不足进行客观分析和描述，并指出改进的方向、下一步应采取的措施。

当然，如果能够上升到或者站在哲学的高度，从普遍联系的观点、发展的观点、矛盾对立统一的观点去分析和回答问题，则一定会使经验报告更具说服力和感染力。

第六，反复修改直至定稿。

修改是一件需要严肃认真对待的事情。经验报告写得好不好，最后的反复修改工作是一个关键环节。在修改过程中，不仅要看文字是否通顺，更要看资料、数据是否真实、客观，有没有夸大或者缩小。此外，还要看结构是否合理，分析、说理是否充分。总之，在修改过程中，要反复斟酌，反复推敲，精益求精。

下面是我们在网上找到的一篇基层派出所民警对自己所在派出所从事群众工作的实践的总结。虽然这篇总结的层次不是很高，但是抓住了工作中的主要问题，分析得也比较透彻。故我们将之摘录下来并进行一些点评，供基层警务工作者参考。

《关于××派出所开展群众工作情况的调查报告》

一、存在问题

（一）从基层派出所的角度来看

1. ××派出所辖区面积共计××平方公里，外来暂住人口较多，存在地区和文化差异，易产生矛盾；辖区偏远，经济和文化水平不发达，人口分布较分散，管理难度较大。

2. 基层派出所配套设施不完善，人员、车辆、办公设备等配备不足，而且已有办公设备老化陈旧，无法维护使用；人员力量有限，遇有案件高发仅能够集中执法办案，导致群众工作缺失。

3. 基层派出所办公经费严重不足，地处偏远，资金来源少，在做好群众工作方面不够全面，基层工作力度不够。

（二）从基层民警的角度来看

1. 个别基层民警以为公安工作就是单纯执法办案，没有为群众排忧解难的服务意识。不愿意发动群众、依靠群众。

2. 个别基层民警办事推诿拖拉、态度生硬、摆架子；门难进、脸难看、话难听、事难办；执法中滥用职权、徇私枉法等不公正文明甚至违法行为时有发生。

3. 个别基层民警与群众之间缺乏沟通，该解释的不解释，置群众利益于不顾，对待领导与群众态度迥异等。

4. 基层民警在拆迁、征地、劳资等实际社会矛盾处理过程中，难免会产生一些群众不满意的地方和问题。

5. 一些年轻民警自身业务素质不高，薪酬等福利待遇不健全，在执法中缺乏耐心，不会做群众工作，一味地采取强制措施，使群众容易产生抵触情绪。

（三）从群众的角度来看

1. 随着社会经济的不断提高和发展，人民群众的利益需求和价值取向也发生了很大变化，这些都深刻影响群众工作开展。

2. 群众的维权意识不断增强，有部分群众容易采取过激的行为来反映利益诉求等。

3. 党的惠农政策越来越多，群众的攀比心理也在逐步上升，达不到个人满足，极易发生矛盾、对峙和极端事件。

4. 部分群众知识与文化素质低，遇事只讲农村老道理，不讲法律和政策。

二、改进方法

群众工作新的特点表明，学会和做好群众思想工作，不是一件容易的事情，特别是最近几年，各种社会矛盾越来越多，处理的难度越来越大，因群众思想工作不到位而导致的恶性事件时有发生，要做好新时期群众工作，了解群众是前提，取信于民是基础，所以在今后的工作中应该努力做到：

1. 善调处群众纠纷。群众中有纠纷，应当尽快到场，而且到场后还要善于调解，善于处置。调处矛盾纠纷越多，群众信任就越多。

2. 勤关心群众冷暖。与群众的交往中，应注意多用文明用语，多讲嘘寒问暖的话，多办关心群众的事。

3. 会运用群众语言。不会运用群众语言，与群众沟通越来越难，与群众距离只会越来越远，肯定永远做不好群众工作。新时期做好群众工作的关键，是要熟悉群众语言，会运用群众语言。

4. 懂掌握群众心理。基层民警接触群众最多，每名群众的心理各有不同，需要学习钻研，用心去总结、沟通、拉近距离。

5. 多满足群众需求。着力提高群众工作能力，要坚持从老百姓关心的小事做起、从身边的事情做起，在一点一滴中体现为民之心、爱民之情，通过一件件小事的办理赢得人民群众对我们的支持。

6. 少干扰群众生活。不少民警为完成工作任务，不顾群众的真实感受，不设身处地为群众着想，而忽略群众的习惯、习俗，影响警民关系。

7. 不伤害群众感情。坚决反对愚弄群众、辱骂群众、打击群众的行为；基层民警要深入群众中去，放下架子与老百姓拉家常，虚心接受意见，用“真诚”换取群众的“真心”。

总之，警察这个职业有着十分特殊的权力和地位，同时赋予了这个职业特殊的义务，心为民所系、利为民所谋。随着社会的不断发展，在市场经济的强烈冲击下，法治社会有了更深刻的内涵，但是为人民服务这个宗旨是不会变的，也是不能变的。搞好警民关系，不是说三两下就可以实现的，要用自己的实际行动去赢得群众的支持与大家的爱戴，是要去付出的，关键是自己心里想到了群众没有，是不是把群众的困难当成自己的困难，当群众利益受到不法侵害时你是不是第一个挺身站出来的人，多想想自己实实在在为人民做了些什么事，做了没有，是怎么去做的。善于总结、勤于改进，才能更好地将群众工作做到位。

这个调查报告其实也是经验总结的一种形式。从总体上看，结构比较合理，能够从派出所角度、民警角度和群众的角度多方面地考虑问题产生的原因，这是主流，也是写得比较好的方面，我们不过多点评。我们重点点评这篇调查报告的缺点和不足，以便于同志们对于经验总结类的调查报告有更深刻的了解。

缺点之一：资料、数据掌握得不够充分，因此说服力不够强。例如，说辖区内外来人口较多，那么大致有多少？与辖区常住人口之比是多少？

派出所基础设施过时、老化，那么一共有多少设备，如电脑，都是哪年产的？操作系统的版本是什么？

缺点之二：对问题的分析还缺乏深度，只是列举出了一些表面现象，对于更深层次的问题认识不足，如从派出所民警角度分析问题时，只是列举了民警不适应群众工作的表现，而没有从民警职业操守、道德修养、心理变化、价值取向等方面进行深入分析。在分析群众对民警不理解、不支持时，缺乏从宏观背景描述群众心理的变化。

缺点之三：在对策方面，只是泛泛地讲到一些要求，不具有可操作性，如对群众间的纠纷，要求民警快速到场，善于调解。但善于调解应该是怎样的调解方法，没有明确说明。在其他对策方面，也有类似情况。

前面我们说过，前中共中央政治局常委李瑞环同志离开领导岗位后曾把自己的讲话整理后编撰了一本《学哲学　用哲学》。在这本书中李瑞环同志对如何总结经验有自己独特的见解，在这里我们把他书中的“总结经验十要领”摘录如下，希望前辈的经验对警务工作者学会如何总结经验有较大帮助。

总结经验十要领

总结经验有三个基本要求，也可以叫三个要素：一是要有丰富切实的材料，否则就是无源之水、无本之木；二是要有加工的工具，即科学的理论，主要是马克思主义的理论；三是要有加工的本领，能使用工具把材料加工成成品。材料、工具、本领“三位一体”，缺一不可。

如何坚持这三个要素，在坚持过程中有没有具体要求、要领、注意事项？我想应该是有的。我这里列举几项，有的可能与三个要素交叉重复，有的则是三个要素的应用和细化。

（一）要有正确的态度

总结经验的出发点不同，其过程、方法、结果都会不同。如果是出于公心，为了搞好工作、推进事业，为了实事求是、探索真理，这样的总结就会是可靠的，运用的材料就会是真实的，由此形成的经验对自己有用，对别人管用，以后长时间内都会起作用。如果是出于私心，为了应付上级、邀功买好，为了登报扬名、哗众取宠，这样的总结就是靠不住的，再活灵活现的故事都可能是虚构的，由此形成的结论毫无用处，甚至骗人骗己，误事误国。就当前的实际情况看，应该说前者较多，后者也不能说很少。在有的地方，常常是上面刚刚发出一个号召，没几天就推出了许多相应的经验，群众批评说“口号提得多，经验出得快”。态度问题是根本问题，态度端正与否，对总结经验至关重要。

（二）要下大功夫搜集材料

要广泛搜集、掌握与事物相关联的一切情况；要注意事物发展的全过程，了解过程中的各个方面；要善于抓典型，解剖麻雀。总之，要尽可能把材料搞全了、弄准了。材料缺东少西、虚假差错，工具再好，加工的本领再大，也不会制作出好的成品。我这里讲一个笑话，从前有一个秀才的老婆生孩子在炕上叫唤，秀才写文章没词在地下叫唤。老婆生气地问：“我是因为孩子生不出来难受叫唤，你瞎叫唤什么?”秀才煞有介事地回答说：“你是肚子里有东西生不下来，我是肚子里没东西硬要生，我比你更难受呀!”我不相信这件事是真的，但我相信确有这种没有材料、硬憋文章的人。有些总结深入调查不够，基础材料不够，或偷工减料，或假冒伪劣，一看就是屋里憋的、文人编的，是表面文章、空中楼阁。马二立相声《学瞎话》讽刺的那种总结确实存在。搜集材料要花很多时间，但这是必需的，是总结经验最大量、最经常、最具基础性的工作。

（三）要学会分析综合

先分析、后综合，在分析过程中综合，这是认识事物也是总结经验的基本方法。分析就是分析矛盾，把统一整体分解为各个部分、方面和要素来考察。综合是综合分析的结果，就是在分别考察的基础上把各个部分、方面和要素联结为一个整体来认识。分析不是简简单单地分，而是依据事物的性质和特点来分；综合也不是随随便便地合，而是按照事物的内在逻辑来合。分要分得开，合要合得整。分析是综合的基础，没有分析作为前提，综合就无从谈起；综合是分析的归宿，只分析不综合，分析就没有意义。分析和综合不是截然分离的，二者相互依存、相互渗透、相辅相成。在人们的实际思维活动中，往往是分析中有综合，综合中有分析，分析的过程同时就是综合的过程、概括抽象的过程。我们总结经验，就是要将繁杂、零散的材料掰开了、揉碎了、摆正了、捋顺了。要分好类、排好队、归好堆、论好辈，不断地分，来回地分，边分边合，分分合合。这是一个寻找事物内在联系、探求客观规律的过程，是一个由简单到复杂、由复杂到简单、循环往复、螺旋式上升的过程，是最难的一步，也是最苦的一关。这要用相当的功夫，谁怕用功夫，谁就找不到真理。

（四）要重视特殊性

由特殊到一般、由一般到特殊，是人类认识的两个过程。就总结经验来讲，主要的还是认识特殊性。特殊性是事物的特殊本质，是事物存在和发展的特殊原因，是事物彼此区别的根据。总结经验就是要在若干一般原理的指导下，在许多相对事物的比较中，找出特殊性，按照毛主席的说法，这是“认识事物的基础”。特殊性和共同性是相对的，在这个领域看是特殊的，从另一个领域看又可能是共同的。例如，人相对于其他动物的特殊性，在人类领域又是共同性；女人相对男人的特殊性，在女人领域又是共同性；幼儿相对大人的特殊性，在幼儿领域又是共同性。正因如此，才有科学领域的划分和研究，才有研究对象的区别和联系。强调总结经验要抓住特殊性，也就是抓住总结对象领域里的共同性。我们说总结政协工作的经验，就是要抓住政协工作相对于其他领域工作的特殊性，而这些特殊性在政协工作领域又是共同性。毛主席是运用一般原理分析特殊性的大师，他对中国革命战争特殊性的把握到了出神入化的地步。在“中国革命战争的战略问题”这篇著名文章里，他首先强调的就是“我们不但要研究一般战争的规律，还要研究特殊的革命战争的规律，还要研究更加特殊的中国革命战争的规律”，“如果不懂得这些，就不能在中国革命战争中打胜仗”。特殊性与共同性、相对性与绝对性的道理是辩证法的精髓。要学会总结经验，就必须懂得这个道理。

（五）要注意从偶然中找必然

总结经验，目的是找出事物的必然。偶然潜藏着必然，必然通过偶然表现出来，并为自己开辟道路。人类历史表现为无数抱有千差万别目的的个人的活动，似乎是偶然现象的堆积，但就在这大量个人活动的杂乱现象的背后，隐藏着人民群众是社会发展的决定性力量，是历史的创造者的必然性。透过现象看本质，通过偶然发现必然，这是人们熟知的道理。人类历史上许多重大发明，许多具有深远影响的真理、定律，都是从偶然中发现的，如牛顿由苹果落地发现了万有引力定律，瓦特从沸水冲开壶盖受到启发发明和改进了蒸汽机，锯子的发明传说也是鲁班因刺草划破手皮而得到灵感的。当然，真实的过程不会像传说的那么简单。总结经验要接触大量的现象，这些现象都是本质的反映。现象的特点是丰富而易逝的，本质的特点是稳定而再现的，只要我们留心、细察、敏感，善于研究大量现象之间的内在联系，就会透过现象抓住本质，通过偶然找到必然。

（六）要尊重前人的成果

人类认识的特点是连续性。前人的成就是后人前进的基础。总结经验是为了探求规律、发现真理。什么是真理？真理是客观规律在人们头脑里的正确反映。因为它是客观规律的反映，凡真理都具有客观的绝对的意义。因为事物的复杂性、认识的局限性，凡真理又都具有相对的意义。真理都是绝对和相对的统一。基于这一原理，我们应当不断解放思想、大胆创新，特别注意发现新生事物，要与时俱进而不能僵化保守。基于这一原理，我们必须重视前人的成果，在前人认识的基础上前进。牛顿是在伽利略、开普勒等人的基础上发现了万有引力定律的，爱因斯坦是在洛伦兹等人的基础上提出了相对论的。马克思主义理论的三个组成部分都有其来源，其实作为马克思主义来源的德国古典哲学、英国古典政治经济学和法国空想社会主义，也都有自己的来源。我们总结经验，不能离开已有的基本原理、基本原则，而是要在这些原理、原则的指导下，对现实材料进行加工制作。实践证明：总结经验必须认真读书，掌握原理，理性的东西懂得越多，发现真理的可能性就越大。

（七）要走群众路线

群众是真正的英雄，而我们自己则往往是幼稚可笑的。联产承包责任制，主要不是哪个领导或个人的杰作，而是农村最基层群众的创造。我们讲总结经验，主要是总结来自社会实践的经验。群众是实践、认识的主体，总结经验由始到终、由调查到研究，都要走群众路线。否则，总结出来的所谓“经验”，既缺乏鲜活的东西，也不会得到群众的认同。尤其是在目前，弄虚作假成风，假情况、假数字、假政绩比比皆是，歪曲、背离本质的假象屡见不鲜，要想真正把材料弄全弄准，使之合于实际，实在是不容易的事。我们必须像毛主席所说的那样，满腔热忱，眼睛向下，放下臭架子，甘当小学生。只有如此，群众才能讲真话，我们才能了解到真实情况，才能用群众的智慧弥补自己的不足，才能总结出具有实际意义的经验。要善于吸纳意见，多听意见，听各种意见特别是听和自己不同的意见，择善而从之。要勇于自以为非，不要自以为是，一经发现自己的错误就及时果断地进行纠正。人的成长进步就是在不断地自以为非、不断地纠正错误过程中实现的。实事求是和群众路线是相辅相成的，不走群众路线就做不到实事求是，不坚持实事求是也不可能走好群众路线。

（八）要多实践几次

任何一个成功经验的形成，总要经过一个实践过程；任何一个经验的再实践，自始至终都是一个新的认识过程。就这次会上交流的一些经验来说，从目前看是成熟的，当把它们重新应用于实践时，这就不仅是在应用经验，同时也是在检验经验、完善经验。还以联产承包责任制为例，当初在小岗村出现时就比较原始简单，后来被中央认可、推向全国农村直到今天，其内涵就丰富、完善多了。因此，这种以检验经验为出发点的再实践，应该是自觉的实践，应该是有目的、有计划、有记录地进行。肯定经验的价值和作用，要求大家认真学习、切实推广，绝不意味着经验本身已完好无缺，从认识发展的意义上说，从全局和长远的角度上看，再实践、再检验、再提高更加重要。

（九）要使大脑真正成为加工厂

古人讲“心之官则思，思则得之”，“行成于思”；毛主席讲“多想苦想”“多想出智慧”“开动机器”“改造制作”，强调的都是用头脑思索。人与动物的区别就在于人能思索。人的大脑潜力很大，一般正常人的大脑约由1000亿个神经细胞组成，可以储存1000万亿个信息单位，而一个人一生中能够利用的只不过10%左右，据说爱因斯坦用得最多，也就17%。大脑这个东西越用越好用，越用越聪明。有的人之所以本事小、办法少、进步慢，主要原因不是脑子笨，而是脑子懒。我们应当充分发挥大脑加工厂的作用，勤于思索，善于思索。要处处留心，多问几个为什么。许多事情似乎早就明白，如果问上几个为什么，就会发现自己并不明白而是糊涂；经过认真思索之后，就会变糊涂为明白，这个明白才是真明白。要善于联系，把现象变成概念。现象和现象相联系，事物与事物相联系，理论与理论相联系，理论与实际相联系。联系可以发现问题，联系能够发现规律。我们应当十分珍惜时间，有效地利用时间。不要忽视零碎时间，理发、洗澡、散步、坐车等头脑空闲的时候，都可以用于思索；要把零碎的事情捆起来办，切忌东一榔头、西一棒子地肢解时间；要想方设法挤留出大块的整块的时间，使自己静下来，翻点材料、读点书，系统地想点问题。我们应当不断完善大脑这个加工厂，使其能生产多种多样的产品。要在这个加工厂里形成各种储存库，有不断吸收新材料的原材料库，有经过一定加工的零配件库，有经过较大加工的半成品库、成品库，一旦需要，重新思索，组合制作，就会变成新的产品。总结经验主要不应是文字上搬来搬去，而应是脑子里想来想去。我们现在有些总结搞得不好，或只有材料没有观点，或只有观点没有材料，或观点和材料不统一，一个重要原因就是缺乏思索。

（十）要处理好总结经验和写文章的关系

我没有专门学习过写文章，现在也不能说会写文章，但我做过一些实事，研究和处理过一些问题，总觉得写文章与总结经验有密切关系。什么是文章？文章是客观事物的反映，文章的目的是反映客观实际，反映事物的本质和规律。为什么总结经验？总结经验的目的是研究分析客观实际，找出事物的本质和规律。就这个意义上讲，写文章和总结经验要求是一致的，道理是相通的。领导干部、领导部门的文章，都是围绕现实生活和实际工作提出问题、分析问题和解决问题而展开的，离开总结经验，离开研究问题，就无法写出有实际意义的文章。写文章讲准确性、鲜明性、生动性，讲谋篇布局、遣词造句，但如果缺乏对生活实践的深刻了解，缺乏对实际问题的深入研究，言之无物，无病呻吟，也就无法写出具有“三性”的好文章。我们有些文章写得不好，不是词汇不够多、句子不够美，而是动机上、内容上、方法上有毛病，在鼓捣字儿上花的时间太多，在研究事儿上下的功夫太少。为文章而文章，从文章到文章，这种方法，永远写不出好文章。

以上十点，关联着总结经验，也不只是关联总结经验，起码关联着思想方法、思想作风，当然关联总结经验的也不只是这十点，还可列举出许多点。我的上述讲话，未必完全正确，目的是想引起大家对总结经验的兴趣，总结出更多、更好的经验。

（李瑞环著：《学哲学　用哲学》，中国人民大学出版社出版）

五、警务工作者必须树立群众观点

新中国成立之后，我国公安机关坚持马克思主义的思想路线，正确认识广大人民群众在历史发展和社会进步中的伟大作用，在保卫国家安全、维护社会稳定、促进国家建设的过程中，与广大人民群众建立了深厚的情谊。公安机关在广大人民群众的无私帮助下，较好地完成了党和人民交给的各项公安保卫任务，其间涌现出了许许多多警爱民、民拥警的可歌可泣的感人故事。这一时期，公安机关自豪地称，警察与群众的关系是血浓于水的鱼水关系。然而，改革开放以后，特别是进入21世纪以后，随着社会形势的急剧变化，警民关系也严重滑坡，影响了公安机关警务工作的顺利进行。为此，广大警务工作者必须在辩证唯物主义和历史唯物主义的指导下，坚定不移地走群众路线，确立新时期公安机关在广大人民群众心目中的良好形象，不断改善警民关系，从而为我国的社会稳定和经济社会发展创造良好的社会治安环境。

（一）群众观点是马克思主义的基本观点

马克思主义政党，包括中国共产党坚持以马克思主义的立场、观点看待问题和分析问题。群众观点简言之就是共产党人看待群众的观点和态度，这是马克思历史唯物主义的一个基本观点。马克思历史唯物主义，是马克思主义哲学中不可分割又相对独立的一个组成部分。

要了解群众观点，必须明确以下三个方面的问题：

第一，了解历史唯物主义中的主体客体问题。

历史唯物主义认为，人是社会历史的创造者，也是社会历史活动的主体。自有人类以来，所有的社会历史都是由人的活动构成的。因此，人才是社会历史中的主体。同时，人作为社会历史发展的主体，具有三种基本形态。一是个体主体。个体主体就是在一定社会条件下，从事实践活动的个人。个体主体是社会活动的基本单位，在社会历史的发展中，个体主体要受群体和历史客体的制约。二是群体主体。群体主体是指在一定社会中，以某种纽带或者社会关系联系起来的共同行动的群体。例如，国家、民族、阶级、政党、宗教组织、群众组织等。三是人类社会主体。人类社会主体是指以一定历史阶段的人类社会为主体，即泛指一定阶段的人类社会。

既然历史唯物主义承认人在社会历史中的主体地位，那么就一定有与之相适应的客体。历史唯物主义认为，历史客体大致也可以分为三种：一是自然客体，是指自然界。即作为社会历史主体认识与实践对象的自然界。二是社会客体，是指人在发现自然界的过程中形成的各种社会关系的总和。历史唯物主义认为，社会关系一经建立，就成了现实客观世界的一个有机组成部分，对人的社会活动产生制约作用。三是精神客体或称思想客体，是指人们在改造客观世界的过程中，由人脑所创造的丰富的精神世界。具体一点说，精神客体或者思想客体是指精神现象与精神产品。在历史唯物主义学说体系中，主客体的辩证关系体现了人和自然的相互作用。即作为社会历史主体的人的活动受自然环境和社会环境的制约，而各类环境又是主体的人活动的产物。

第二，明确到底是人民群众创造历史还是英雄创造历史。

主张英雄创造历史还是人民群众创造历史，是历史唯物主义和历史唯心主义之区别的根本所在。

历史唯心主义认为，人类社会历史是由英雄人物所创造的。他们的主要观点有二：一是认为历史上少数帝王将相和英雄人物可以决定历史的发展；二是认为人类社会历史的发展由某种神秘的精神力量所决定，如上帝、神。中国的帝王总是称自己是“天子”，即代表天神来人间执行神的意志。

历史唯物主义认为，人民群众才是人类社会历史的真正创造者。这是因为：人民群众是物质财富的创造者。人民群众的物质资料生产活动，为人类社会的存在和发展提供了基础，人民群众也是精神财富的创造者。正是因为有了广大人民群众的物质生产劳动，才创造出了人类社会丰富多彩的精神世界，广大人民群众是社会变革的决定性力量。每当人类社会发展到一定阶段，社会的生产关系不再适应社会形势发展的需要，人民群众就会以暴力的形式，打破旧的生产关系，推动社会制度的根本变革。因为人民群众始终代表生产力发展的客观要求，所以他们才是社会历史发展的决定性力量。

第三，人类社会历史的发展具有一定的规律性。

历史唯物主义揭示了人类社会历史发展的规律性。揭示了社会存在与社会意识的关系、生产力与生产关系矛盾运动的规律、经济基础与上层建筑矛盾运动的规律，也揭示了社会形态更替的一般规律及其特殊形式。一个基本的观点是，生产力和生产关系的矛盾运动是社会发展的根本动力，阶级斗争是社会发展的直接动力。无论是生产力或者生产关系的矛盾运动，还是阶级斗争，都需要通过作为人类社会历史发展主体的人的实践活动来实现。从这个意义上说，人民群众是人类社会历史发展的决定性力量，这一点是毋庸置疑的。

尽管人类社会的发展是一个曲折的过程，但其发展进步是不可逆转的。人类社会必然进入共产主义社会。

（二）警务工作者要甘当人民公仆

群众观点在我国有一个根本的出发点，就是人民群众是我们这个社会主义国家的主人。换句话说，在我们这个社会主义国家里，广大人民群众当家做主。这一点不仅是由我国的国体决定的，也是由共产党全心全意为人民服务的宗旨决定的，是共产党代表广大人民群众根本利益的先进性决定的。警务工作者要甘当人民公仆，不仅是对警务工作者的要求，也是对全体共产党员而言的，是对所有的国家公务人员，包括从上到下的各级领导干部的要求。

公仆这一概念，现在我们大家都很清楚，就是公众之仆，职责是为广大人民群众服务。但公仆这一概念，在历史上的含义与现在不同，有了很大变化。

据考证，我国古代从周朝时期实行分封制，被封者的爵位分为公、侯、伯。此时的“公”是被授予公爵爵位的人。到了汉朝末年，天下分裂，各州州牧主政，被属下尊称“主公”。此时的“公”是各州牧，即各地实际执政者。此时的“公仆”，都是为公和牧守一人服务的，是一种真正意义上的奴仆。新中国成立后，我国宪法中说，“一九四九年，以毛泽东主席为领袖的中国共产党领导中国各族人民，在经历了长期的艰难曲折的武装斗争和其他形式的斗争以后，终于推翻了帝国主义、封建主义和官僚资本主义的统治，取得了新民主主义革命的伟大胜利，建立了中华人民共和国。从此，中国人民掌握了国家的权力，成为国家的主人。”所以，在我国，人民才是公，而我们所有的公仆，都不再为哪一个人服务，而是为一个阶级服务，这个阶级就是人民。这一点，对于现在的领导干部和警务工作者来说非常重要。

新中国成立以来，我国历代党和国家领导人都曾经强调公仆精神，强调所有共产党员和政府机关的工作人员，都要牢固树立全心全意为人民服务的宗旨意识。之所以会强调公仆意识和全心全意为人民服务的宗旨意识，是我党对古往今来、古今中外的历史经验教训深刻总结反思后得出的一个重要结论，是指导所有共产党人和政府公职人员执政、从政的一个重要哲学指导思想。

现在，我们强调每一个人民警察必须牢固树立全心全意为人民服务的宗旨意识、公仆意识，也是对古今中外警务工作历史回顾总结后得出的一个结论，尤其是对新中国成立以后公安事业发展经验总结后得出的一个必然结论。许多公安事业的前辈，以及目前仍然在从事公安工作的同志，从警察是什么和警察为什么这个基本的哲学问题出发，经过对历史经验教训的不断追问和反思，才得出了人民警察是人民的公仆这样一个到目前为止最接近绝对真理的相对真理，而且改革开放三十余年来的实践证明，这个真理不管是在今天还是在今后一段相当长的时间里，都将是公安机关开展警务工作的一个重要的指导思想。

其实，公务人员包括警务工作者甘当公仆，还有深刻而且朴素的道理在其中。试想，我们本身出自于人民群众之中，我们的父亲、母亲就是人民群众的一分子，如果我们对群众不好，在警务活动中对群众冷硬横推，是不是对父母的不孝？我们本身出自于人民群众之中，所有物质需要的满足都要靠人民群众的供给，而我们给群众办点事就伸手要好处，是不是对父母兄弟的不仁？我们本身出自于人民群众之中，如果对群众的正当需要视而不见，对群众的困难置之不理，是不是对父母亲人的不忠？我们本身出自于人民群众之中，如果在警务活动中不能严格、公正、文明执法，而是大搞钱权交易、权色交易、权情交易，是不是对群众、对父辈、对子辈的不义？不孝、不仁、不忠、不义，我们本身都不够做人的起码资格，我们还有什么资格称作人民公仆，还怎么能使我们的警务工作真正为广大人民群众服务好？

警务工作者要甘当人民公仆，首先，不能忘本。不能因为自己身为警察就看不起人民群众，就认为自己高人一等，尤其是对觉悟还不够高、生活相对比较困难的社会底层群众看不起，要知道我们自己的出身，最早大都是农民子弟，父母也大都生活在社会底层。忘记了这一点，就意味着背叛。其次，要有慈悲心肠。警务工作者的慈悲心肠不仅体现在对群众要爱，对群众的疾苦要感同身受，想方设法为他们排忧解难，也体现在对各类违法犯罪的嫌疑人下手要狠，要依照法律、法规的规定严肃处理，不能徇私枉法，放纵违法犯罪分子。要知道，对犯罪分子的纵容就是对广大人民群众的祸害。在必要时，对各类违法犯罪分子在法律规定的幅度内施以重手，也是一种慈悲。正如古人所说，不使霹雳手段，难显菩萨心肠。再次，要有奉献精神。警察这种职业要求我们每一个从业人员都要具有无私奉献的精神。无私奉献是一种境界，是人的道德修养达到一定层次的体现。我们知道，许多人民警察之所以选择这样一种职业，走上这样一条道路，是因为我们很早就向往人民警察无私奉献的情操、英勇无畏的品格。而在警务工作实践中，能够主动从人民群众的需要出发，主动为人民群众排忧解难，能够把自己的生死置之度外，为了人民的利益不怕流血牺牲，如果没有无私的奉献精神支撑，是不能实现的。最后，要真正做到严格、公正、文明执法。我们是社会主义国家，社会主义法制的原则是在法律面前人人平等，没有任何可以超越法律的特权。在警务活动过程中，要做到严格、公正、文明执法，就不能因地位的高低、权力的大小、身份的贵贱、钱财的多少而在执法过程中因人而异。特别是对那些社会中的弱势人群，更要在警务活动中做到公平、公正、公开和透明。

（三）警务工作者要学会做群众工作

党中央多次提出，领导干部要学会做群众工作。之所以提出这样一个问题，就说明，现在的各级领导干部，有很多人真的不会做群众工作。另外，在当今的民警中，不想做、不愿做、不会做群众工作的民警也不在少数。

一些民警不想做、不愿做、不会做群众工作既有主观原因，也有客观原因，主要包括以下几个方面：

第一，少数民警没有牢固树立全心全意为人民服务的宗旨意识。

有的民警参加公安工作时间短，对公安机关全心全意为人民服务宗旨重要性的认识不足，因而对人民群众的感情不深、服务热情不高；有的民警摆不正自己的位置，忘记了自己手中的权力是人民给的，颠倒了公仆与主人的关系，在工作中把自己凌驾于群众之上；有的民警对群众怀有敌意，认为群众愚昧无知。凡此种种，都影响了他们对待人民群众的态度。

第二，对党的群众工作路线理解得不深不透，对群众工作缺乏应有的重视。

在一些公安机关，特别是公安机关的一些领导干部的思想中，走群众路线的弦绷得不紧，讲群众路线不够，表现在工作中，就是只讲孤军奋战，拼警力，打消耗战。有的甚至认为在新的历史时期，开展群众工作缺乏条件，甚至把开展新时期的群众工作说成了“老一套，土办法”，是“抱着计划经济时期的教条不放”。因此，在工作中缺乏依靠群众、相信群众、发动群众的思想基础，开展群众工作缺乏主动性。

第三，工作作风不踏实，官僚主义、主观主义、形式主义严重。

在实际工作中，有些民警作风不正，满身官僚主义、形式主义、主观主义、衙门习气，一派居高临下、主观武断的作风。有的以管人者自居，听到群众批评就委屈，擅长变“为人民服务”为“让群众服务”，对群众的疾苦视而不见、听而不闻、麻木不仁；有的作风漂浮，高高在上，拿架子、讲排场，不深入群众，不真心实意地帮助群众解决实际问题；有的民警作风粗暴，方法简单，不善于也不愿意做群众工作，习惯于强迫命令；有的民警好大喜功，违背群众意愿，搞花架子，做表面文章，不务实效，甚至弄虚作假。

第四，极少数民警为警不廉，以权谋私，甚至违法乱纪。

当前，有极个别的民警不是利用手中的权力更好地为人民群众服务，而是利用权力牟取个人私利。有的民警利用手中的权力办人情案、关系案、金钱案，徇私枉法。甚至有的民警知法犯法，严重损害了群众感情，侵犯人民群众的利益，引起了广大人民群众的极大反感，“一条鱼腥了一锅汤”，损害了公安机关的整体形象。

第五，基层民警工作压力大、心理负担重，影响了对群众的态度。

“上面千条线，下面一根针。”这句话形象地反映了目前基层工作的繁重程度和民警的工作压力。在基层，民警既要管理辖区内的各种事务，受理群众的报警求助，又要完成各级领导机关下达的各项工作任务；同时，警察工资偏低，家庭生活负担重，还要经常加班加点工作，这些都使许多基层民警的生理、心理承受能力达到了极限，因而，一些民警在与群众的交流与沟通中，脾气急躁、易怒，态度简单粗暴，从而影响了警民关系。

第六，经费紧张，以案养警，影响公安机关的声誉。

由于经济条件所限，在许多地方的公安机关，各项警务工作得不到有效保障。有的地方民警的工资一拖再拖；有的连办案所需的差旅费也得民警自己掏腰包；有的民警的医药费报销不了，一压就是好几年；有的基层公安机关办案没有汽油；有的房屋坏了没钱维修，等等。这些客观现实，逼迫基层公安机关不得不以案养警，靠罚没款维持开支。由此形成了吃、拿、卡、要的现象。对此，人民群众非常不满。

第七，警力不足，非警代警，出现问题公安机关自然要承担相应的责任。

目前，公安机关警力不足、经费保障乏力是一个不争事实。为了缓解警力不足造成的压力，公安机关不得不使用一些辅助人员协助公安机关开展工作。而在这些人员中，人员来源复杂，成分良莠不齐，一些人缺乏起码的法律素养，所以在协助公安机关工作时，这些人有的本来没有执法资格和权力，却照样执法；有的由于素质差，在与社会各界群众的交往中严重违反工作纪律；有的借公安机关的旗号做违法乱纪的事情，在群众中造成极坏的影响。而当问题发生后，公安机关不得不承担相应的责任，严重败坏公安机关的声誉。

分析了以上原因之后，我们发现，民警不想做、不愿做、不会做群众工作的主客观原因尽管很多，但根本的一点就是对群众的态度问题、对群众工作重要性的认识问题、对群众的感情深不深的问题。如果说在别的方面强调工作的重要性，可能有点矫情，那么，在强调民警做群众工作这个方面，重要性真是决定性的因素。只要民警对群众的感情深了，真心实意地帮群众做事，只要民警认识到群众工作的重要意义，就不存在会不会做、想不想做、愿意不愿意做的问题，只是做群众工作的程度问题、技巧问题、深度和广度问题。所以，决定性因素永远是民警的认识和态度问题。

2016 年 8 月 25 日的《人民公安报》头版头条以“繁星中，你是最温暖的那一颗”为题，报道了北京市公安局海淀分局恩济庄派出所社区民警高宝来一心为民的感人事迹。在同版刊登的评论员文章中这样写道：高宝来是一名普通的人民警察，他一生都在平凡的岗位上默默奉献，坚信“爱管闲事才是好警察”，始终严守“违反纪律的事，再小也不能干”的职业操守，正是这种坚守，使他赢得了群众的口碑。行动最有说服力，高宝来常说，“一个警察就像一棵树，生长在哪儿，就要撑起一片天，为百姓遮风挡雨。”可贵的是，高宝来不仅说出来了，也用行动印证了自己的话。对于一名人民警察而言，为群众办事贵在坚守，也难在坚守。高宝来在坚守中，找到了人生价值……

类似高宝来这样的事迹在人民警察队伍中太多太多。在这些想做、愿意做、会做群众工作的民警身上，我们发现了一个共同的特点，就是他们的群众工作做得好，最关键的一条就是他们的心里有群众，坚持了从群众中来到群众中去，他们认同群众就是他们的父母兄弟。只要有了这一条，没有方法也会想出好方法，没有条件也会创造条件把群众工作做好。

（四）切实改善警民关系

以20世纪70年代末80年代初为“分水岭”，我们国家经历了一个从封闭向开放过渡的重大转折时期。改革开放像一股春风，为我国的社会主义现代化建设注入了旺盛的生命力。

改革开放后的三十多年里，我国取得的经济建设的伟大成果是有目共睹、举世公认的。综合国力极大增强，我国在世界经济、政治生活中占据了越来越重要的位置。同时，国内的各项事业欣欣向荣，全体社会主义公民的物质生活得到了较大改善，人们的精神面貌也发生了很大变化。

随着政治、经济体制改革的不断深入，我国的社会结构也发生了根本性的变化。多种经济形式并存，人们获取经济资源的渠道也不再局限于依靠国家、集体企业和仅仅依靠农村乡镇集体。目前，个体私营经济已经成为社会中最积极、最活跃的经济活动形式。在这种情况下，那种在封闭的计划经济体制下人们单纯地依附于国家、集体企业和农村集体的局面已经被彻底打破，一般的社会公民更多地以“社会人”而非“单位人”的面目出现。在这种情况下，我国社会中的人际关系状况也发生了根本性的变化，与之相适应，警民关系也显现出许多新情况，面临着一些新问题。对此，许多同志已经有过一些分析，概括起来，包括以下几个方面：

一是过去警民之间相互依赖的鱼水之情逐渐淡化，警民共同合作，打击犯罪、整治社会治安的合力没有充分发挥出来。二是在一些地方，警民关系呈现对立的态势，特别是在一些特定的场合，警民关系被人为地对立起来。三是警民联系的模式简单、生硬，没有形成经常联系的工作机制，正常的警民联系与沟通的渠道不畅。四是公安机关，包括公安机关的领导和一些基层民警对加强警民关系建设的重要性认识不足，不能自觉地把开展警民关系建设当作一件事关公安工作发展的大事来抓。五是广大人民群众的积极性没有真正被调动起来，公安机关的警务工作没有得到广大人民群众的理解和拥护，工作陷于孤立与被动，等等。

概括分析目前警民关系的现状，有以下几点应该引起我们的重视：

第一，当今社会表现出的人际关系疏离的状态，是导致警民关系淡化的社会背景。

“鸡犬相闻，老死不相往来”，是老子追求无为而治的一种社会理想。其实，在人类社会中，人类为了自身的生存与发展，要进行频繁的社会交往。但是，在目前的社会中，确实出现了人际关系疏离的现象。过去，邻里之间相互关照、经常走动的情况少了，楼上楼下的邻居之间互不认识，见面连个招呼都不打的情况多了。就更不用说人与人之间有多少真情。究其原因，最重要的一点是，在社会生活中经济因素占据了决定和支配性的地位。过去，同志、邻里在相对集中的地域和相对封闭的经济环境中生活，既为了共同利益，也为了自身利益的实现，必须经常性地进行相互之间的沟通与交流，以获得自身满足和发展的一些物质条件。在这里，人们交往的目的是经济性的，但达到目的的手段，更多的是感情方面的交往，换句话说，人们的交往具有更多的感情因素。而现在，情况却发生了根本性的变化。一方面，社会公民在日常生活中，追求最多、最直接的是经济因素。“人来人往，皆为利往”，甚至在亲人之间、兄弟姐妹之间，交往也常常带有明显的经济目的。这一点，对于推动社会经济发展是有直接作用的。但表现在社会生活中，往往令人齿发皆寒，令人感到当今社会中人情的冷漠。另一方面，人们获得经济利益或者说满足经济要求的渠道多了，不再依赖于简单的、相对小的地域与邻里、同志间的交往。即使是在一栋新开发的小区楼内，住户们可能来自不同的领域，从事不同的职业，属于不同的经济共同体，还有许多从事个体经营的人员，等等。他们获得物质满足的渠道有很大不同，因此，在一栋楼内人与人之间用不着交往也可以立足于这个社会。这种情况势必导致人与人之间关系的疏离状态。正是在这种情况下，警民关系与以往相比发生变化是情理之中的事情。我们不能再要求目前的警民关系会恢复到改革开放之前、计划经济体制条件下的那种亲密无间的关系。或者说，正是目前社会的物质经济条件，决定了目前的警民关系势必会发生这样的变化。这一点，也符合社会关系受社会经济条件制约的历史唯物主义基本原理。

第二，警民关系建设缺乏有效的契合点。

我们说改革开放之前警民关系处于一种相对良好的局面，在很大程度上说是因为警民关系建设有良好的组织保障。在当时，全体社会公民都处于一种有组织的状态之中，即使是相对分散的广大农村中的农民，也是社会主义农村集体的有机组成部分。因此，公安机关依托当地的党委、政府，从维护社会稳定和国家安全的大局出发，可以靠一定程度的行政命令来协调警民关系，号召广大人民群众参与社会治安管理。例如，新中国成立初期遍布全国城乡的民兵组织。又如，之后覆盖了社会面的治安防范组织，都是在一定程度的行政命令下推进和建立起来的。而现在，随着社会形势的变化，随着政治经济体制改革的不断深入，企业解体与新建重建，社会经济利益重新洗牌，人们的就业结构相对来说比较不稳定，很多人从单位人变成了社会人。同时，人们更多地追求经济利益，再像以前那样靠简单的行政命令处理警民关系已不再可能。过去，公安机关更多的是以组织对组织的形式处理警民关系，现在，则需要更多地以组织对为数众多的单个的群众这样的形式来处理警民关系。这种情况下，公安机关空有处理好警民关系的良好愿望，许多群众也有积极协助公安机关加强治安管理的愿望，但由于缺乏二者之间的契合点，所以警民关系建设仍出现了较大的滑坡。

我们认为，目前，加强警民关系建设最重要的契合点就在于处理好这种关系需要有明确的法律、法规来规范这种行为。过去，我国开创了具有中国特色的社会治安综合治理的好方法，并制定了一系列的相关政策，但是从目前的实际情况看，单纯依靠这种政策调整已经不适应形势发展的需要，而应该制定类似“社会治安综合治理法”的法律、法规来调整警民关系，调动全社会的力量共同为维护国家稳定和社会的安定团结服务。

第三，处理警民关系多是自发的、随意的，缺乏长远打算和整体策划与推进。

不能否认，过去，我们对警民关系的研究与认识还停留在比较低级的阶段。只是注重对警民关系一般性问题的研究，如警民关系的现状，公安机关及其人民警察作为处理警民关系的主体，在处理警民关系中存在哪些主客观方面的问题，人民群众对公安机关还存在哪些误解，需要从哪些方面加强警民关系建设等，而没有把警民关系放在一个宏观的历史背景下去考察。同时，对警民关系的认识没有系统化，没有上升到一个理论的高度去认识。也存在一些研究工作与实际工作相脱节的问题。因此，把警民关系建设落实到具体的公安工作实践中，缺乏相应的理论作为指导。表现在具体的公安工作中，就是开展警民关系建设多是自发性的、随机性的，想到哪里做到哪里，有时想到了也做不到；缺乏对警民关系的理论认识，没有真正用社会关系学和公共关系学的理论指导公安机关的警民关系建设；从公安机关自身来说，还没有一个与广大人民群众共同合作所要达成的非常一致的远景目标；警民关系建设缺乏长远打算，满足于一时一事与群众的交流与沟通；对警民关系缺乏整体性的规划和统一的安排与目标明确的运作，等等。这些问题，都有待于我们在今后的工作中认真加以解决，使警民关系建设在正确理论的指导下，能够迈上一个新台阶。

（五）要把警务工作自觉地置于人民群众的监督之下

要把警务工作自觉地置于人民群众的监督之下，从哲学的角度上说，其实是马克思主义政党历史唯物主义和群众观点的一种具体体现。毛泽东同志历来坚持群众观点，认为必须让人民来监督政府。其理论根据是，政府的权力来自于人民，其本质是人民当家做主，既然权力属于人民，那么政府等权力部门，包括警务组织的权力运行，必须在人民群众的监督之下。

当前，人民群众对公安机关及其警务活动的监督，形式比较多，并不统一，没有形成规范化和制度化的监督机制，因此效果并不理想。梳理当下群众或者社会对警务工作的监督，主要有以下几种形式：一是通过各级人大、政协有组织、不定期对警务工作进行的监督；二是通过新闻传播媒体对警务工作进行的监督；三是人民群众的举报和来信来访；四是公安机关就社会治安或者其他与警务工作相关的问题，有目的地组织相关范围内的群众进行座谈、对话；五是公安机关自己通过聘请各种形式的群众监督员进行的监督，等等。

从人民群众对公安机关及其警务活动的监督工作看，效果并不明显。究其原因，既有群众方面的原因，也有公安机关自身的原因，既有主观原因，也有客观原因。主要表现在：一是警务工作者，特别是各级公安机关的领导，自觉接受群众监督的意识不强，没有充分认识到群众监督对于推进警务工作的重要意义，总想多一事不如少一事，有的甚至怕麻烦，怕群众在监督过程中真的找出点问题自己不好解决或者不好回答。二是一些群众的监督意识不强。在这里，群众的心态一般认为，公安机关执行法律法规，大权在握，自己即使有意见、有看法，说了也是白说；或者是事不关己，高高挂起；还有的担心真的去监督了，会受到打击报复，会被公安机关“穿小鞋”。三是群众在监督方面受到的限制多。广大人民群众虽然是社会监督的主体，但是在监督权的行使、资源与信息的掌握等方面都处于弱势，对于很多警务工作的措施并不知情，行使监督权也缺乏正常的渠道，因而要真正行使监督权并不容易。四是人民群众行使监督权的有效机制还没有建立起来。主要表现是统一的关于公安机关接受群众监督的制度还没有建立起来。虽然有的地方的公安机关出台了相关的制度，但大都是从自身的需要出发，制度缺乏权威性和规范性，不好执行；群众监督的措施不明确。例如，群众对哪些问题可以采取哪些方法进行监督，群众心里没数。此外，群众监督毕竟势单力孤，如果不能与舆论监督、法律监督、党内监督有效配合，则很难达到应有的监督效果。即使要借助舆论监督的力量，但能否行得通，也要看公安机关网监部门的态度。

鉴于上述问题，公安机关的警务工作要真正接受广大人民群众的监督，还有很长的路要走。我们认为，除了制定长期有效的监督制度之外，还要在与广大人民群众密切相关的重点警务工作措施落地之前、过程中间和落地之后，采取一些切实有效的办法、制定一些具体措施，以保证和方便广大人民群众的监督。具体来说，应该在以下几个方面采取相应的举措：

第一，要增加警务工作政策、措施的透明度，落实广大人民群众的知情权。

群众对警务工作进行有效监督，前提是人民群众要有足够的知情权。如果群众对警务工作不知情，监督也就无从谈起。要变“暗箱操作”为阳光下运行，从警务工作的政策规定、具体措施、工作流程、工作效果等方面增加透明度，使广大人民群众在知情的前提下更好地行使监督权。

第二，要扩大广大人民群众的参与权，在群众参与警务工作的过程中，实行即时监督。

要使群众监督警务工作，仅让群众做旁观者不行，没有代入感，群众的监督热情就不会被调动起来，监督效果就不会好。因此，在各项警务政策和警务措施实施之前，就要采取群众听证等措施，让群众知情。在警务政策和措施实施过程中，还要请群众亲自体验，了解警务政策和措施执行的相关情况。同时，还要经常向群众了解对警务政策和措施执行情况的满意程度，随时调整警务政策和措施。

第三，要保证人民群众在监督方面有充分的话语权。

针对有的群众对公安机关及其民警有顾虑，有话不敢说、有道理不敢讲的实际情况，要鼓励群众有话就说，自己要有错就改。对群众的不理解要多做解释工作。同时，要组织专门力量，多层次、多渠道地了解群众的反映，让群众充分表达自己的意愿。

第四，要强化对行使监督权利群众的保障机制，保障群众的合法权益不受侵犯。

不可否认，公安机关中会有害群之马，会对群众的监督采取不理不睬、故意刁难甚至打击报复等情况。对此，各级公安机关要制定相关规定，如严格监督程序，严守监督秘密，及时处理对行使监督权的群众进行刁难和打击报复的警务工作人员，保障广大群众的合法权益。

六、用唯物辩证法的三大规律审视警务工作

所谓规律，是指在自然界和社会诸现象之间存在的必然的、本质的、稳定的和反复出现的关系。有时人们也称规律为“法则”，意义基本相同。再进一步理解，规律是指事物本身固有的、深藏于现象背后，并决定或者支配现象的方面。规律的本质是事物的内部联系，由事物的内部矛盾所构成的。

规律具有如下显著特点：一是具有必然性。指在事物发展过程中，事物间的一些联系是必然要发生的、确定的联系。只有在事物发展变化中确定不移的、必然如此的联系，才能成为规律。二是具有普遍性。规律普遍存在于自然界、人类社会以及人的思维中，没有规律的物质运动是不存在的。也就是说，规律对于同一类、同一本质的事物和现象具有普遍的支配作用，简单的例子如人生下来会逐渐老去，一年中会有春夏秋冬的四季变换，等等。三是具有客观性。也就是说，规律是客观存在的，既不能被创造，也不能被消灭。不管你承认也好，不承认也好，它总是客观地存在着且不以人的意志为转移。

用哲学抽象的方法对复杂事物中的规律进行大致分类，可以分为自然规律、社会规律和思维规律。再进一步归类分析，辩证唯物主义还把各种规律分为三种主要规律，即对立统一规律、质量互变规律和否定之否定规律。此外，还用个别与一般、本质与现象、内容与形式、原因与结果、偶然与必然、可能与现实等范畴对三大基本规律进行必要的补充。其中，对立统一规律是最根本的规律，也是唯物辩证法的实质与核心。

警务工作也必须遵循唯物辩证法的三大规律，在警务工作的运行过程中，也有其自身的客观规律可循。因此，掌握唯物辩证法的三大规律，对于更加深刻地认识警务工作的客观规律，更好地促进警务工作的发展，具有极其重要的意义。

（一）对立统一规律贯穿警务工作的始终

对立统一规律，是决定客观世界和人类社会发展的最根本的规律。也是决定警务工作发展变化的根本规律。这一点，不论是从整体警务工作的发展来看，还是从个别的警务现象，如一起案件来看，都是如此。因此，充分认识并很好地掌握对立统一规律，对于每个警务工作者来说，都具有非常重要的意义。

第一，对立统一规律的基本内容。

《韩非子》中有一个著名的寓言故事。故事说，楚国有一个人，主要的营生是卖矛和盾。有一天，他在卖货的时候自卖自夸地说，“我的盾是天下最坚固的盾，没有任何东西可以刺穿它。”接着又夸自己的矛说，“我的矛是天下最锋利的武器了，没有什么东西是它刺不穿的。”旁边有看热闹的人于是嘲笑他说，“那么，用你的矛来刺你的盾，结果会怎么样呢?”卖矛与盾的人一时无法回答。

这个寓言故事其实告诉我们一个道理，那就是客观世界的万事万物都是对立统一的。当我们把西方哲学中的矛盾观点引入我国的时候，这个寓言故事中的矛与盾的辩证关系，正好最恰当地解释了对立统一这样一个道理。或者这就是在我国哲学界，“矛盾”一词具有现代哲学对立统一意义的主要原因。

在唯物辩证法中，对立统一规律的主要内容包括以下几个方面：

其一，矛盾具有同一性和斗争性。正如《韩非子》中那个寓言故事中的矛与盾一样，在对立统一规律中，所有的矛盾都是由对立面组成的。也就是说，在所有事物中都存在矛盾，而矛盾中的矛与盾，既是同一矛盾中的不同方面，都从属于一个矛盾，但同时，矛与盾又相互对立，共同构成了一个既统一又对立的整体。在唯物辩证法中，这种情况被称为矛盾的同一性和矛盾的斗争性。

具体来解释，同一性又被称为一致性，即矛盾的对立面之间有一种相互依赖、相互渗透、互为存在的关系。二者谁也离不开谁，离开了其中的一方，另一方就无法单独存在。例如，在警务活动中，我们强调要加强警民关系建设，而说到底，警察与群众是一种管理与被管理的关系。也就是说，从社会管理这个角度上说，警察与群众其实处于一种对立的状态。尽管对立，但警察与群众谁也离不开谁。离开了群众，警察就没有了管理的对象，离开了警察，社会秩序就会处于无序状态，群众正常的生产生活就无法保障，并且在警察与群众这对矛盾之中，两者又相互依赖、相互影响、相互促进。所以我们常说，要把管理寓于服务之中，就是希望警察能和广大人民群众一道，处理好警民关系，促进社会生活的和谐与稳定。

对立统一规律中的斗争性，是指事物中相互依赖的矛盾又时刻体现为相互排斥、相互对立和相互否定的关系，即矛盾斗争关系。在社会生活中，这样的情况是随处可见的。从大的方面来说，在一个社会中，有阶级与阶级的斗争，有先进与落后的斗争，有正确与谬误的斗争。从小的方面来看，在一个家庭中，夫妻双方先是因性别的不同而成为一对矛盾，夫妻间的矛盾更是非常普遍，各种因琐事产生的矛盾随时可能发生。从更微观的一些客观事物来说，情况也是如此。

应该注意的是，我们理解矛盾的斗争性，不可以只把斗争理解为你死我活的斗争，更多的情况下，是通过一定程度或者一定形式的斗争，达到一种平衡，促进客观事物的发展。例如，处理敌我矛盾和处理人民内部矛盾就是两种不同性质的矛盾，处理敌我矛盾可能是非生即死的，而处理人民内部矛盾，则应该以说服教育为主，采取和风细雨的方式。

其二，矛盾具有普遍性和特殊性。矛盾的普遍性，主要有两个方面的含义：一是矛盾存在于一切客观事物的发展过程之中。二是在任何一个客观事物的发展过程中，都存在着矛盾运动。学界有人把这一点归纳为“从空间上说，矛盾无处不在；从时间上说，矛盾无时不有”。从这个意义上说，矛盾才是这个世界的一切客观事物内部或者事物之间的一种本质联系。警务工作者从开始从警的那一天起，就置身于无处不在的矛盾之中。当然，这些矛盾与其他普通的社会人所面临的矛盾会有许多不同。在日常的警务活动中，我们要处理的矛盾很多，不仅要处理人与事之间的矛盾，要处理人与物之间的矛盾，更要处理人与人之间的矛盾。

所以，可以说警务活动的过程，就是处理各种矛盾的过程。

在矛盾的普遍性基础上我们可以发现，矛盾无处不在，但每个矛盾都是具体的、与其他矛盾不同的。这就是矛盾特殊性的体现。这种具体和特殊，可以体现在三个方面：一是矛盾性质的特殊性；二是矛盾地位的特殊性；三是矛盾解决形式上具有的特殊性。

矛盾性质的特殊性，是指在不同事物之中，或者不同形式的运动当中，矛盾也是不同的。矛盾的这种特殊性，决定了一事物区别于其他事物的特殊本质。例如，在阶级社会，矛盾的性质主要是阶级的对立。而在原始社会中，矛盾的性质则主要表现为人与自然的矛盾。矛盾的特殊性表现在警务活动之中，就是警务活动有很大一部分属于专政性质，而在其他职业的活动中，其职业活动就不具有专政性质。另外，尽管在同一事物之中，在该事物发展的不同阶段，其内部矛盾也会体现出不同特点。以一起刑事案件为例，犯罪嫌疑人从预备犯罪到实施犯罪，直到犯罪结果出现，这期间，不同阶段中矛盾的性质不同。如果在犯罪预备阶段犯罪嫌疑人就放弃了犯罪的打算，那么，对社会的危害也与犯罪实施后的结果有根本性的区别。

矛盾地位的特殊性，是指在不同的客观事物中，可能存在许多种复杂的矛盾，这些矛盾以及每一对矛盾的两个方面，发展都是不平衡的，在事物发展中所处的地位不同，所起的作用不同。这就是我们通常说的要分析矛盾的特殊性，就要分清主要矛盾和非主要矛盾，要分析每一对矛盾中的主要方面和非主要方面。在客观事物中，矛盾地位的不同，体现为事物中的矛盾对事物发展起到的作用不同，有的居于支配地位，对事物的发展起决定性作用，也规定、影响其他矛盾的存在与发展，这就是主要矛盾；有的矛盾则处于从属地位，受主要矛盾的支配和影响，这就是非主要矛盾。

古人说，“纲举目张”就是讲主要矛盾在事物发展中的作用。和我们常说的“只要抓住了主要矛盾，其他矛盾就都迎刃而解了”是一个道理。在任何事物的矛盾之中，主要矛盾都是起决定作用的。只要我们抓住了主要矛盾，就可以带动其他矛盾的解决。但是这绝不是说只要抓住了主要矛盾就可以不顾其他次要矛盾，因为主要矛盾和非主要矛盾在一定条件下可以相互转化，非主要矛盾有时也会影响主要矛盾，因此必须把解决主要矛盾和解决非主要矛盾结合起来。

矛盾解决形式方面的特殊性，是指由于矛盾本身具有复杂性的特点，所以解决矛盾的形式也绝非单一的，对于不同性质的矛盾，应该采取不同的方式、方法去解决。也就是说，解决矛盾要根据矛盾的不同性质、不同内容和不同形式，采取带有极强针对性的方法去解决，而不能对所有矛盾都采取一种方法去解决。这就是我们常说的给病人看病，要对症下药，要一把钥匙开一把锁。我年轻时在监狱系统工作了很长一段时间，当时，监狱系统教育各种类型的在押罪犯，他们有的相当顽固，很难改造，而难以改造的原因各不相同。所以，监狱管理方面很注重要求管教人员研究在押罪犯的不同情况，采取针对性的方法进行教育。这期间，我曾经读过一个管教人员写的文章，讲一个罪犯相当顽固，在监狱内屡犯监规，屡教不改，想了各种各样的方法进行教育，最后才发现，这名罪犯之所以不好好改造，主要原因是家里宣布断绝了和他的关系，使他感到即使改造好了，出了狱，也没有归宿，于是开始破罐子破摔。找到了原因之后，管教人员和其家人多次沟通，使其家人同意等他出狱之后接纳他，这使这名罪犯很受感动，于是开始积极改造了。针对这件事，管教人员写了一篇文章，题目叫作“巧用千把钥匙，打开一把锈锁”。现在想起来，这名管教人员虽然没有系统地学过相关哲学理论，但却“巧用”钥匙解了管教对象的心锁。其实，对于这类的罪犯，在对他进行改造和他抗拒改造的过程中，一开始就应该抓住他抗拒改造的主要矛盾，只用一把钥匙打开他心中的锈锁才是符合客观规律的做法。

归纳起来看，解决矛盾的形式，主要有以下几种：一是矛盾双方以一方克服另一方为结局。例如，在我们上述的例子中，罪犯抗拒改造，但管教人员抓住主要矛盾并予以解决后，罪犯就变得积极改造了。二是矛盾双方相互抵消，被新的矛盾所取代。这种方式，以阶级社会某一形态的解体和另一种新的社会形态兴起最为典型。三是矛盾的双方不断斗争、不断适应，最后形成一种融合。例如，我们改造罪犯使之成为新的符合社会要求的人。四是矛盾的双方互相促进，协同发展。例如，学习和工作互相促进、爱情和事业互相促进等。

矛盾具有普遍性和特殊性的原理，告诉我们在日常的工作和生活中，要注意两个方面的问题。一是要注意区分对抗性矛盾和非对抗性矛盾。对于警务工作者来说，就是要注意区分人民内部矛盾和敌我矛盾。这对于我们提高对于社会政治经济形势发展的敏感性非常重要，对于我们更好地通过履行职责来巩固共产党的执政地位非常重要。二是要注意矛盾的共性与个性之间的辩证关系。在警务工作中做到善于具体问题具体分析。

其三，矛盾是事物发展的动力。关于矛盾是事物发展的动力，应该从两个方面来理解：

第一个方面，要理解矛盾的同一性和矛盾的斗争性对于事物发展的促进作用。对立统一规律认为，客观事物中矛盾的同一性表现为矛盾的双方相互依存、相互吸引、相互转化。这种依存、吸引和转化是客观事物存在的基本前提。因为矛盾的双方是同时存在的，同时存在的前提就是同一性。如果矛盾的一方不存在了，另一方就失去了存在的条件，就像没有白天就不会有黑夜一样。在相互依存的关系中，矛盾的双方各自吸收对自身发展有利的因素，不断壮大自己，从而推动整个客观事物的发展。而矛盾的斗争性也在客观事物的发展中起重要作用。一是矛盾双方在斗争中此消彼长，使客观事物的内部不断发生量变，为事物发生质变创造条件。二是当矛盾双方的斗争达到一定程度，就会由量变飞跃为质变，使一事物完成向新事物的飞跃。

第二个方面，要理解内因、外因及其辩证关系。矛盾的内因、外因，又被称为内部矛盾和外部矛盾。内部矛盾，是指某一事物或者系统自身包含的各要素之间既对立又统一的辩证关系。外部矛盾，是指某一事物或者系统与周边的其他事物或者系统之间既对立又统一的关系，如侦查员侦破一起刑事案件，就与犯罪分子形成了矛盾，就这起案件的侦破来说，是内部矛盾。但这个内部矛盾不可能是孤立的，要破获这起案件，还与众多的外部因素有极大关系。例如，有群众举报了侦破案件的线索。

从内因与外因的地位与作用上看，内因是根据，外因是条件。也就是说，内因才是客观事物发展变化的内在根据，是根本性的原因。而外因一般通过内因才会起作用。但外因太过强大时，也会引起客观事物的变化，如一起案件久侦难破。这时，公安机关发动了强大的政治攻势，在全社会内大造必须破案的舆论，形成了一个强大的破案环境，犯罪嫌疑人在巨大的压力下不得不投案自首。

第二，警务工作中的对立统一无处不在。

公安机关置身于自然环境和社会环境之中，无论是公安机关内部还是与外部环境的关系，都处于无数对立统一的矛盾之中。基于此，公安机关所从事的警务工作中，对立统一的矛盾也无处不在。

其一，公安机关内部矛盾的对立统一。矛盾无处不在，无时不有。有人的地方，就有矛盾。在公安机关内部，也有无处不在的矛盾冲突。只不过矛盾冲突的程度可能没有那么尖锐，矛盾的形式可能没有那么明显，矛盾解决的形式可能更平缓一些，矛盾冲突的结果有很大可能对促进公安事业的发展有益。

首先，公安机关内部的矛盾体现在上级与下级、领导与被领导关系，以及部门与部门之间的关系上。我们公安机关的同志，特别是一些办案单位的同志，经常有去外地公安机关要求协助办理案件的经历。这时我们会发现，天南地北，不论走到哪里，当地公安机关的同志都会对我们给予极大的帮助。我们会感叹，“天下警察是一家”。这就说明，起码在我国范围内，公安机关作为一个体系完善的庞大机构是统一的。从我国公安机关的构架来看，公安部、省级、市级、县级及县以下派出的公安机构和基层所队构成了从上到下、职责明确、领导与被领导关系明确、运转有序的完整构架。但在这种表面现象之下，各种矛盾冲突无所不在，整个公安机关就在复杂的矛盾对立中实现了统一。从体系或者隶属关系上看，从不同地方公安机关的关系上看，从一个公安机关内部部门与部门之间的关系上看，公安机关内部的矛盾也无处不在。上级对下级的领导是否有力，警令、政令是否畅通，下级对上级的指示是坚决执行还是阳奉阴违，是坚决贯彻还是随意打折扣，都是矛盾的体现。此外，一个地方的公安机关对上级的指令执行与否，还与当地党委、政府的态度有关。如果上级公安机关的命令、指示与当地党委、政府的命令、指示有矛盾，是执行上级公安机关的命令，还是按照当地党委、政府的指令行事，都处于矛盾之中。如果这些矛盾处理得好，矛盾冲突的解决就会促进公安工作的发展，如果这些矛盾处理得不好，就可能影响公安工作的健康发展。

从公安机关内部各部门的横向关系来看，矛盾冲突也无处不在。现在，由于社会犯罪形势的严峻复杂，公安机关的分工也越来越细，哪些案件应该由哪级、哪个部门来管辖，有时很难分清楚。而案件管辖，说到底涉及权利与利益的分配，所以各地公安机关内部各职能部门之间为了类似权利、利益打乱仗的情况屡见不鲜。对于一些没有好处、只有麻烦的工作，部门之间相互推诿、扯皮的情况也屡见不鲜。若这些矛盾处理不好，对于整个公安机关警务职能的有效发挥当然会起到严重的阻碍作用。这些只是我们可以随意指出的一些矛盾，各种各样的矛盾冲突在警务工作中随处可见，就在这些矛盾的冲突与化解的过程中，公安机关这个庞大的国家机器整体仍在不停地运转。这说明，公安机关内部大量的矛盾冲突是向有益的方面转化，这说明公安机关内部，或者说公安机关这个庞大的体系，是在矛盾冲突与化解的过程中，不断完善，不断在发展与进步。

其次，公安机关的内部矛盾体现在纪律与自由、清廉与腐败以及各种观念的冲突上。警察是纪律部队，是半军事化的纪律部队。遵守纪律，是公安机关对于每个人民警察最基本的要求。但是，纪律要求与每个人追求自由的要求是一对冲突最激烈的矛盾。关于人民警察的纪律，《中华人民共和国人民警察法》第三章“义务与纪律”中明确规定了以下四条，“（一）秉公执法，办事公道；（二）模范遵守社会公德；（三）礼貌待人，文明执勤；（四）尊重人民群众的风俗习惯。”应该说，这个规定比较笼统，是一个基本、原则性的规定。2010 年 6 月 1 日，经国务院批准，监察部、人力资源和社会保障部、公安部联合公布了《公安机关人民警察纪律条令》共 3 章、31 条，设定了 76 种具体违法违纪行为及其适用的处分，涉及政治纪律、组织纪律、执法执勤、内务纪律等。这些违法违纪行为及其适用处分的设定，充分体现了公安机关及其人民警察的职业特点，体现了公安机关从严治警的刚性要求。但是我们知道，尽管纪律规定很严厉、很明确，但是违反纪律的情况在一些民警中经常发生。这说明，纪律要求与自由追求这一矛盾在民警中表现得尤为突出。这个矛盾关系处理不好，不仅影响民警个人的进步与前途，也对整个公安事业的发展起到严重的阻碍作用。

廉洁，是人民警察核心价值观对人民警察最基本的要求，但是，在日常的警务工作过程中，我们经常发现为警不廉、徇私枉法甚至以权谋私、知法犯法的情况。有的基层民警为群众办点事，甚至加盖一个证明公章，也伸手要一盒烟或者几十块钱。这种小处的腐败如果不早发现、早处理，就可能酿成大祸。这说明，廉洁与腐败这对矛盾在公安机关内部工作以及各种警务活动中，时刻处于尖锐的冲突状态。

各种观念的冲突，是民警内心冲突的一种表现形式，会通过民警的具体活动表现在日常生活和警务过程当中。21世纪以来，我国坚持深化改革，扩大开放，正在经历由社会主义计划经济向社会主义市场经济体制的过渡。在这个过程中，整个社会人们的思想观念、价值观念、道德取向都在发生根本性变化，社会文化多元，在政治思想领域先进与没落并存，新生与腐朽同在，对于复杂的社会现象，缺乏统一而有价值的评价标准，这些无形中使人们的思想观念产生一定程度的混乱。传统与现代、新与旧、保守与创新，各种观念冲突无不体现在民警的思想当中。这些矛盾冲突的解决和转化，不仅对民警个人的影响甚大，也会从总体上影响公安队伍建设，影响整个警务工作的有序运行。

最后，公安机关的内部矛盾体现在人与人之间的关系上。有人的地方就有矛盾，有人的地方就有左、中、右。人的觉悟是不一样的，人的需要结构是不一样的，人看问题、解决问题的方法是不一样的。正如世界上没有一片相同的叶子一样，这个世界虽大，人口虽多，但没有两个人是一模一样的。人从相貌到性格的不同，需求不同，是人与人之间矛盾不断的原因。这一点，在有人集中的地方就概莫能外，在公安机关内部也是如此。

在公安机关内部，人员关系复杂，人的利益关系很难平衡到一碗水端平的程度，所以，在评先创优、立功授奖、福利待遇以及工作岗位分配、权利利益分配等方面，很容易产生人为的矛盾，于是，相互拆台、钩心斗角，明面像兄弟、暗地里如“仇人”的情况也大量存在。有时候，为了工作也会产生一些矛盾。例如，下级对上级的工作安排有意见，上级又不听取下级的意见，就会产生上下级之间的矛盾；在同事之间，民警对待一起刑事案件或者治安案件的嫌疑人或者当事人应该采取什么样的措施，给予什么样的处罚，如果没有法律、法规的明确规定，在执行时，可能也会因民警的感情、态度、社会关系、办事的方式方法以及对法律、法规的理解不同等原因产生一些矛盾，这些矛盾处理不好，不仅会在小范围内引起无休止的内耗，影响一个单位或者团体的和谐氛围，还会影响公安机关的战斗力，影响警务活动的公开、公平和公正。所以，处理好公安机关内部的矛盾冲突，也是一件非常重要的事情。作为一个单位的领导，要根据矛盾的对立统一原理，抓主要矛盾和矛盾的主要方面，对各类内部的矛盾纠纷及时处理和化解，努力营造齐心协力的和谐氛围，使民警都能心平气顺地投入警务工作中去。

其二，公安机关与外部环境之间的矛盾对立统一。公安机关与外部环境之间的矛盾对立统一，实际上是公安机关所面临的外部矛盾。唯物辩证法认为，外部矛盾与内部矛盾相对，是事物运动、发展的外部原因。具有普遍联系的物质世界中任何一个具体事物，既存在自身内部的矛盾，又与外部事物处在矛盾联系中。外部矛盾对事物的内部矛盾有影响和制约作用，在特定条件下甚至对整个事物的性质和发展趋势起着重要的作用。

任何客观事物，都处于一定的空间与时间环境之中。从最简单的物体，如一棵树、一条河，到最复杂的社会结构，如一个国家、一个社会，都是如此。公安机关作为一个社会组织，也必然处于一定的社会环境之中。这期间，公安机关即作为整个外部环境中的一个组成部分，本身具有复杂的矛盾冲突现象，同时又要受到外部环境中各种矛盾冲突以及自身与外部矛盾冲突的或大或小，或直接或间接的影响。

就公安机关面临的外部矛盾来看，主要包括以下几个方面：

首先，与外界自然环境之间的矛盾。一是无论公安机关的级别是低是高，是公安部还是公安派出所，都要处于一个自然环境之中，有一个固定的地理位置，如公安部位于北京长安街、天安门广场附近。不同的公安机关也有属于自己的固定的位置，标志是有一个专属的门牌号码。在这里，公安机关所处的物理位置，长短、大小、高低，都要受周边环境的制约。二是公安机关要与周边环境发生密切的关系。我国公安机关正在实施社区警务战略，国家也越来越重视社区建设的重要意义。而每个公安机关都在一定的社区范围之内。即公安机关所在的社区可能就是该公安机关的辖区。因此，该社区作为一个外部环境，社区的各种变化、与周边的矛盾冲突也会影响到公安机关。例如，社区比较老旧，政府要对该社区进行开发，公安机关就只能搬迁到别的地方。三是排除人为因素，公安机关与外部环境的联系也非常直接。例如，气候条件、道路条件对警务活动的影响都非常直接。

其次，与外界政治经济环境的矛盾。外部政治经济环境对公安机关来说，不像自然环境那样直观、有形，变化的规律性强，而且变化比较缓慢。这种环境有时是有形的，有时是无形的，其变化虽然也有一定的规律可循，但是变化的速度和强度，远非自然环境的变化可比。外部的政治经济环境本身是一个完整的系统，是一个对立统一的有机整体，公安机关身处其间，可以在一定程度上影响政治经济环境，但受外部政治经济环境的矛盾冲突影响的幅度更大。例如，全社会的经济发展程度，会对公安机关的发展产生影响，特别是局部地方的经济社会发展程度，更会对当地公安机关的发展产生直接影响。这方面的例子很多，相信每个警务工作者都会深有感触。又如，国家的方针政策以及法律、法规的变化，都会对公安机关的警务工作产生直接影响。

最后，与外界人文环境的矛盾。外部人文环境是一个广泛的概念，甚至包括社会的政治经济环境。但是为了方便，我们还是把人文环境与政治经济环境区别开来。我们可以把外部人文环境理解为文化环境，包括人们的价值观念、道德取向、风俗习惯、社会舆论氛围，以及所有能够反映人类精神文化现象的各类因素。公安机关与外部文化环境，也存在相互影响的问题。一方面，外部文化环境中各种积极或者消极的文化现象会对公安机关及其队伍建设产生深刻影响。例如，在社会生活中，以经济建设为中心，经济因素成了社会生活中的主导因素之后，极端个人主义、拜金主义盛行，享乐至上等消极文化现象不可避免地会对民警的思想产生极大影响。反映在公安机关内部，一些民警在警务活动中受经济因素影响而消极执法、不公正执法的情况大量出现。个别民警无利不起早，以经济因素作为进行警务活动的导向，等等。另一方面，公安机关通过队伍建设，通过良好警队风气的形成，也可以影响外部文化环境的改善。所以，强调人民警察要做社会主义精神文明建设的模范，也是公安机关参与社会外部环境改善的一个有效方法。

其三，警务活动过程中矛盾的对立统一。在日常的警务活动过程中，公安机关及其民警遇到的各种矛盾冲突频繁而且复杂。可以说，警务活动的过程，就是各种矛盾冲突、化解和解决的过程。从大的方面来说，这些矛盾事关国家安全、社会稳定；从小的方面来说，这些矛盾与民生息息相关。

从刑事执法的角度上说，每一起刑事案件本身是矛盾统一的。犯罪嫌疑人谋划、预备犯罪，要克服很多困难去实施犯罪，本身是一个矛盾冲突和解决的过程。例如，犯罪嫌疑人要抢劫银行，就要谋划路线，准备工具，作出预案，在实施过程中，还要随时准备应付一些突发的情况。这些都是犯罪嫌疑人解决矛盾的过程。案件发生后，刑侦民警开展案件侦查工作，也是一个矛盾的对立统一。犯罪嫌疑人要逃避惩罚，不仅要在作案前谋划如何作案才不留痕迹，作案后还要想办法破坏现场，或者故意留下可能误导警察的线索。而刑侦民警要破案，就要和犯罪嫌疑人斗智斗勇，想办法搜集有关线索，在众多可疑线索中确定最有价值的线索。于是，就在双方的较量、冲突中，案件得以破获。

从治安管理的角度上说，场所管理、消防管理、交通管理等具体的管理行为本身就是一个对立统一体。个体商家要开个店，但是消防要求不过关，民警就会按照法律规定要求其整改。要整改就要花时间、上设备，甚至要重新装修，费时费力不说，还要费钱。为了自身的利益，商家当然要与民警周旋，想方设法过关。这都是人之常情，但如果不整改一旦发生火灾，受损就不仅仅是商家自身的事，可能还会危及社会安全。于是，民警和商家的矛盾冲突和解决就具体地体现在管理的过程中了。

以一个具体的小的刑事案件为例，我们就可以清楚地看出警务活动中矛盾的复杂性。一个民警在派出所值班，有一天接到一个群众的报案，说自己的笔记本电脑在家里被盗走了。接到报案后，因为派出所只有一名民警带着两个协警值班，不能马上出现场。结果两个多小时之后才到，报案的群众就非常不满。受案以后，由于线索少，案件不能马上侦破，报案的群众更加不满，甚至说公安机关只是白吃饭不干活。后来，派出所在开展调查过程中破获了一个系列盗窃犯罪团伙，连带着把这个案子也破了，报案群众拿着找回的笔记本电脑这才开心地笑了。在这个案件里，矛盾就很复杂，有盗窃犯罪嫌疑人与受害人之间的矛盾，也有民警与犯罪嫌疑人之间的矛盾，还有群众对民警不满产生的矛盾。在这些矛盾中，尽早侦破案件，将受害群众的损失降到最小，是主要矛盾。抓住了这个主要矛盾，不仅案件破获了，而且群众对民警不满的矛盾也解决了。

第三，警务工作者要善于分析矛盾、化解矛盾。

警务活动就是一连串矛盾的对立统一。警务活动的过程就是发现矛盾、分析矛盾、化解和解决矛盾的过程。所以，每个警务工作者都要学会发现矛盾、分析矛盾和解决矛盾的方法。这不仅是学哲学、用哲学对我们提出的要求，更是促进公安工作发展对我们提出的要求。毛泽东同志说过，“辩证法的宇宙观，主要的就是教导人们要善于观察和分析各种事物的矛盾运动，并根据这种分析，提出解决矛盾的方法”。[①]

按照矛盾对立统一的观点，警务工作者要很好地把哲学原理应用于警务工作实践，最关键的两个方面就是要学会分析矛盾和解决矛盾。

---

① 《毛泽东选集》第一卷，人民出版社 1960 年版，第 304 页。

其一，要学会分析矛盾。毛泽东同志在《矛盾论》中指出，“事物的矛盾法则，即对立统一的法则，是唯物辩证法的最根本的法则”。这就告诉我们，只要我们把对立统一规律的相关原理掌握了，就基本上掌握了唯物辩证法矛盾的分析方法，也就掌握了辩证法的灵魂。

所谓分析矛盾，是指通过观察和分析事物中对立统一的矛盾现象，把握事物的本质和发展规律，从而指导我们更好地发挥主观能动作用，更好地认识事物和改造事物。为此，要把握分析矛盾的方法，要做到以下几点。

首先，要在警务工作中敢于承认矛盾、正视矛盾并大胆揭露矛盾。马克思主义哲学原理告诉我们，矛盾是客观的、普遍的，是客观事物本身所固有的，而且是不以人的意志为转移的，往往隐藏于纷繁复杂的事物的现象之中，只有靠科学的方法和正确的思维才能把它揭露出来。所以，承认和正视矛盾是分析和解决矛盾、做好警务工作的基本前提。敢于大胆揭露矛盾需要勇气。如果不敢承认矛盾、正视矛盾和大胆地揭露矛盾，遇到矛盾只能绕道走，往往是回避矛盾，掩盖矛盾，只会使矛盾越积越重，越来越激烈，不仅不利于解决矛盾，还会使矛盾激化。例如，对一些群众的来信来访，要敢于面对，积极想办法解决问题。而不能推诿扯皮，使群众的意见越来越大。

其次，要坚持矛盾分析的辩证法思想。坚持矛盾分析的辩证法思想，就是要坚持矛盾的对立统一规律中的几个重要方面：要坚持用发展的眼光看待事物，在运动中把握事物的本质。要从物质和事物运动的形式开始，分析物质和事物运动不同的发展过程及其不同的发展阶段，从中认识矛盾运动的规律性和特殊性。例如，对现阶段的警民关系，要从新中国成立初期开始，分析六十余年来的不同情况，从而掌握当前警民关系建设中存在哪些主要矛盾，并采取针对性的方法加以解决。要注意区分不同事物的界限。因为不同事物中矛盾的性质不同，只有正确区分不同事物的界限，才能认清事物的不同本质。例如，在警务工作中，必须正确区分敌我矛盾和人民内部矛盾的界限，采取性质不同的方法加以解决；必须区分公安机关职责范围内的工作和非警务性质的工作，把有限警力用在刀刃上，避免因非警务活动过多引起群众的反感，增加警民关系建设中的变数；要克服主观性、片面性和表面性。就是说，面对复杂的警务矛盾，要客观、全面地看问题，要看问题的本质，不被表面现象所迷惑。例如，分析案情，侦破案件，不能凭主观愿望办事，不能只就事论事，而要面对客观事实，在对案件的全面情况进行客观分析的基础上，准确定性，并采取有效措施；要从客观事物发展不平衡的角度去理解主要矛盾、次要矛盾、矛盾的主要方面和次要方面。善于在警务工作中抓主要矛盾和矛盾的主要方面。同时，要注意主要矛盾、次要矛盾、矛盾的主要方面和次要方面在一定条件下可能相互转化。例如，在一起群体性事件中，开始时主要矛盾和矛盾的主要方面是群众的正当诉求没有得到满足。但后来，一些敌对势力和别有用心的人开始利用这起群体性事件从事颠覆、破坏活动。于是，矛盾就发生了重大改变，解决矛盾的方面也应随之改变；要把握矛盾的共性和个性、绝对和相对的道理。要认识到，任何矛盾都是共性和个性、绝对和相对密切联系的统一体。因此，在分析矛盾时，既要分析其共性，也要分析其个性，既要看到它的绝对性，又要看到它的相对性。例如，一起治安纠纷，和我们日常处理的大多数治安纠纷会有一些共性，或情节大致相同，或诉求大致相同，但也会有一些特殊的地方，所以，尽管大致相同的治安纠纷，在处理过程中也应有所区别。

再次，要坚持具体问题具体分析。邓小平同志曾经说过：毛泽东同志历来是按照不同的时间、地点、条件讲问题的。马克思主义的灵魂，就是具体问题具体分析。这就要求每个警务工作者，承认矛盾的普遍性，认识到事事有矛盾，时时有矛盾。每项警务工作都是矛盾的对立统一。在这个前提下，对每一项具体的警务工作中存在哪些矛盾，哪些矛盾是主要矛盾和矛盾的主要方面，哪些矛盾是次要矛盾和矛盾的次要方面，在什么情况下，主要矛盾和次要矛盾可能发生转化等，只有对具体的警务工作进行具体分析，才可能找到解决矛盾的正确和合适的方法。

最后，要学会从正反两方面看问题。从正反两方面看问题，这是辩证法一分为二观点的体现。正反两方面看问题，就是把矛盾的对立双方联系起来思考问题，既要看到事物发展的正面，又要看到它的反面；既要看到长处、优点、成绩、功劳、有利的一面，又要看到短处、缺点、问题、失误、不利的一面。具体地说，我们无论是分析观察形势、总结经验，还是评价任务、考核干部，都要从两方面看，这样才能做到全面，防止片面性、绝对化。要认识到世界上没有完美无缺的事物，警务工作也一样，有利就必然会有弊，往往利弊并存。例如，对全局有利的，可能某些局部利益就会受损；对长远有利的，短时间却可能存在一些不利。必须从大局出发，从长远考虑。

其二，要学会解决矛盾。我们所处的这个客观世界是一个矛盾统一体，警务工作也是这样。在日常的警务活动过程中，我们经常会遇到执法与违法、管理与违反管理、民警与群众、合法与违法、先进与落后、民主与集中、自由与纪律、权利与义务、动机与效果等数不清的矛盾。分析这些矛盾、解决这些矛盾，其实就是我们开展警务工作的过程。

分析矛盾、解决矛盾，实际上就是做好矛盾的转化工作。转化有两种可能：一种是向有利的方向转化；另一种是向不利的方向转化。在分析矛盾的基础上，我们的目的就是使矛盾向有利于警务工作顺利进行的方向转化。但是，要使客观事物的矛盾冲突和发展向有利于警务工作的方面转化，条件是多样的，有主观条件与客观条件、内部条件与外部条件、物质条件与精神条件、有利条件与不利条件等。因此，在化解矛盾的过程中，我们必须弄清楚矛盾转化需要哪些具体条件，并且充分发挥主观能动性，积极创造条件，使矛盾向有利于警务工作的方向转化。具体的工作方法也有很多，如有同志总结认为，要抓关键，带一般，要把一般和个别相结合，要抓大放小，有些矛盾应“冷处理”，有些则应“热处理”，等等。总之，对于复杂的警务工作中的矛盾，必须在具体问题具体分析的基础上，拿出合适的解决方法，不能一概而论。

（二）警务工作中的质量互变

老子在《道德经》中写道：“合抱之木，生于毫末；九层之台，起于累土；千里之行，始于足下。”《荀子·劝学》中也说：“积土成山，风雨兴焉；积水成渊，蛟龙生焉。”古人这两段话都是一个意思，那就是当物质的量积累到一定程度的时候，就会发生质的变化。而老子和荀子的这两段话，就是我国古人对质量互变规律最早的认识。

在日常社会生活中，由量的积累达成质的变化的例子比比皆是。建筑材料的累积，由砖石而成大厦；好人由坏习惯的养成开始，最后变成了坏人；当温度下降到一定程度时，水变成了冰，等等。在警务工作中，也存在质量互变的过程，掌握质量互变的规律，对于我们正确认识警务工作中的一些客观规律，更好地推动警务工作进步具有重要意义。

第一，质量互变规律的基本内容。

质量互变规律，是唯物辩证法的三大基本规律之一。这一规律的主要内容包括，事物是质与量的统一，量变、质变及其辩证关系，质量互变的普遍性和复杂性等。

其一，事物是质与量的统一。

所谓质，是事物成为它自身并区别于其他事物的内在规定性。世界上的事物之所以千差万别，就是因为它们有自己特殊的质的规定性。事物的质是由事物内部矛盾的特殊性决定的。事物的质是客观的，质与事物的存在是直接统一的。事物的质又是多方面的。例如，一个人既有自然属性方面的质，也有社会属性方面的质，还有思维属性方面的质等，事物的质通过属性表现出来。事物的属性是事物的质的表现，人们正是通过认识事物的属性去认识事物的质的。在事物的多种多样的属性中，有本质属性和非本质属性的区别。本质属性的有无，直接决定着事物的质，而非本质属性的消失，则不影响事物的存在。质和事物的存在是直接统一的。这包含两方面的含义：一是事物总是具有一定质的事物，不具有一定质的事物是不存在的。二是质总是一定事物的质，脱离了一定事物的质也是不存在的。事物的质的规律性是多样的。质和属性不可分，质通过属性表现出来，属性则是一物与他物在相互联系中表现出来的质。

所谓量，是事物的规模、程度、速度以及构成要素在空间上的排列组合等可以用数量表示的规定性。物体的大小、运动的快慢、分子的多少和排列顺序、生产力的发展的水平和速度等，这些都是事物的量的规定性及其表现。事物的量的规定性也是事物本身固有的，是客观存在的，同事物不可分离。理解事物量的规定性，要注意两点：一是量的规定性和事物不是直接统一的。质的规定性与事物的存在是直接统一的，某一事物失去了自己的质，该事物就变成了他事物。量的规定性则不同，同一事物可以有不同的量。在一定的范围内，量的增减并不影响事物的质。二是量的规定性是多方面的。有内涵的量与外延的量、精确的量与模糊的量、要素的量与结构的量等。内涵的量标志物质的程度，如温度的高低、颜色的深浅、硬度的大小。外延的量标志物质的规模，如物的数量、体积、重量。质把不同事物区别开来，量则进一步把同质的事物从量上区别开来，同质的事物可以有不同的量。①

通过对上述质与量的定义及其内涵的解读我们可以发现，质与量其实是事物的两种不同的规定性。其区别在于，质与事物的存在是同一的，某一事物的存在，必有与其相适应的质；而量则不同，在事物中量可以有伸缩性，事物的质相同，但量可以不同。在一定的范围内，量的增减以及其功能的变化，并不会改变事物的质。量不会改变事物的质有一个前提，就是没有超出“度”。一旦超过了度，事物的质就会发生变化。

所谓度，是事物质和量的统一，是事物保持自己质的数量界限、范围或幅度。事物的度的两端的界限叫作关节点或临界点。关节点是一定质的事物所能容纳的量的活动范围的最高界限和最低界限。事物的量在度的范围内变化，事物不会发生质变，量变超出度的范围，事物就会发生质变，形成新的质、量统一体，成为另一事物。

其二，量变、质变及其辩证关系。事物中的量变与质变相互依存、相互渗透又相互转化。它们之间的关系大致可以体现为两种情况：一是量变是质变的前提和准备，而质变是量变后的必然结果。这体现了两者相互依赖的关系。一方面，说明质变是依赖于量变的，没有量的变化，也不会有质的变化，只有量变达到了一定的程度，超出了一定的范围界

① 参考资料：百度百科质量互变规律。

限，才会发生质变。另一方面，质变的结果是事物的量变超出了一定的范围，才引发了事物质的变化，导致新事物的产生。这说明量变是条件，它不能代替质变，只有质变才可能引起事物性质的变化。二是质变确定和巩固量变的结果，同时又会引起新的质变。这说明量变到一定程度，就会引起质变，而质变突破了旧质对量变的限制，同时又在新的质的基础上，引发新的量变。也就是说，质变既是旧量变的结果，也是新量变的开始。

质变与量变的辩证关系告诉我们，客观事物的发展，总是从量变开始的，开始的时候，量变可能是逐渐的、缓慢的，但一旦达到临界点，超过了度的规定性，就会引起质的剧烈变化，导致质变。而新质产生后，事物的量会在一定的时期内保持相对稳定，在新质的基础上开始量变的过程。于是，事物就在量变与质变的过程中，不断循环往复，由低级向高级发展。

其三，质量互变的普遍性和复杂性。质量互变规律是辩证唯物主义哲学对复杂的自然界和人类社会现象进行反复认识之后总结出的一项基本规律。说质量互变具有普遍性和复杂性，是因为量变与质变在自然界和人类社会中是普遍发生的，而发生的情况又千差万别。

就量变的复杂性而言，体现在以下方面：首先，量变的形式是多种多样的。有两种最土要的表现形式。　是通过数量的增减引起质的变化，如人类由于年龄的增加，由幼年进入青年、壮年和老年。二是在一些情况下，虽然事物中物质的数量没有增减，但由于物质在空间排列的次序发生了变化，也会引起质变。例如，在孙膑赛马的故事中，他在赛马的质量相当的情况下，用了排列不同等次的马与对手竞赛的办法，获得了胜利。其次，在量变中，有时在总的量变过程中包含部分质变。也就是说，质变有时也会出现阶段性的部分质变和局部性的质变。在这里，阶段性质变是指在量变过程中，事物的主要性质没有发生变化，但次要性质却会发生变化。仍以人的变化为例，人出生后一直到死亡，根本性质是人，这期间，由小变大的过程中，就会出现从幼年到童年、少年、青年、壮年的阶段性质变。而局部性质变是指事物的全局并没有发生质变，但是事物的局部却可能发生一定程度的质变，如一只苹果，从整体上看还保持苹果的质，但是有一部分却开始腐烂。

质变的情况也比较复杂。从理论上说，由于事物中矛盾的特殊性和事物外部的条件的不同，决定了质变的形式也多种多样。由于质变意味着旧质的消亡和新质的产生，所以人们常常把这种质变称为飞跃，即由旧质向新质的飞跃。如果再细一些分析，我们又可以把这种飞跃分为爆发式飞跃和非爆发式飞跃两种形式。其中，爆发式飞跃是在量变的积累达到了一定程度，到了临界点之后，新质与旧质、新事物与旧事物发生激烈的外部冲突，通过一次或者几次决定性的冲撞，破坏了旧事物或者旧质存在的基础，使新事物或者新质迅速形成的质变。而非爆发式的飞跃，则是指旧事物、旧质向新质、新事物的转化没有经历剧烈的外部冲突，而是通过新质要素的逐渐积累并逐渐战胜旧事物、旧质的渐变式质变。

第二，质量互变规律对警务工作的启示。

警务工作是人类社会生活的一个重要方面。警务工作与自然界、与人类社会的关系直接而密切。自然界与人类社会中的各种现象，在警务工作中无不有所反映。因此，质量互变规律在警务工作中也多方面、多层次地反映出来。学习和把握质量互变规律，对于警务工作的有效开展，也具有重要意义。

新中国成立六十余年来，我国的公安机关及其警务工作也经历了许多由量变到质变的发展过程。新中国成立之初，旧的国家机器刚刚被打碎，新的人民政权正在建立。在这个时期，新中国新的警察体制的建立，就是一个由量变到质变的过程。当时，人民公安机关的警察来源主要有两个方面：一方面是由部队脱下军装充实到各地方公安机关中的干部、战士；另一方面就是被打碎的旧警察体制中经过甄别留用的一部分旧警察。正是新充实进来的部队干部、战士的数量超过了留用的旧警察的数量，使警察机构发生了质的变化，使旧警察体制由镇压人民的工具，变成了保卫国家的骨干力量、捍卫人民利益的忠诚卫士。这种由量变引起的质变，深刻而彻底，在这个基础上，新中国成立后六十余年来，公安机关经历了一个又一个不同的发展阶段，较好地完成了党、政府和人民交给的各项公安保卫任务。

改革开放以后，我国公安机关又经历了一次由量变到质变的发展过程。过去，在这支队伍中警察年龄偏大、学历不高、水平参差不齐、现代化程度极低，经历三十多年来的量变，队伍面貌已经发生了根本性变化，形成了年轻化、知识化、专业化、现代化的人民警察队伍。特别在专业化和现代化方面，由量变到质量的过程非常明显。

上述这个发展过程，只是我国公安机关人民警察队伍外在变化之一，在更深的层次上，各种由量变到质变的发展过程广泛而深刻，值得我们认真思考，并把质量互变的规律更好地运用于我们日常的警务工作中。

其一，在警务工作中必须注重细节。老子《道德经》第六十三章中说，“天下难事必作于易，天下大事必作于细。”质量互变规律告诉我们，任何事物的变化，都是从一点一滴开始的。因此，在社会生活的各个方面，注重细节，注重从一点一滴做起，通过量的积累达到质的变化，是我们为人做事必须遵循的法则。就具体的警务工作而言，可以从多个侧面来理解注重细节的重要意义。从队伍建设方面看，整个公安队伍素质、战斗力的提高，要从每个具体的民警抓起。一个民警由好民警变为徇私舞弊、知法犯法的害群之马，也不是一朝一夕就变坏的，其中必有细节可循。从日常的警务执法活动来看，公开、公平、公正或者严格、公正、文明执法的良好执法氛围，也要通过所有民警的一次次具体的执法活动来体现并最终形成。

其二，在警务工作中必须处理好量变与质变的关系。质与量互变规律告诉我们，量变是质变的必要准备，质变是量变的必然结果；质变和量变是相互渗透、相互依存、相互贯通的，在总的量变过程中有阶段性和局部性的部分质变，在质变过程中也有旧质在量上的收缩和新质在量上的扩张。量变引起质变，在新质的基础上事物又开始新的量变，如此交替循环，形成事物质量互变的规律性。要把质量互变规律更好地运用于警务工作实践，就必须正确理解、把握和运用这一规律。开展任何警务工作，都应该做到心中有数，事先做好规划，有计划、按步骤地推进工作。不能急于求成，凡事想一蹴而就。要通过细致的准备、量的积累，逐渐达到质的飞跃。例如，民警到一个社区工作，不能要求自己一到社区就得到群众的理解和支持，而要通过真心实意地为群众服务，赢得群众的拥护。在这个基础上，才可能在广大人民群众的支持下把各项警务工作开展得有声有色。

其三，在警务工作中必须把握好度。质量互变规律说明，度是事物的质和量的辩证统一，任何事物都存在度，超过了度的规定性，此事物就会变为他事物。孔子曾说，从心所欲不逾矩。这里的矩，就是一种度。在社会生活中，一般人的度是社会的法律及道德准则。当我们在日常生活中能够按照社会法律、道德的标准要求行动的时候，我们就会获得一种相对的自由。在警务工作中，也要注意凡事有度，否则，就会过犹不及。例如，在治安管理工作中，往往会出现两个极端：当我们强调要稳定治安秩序，加强社会管理的时候，常出现管理过度，“一管就死”的情况；有时候，我们强调要为社会、为广大人民服好务的时候，结果会“一放就乱”。也就是说，没有掌握好度，放弃了管理社会秩序的职能。这两种倾向，都是没有掌握好度的表现。另外，在对警务工作进行考核奖惩、制定标准的时候，也要掌握好度，既不能把标准定得太高，让人感觉完成不了，失去做好工作的信心；也不能把标准定得太低，使民警轻轻松松就可以完成，这样会使民警失去工作的动力和进取心。

（三）警务工作实践在否定之否定的循环中前进

我国四大古典名著之一的《三国演义》，第一回“宴桃园豪杰三结义，斩黄巾英雄首立功”的开头就引用了一首《临江仙》云：“滚滚长江东逝水，浪花淘尽英雄。是非成败转头空。青山依旧在，几度夕阳红。白发渔樵江渚上，惯看秋月春风。一壶浊酒喜相逢。古今多少事，都付笑谈中。”

之后接着写道：“话说天下大势，分久必合，合久必分。周末七国纷争，并入于秦。及秦灭之后，楚、汉纷争，又并入于汉。汉朝自高祖斩白蛇而起义，一统天下，后来光武中兴，传至献帝，遂分为三国……”在这里，“天下大势”是什么？就是人类社会发展进步的趋势。在《三国演义》作者罗贯中所处的时代，虽然哲学的发展还不是唯物辩证法的时代，但人类社会发展进步的潮流还是令他感慨颇多，遂写下了这样符合哲学否定之否定规律的著名历史桥段。

在唯物辩证法的三大规律中，矛盾的对立统一规律提示了客观事物的发展，是矛盾既统一又斗争，既排斥又依赖，促使矛盾的双方转化，从而由量变引起质变的发展变化过程。这个发展过程告诉我们事物是不断变化的，但变化的结果是曲线还是直线上升的呢？这中间的原理则有待于否定之否定规律来加以说明。一句话，否定之否定规律揭示的就是客观事物发展的方向和道路是曲折性和前进性的统一这一客观事实。

第一，否定之否定规律的主要内容。

其一，我们要解决否定与肯定的关系问题。在一般语境中，否定与肯定的意义和哲学意义上的否定与肯定并不完全相同。在汉语语境中，否定的意思是“暗示两个相互排斥的事物的一方为另一方所取消或废除”“拒绝承认。”肯定的意思是“对事物持确认的或赞成的态度。与否定相对”“有把握；无疑，有信心，有理由确信”“毫无疑问；必定。”等。

在哲学理论中，否定和肯定的意义则要丰富得多。例如，在事物的否定方面和肯定方面及其辩证统一方面。正如客观事物是矛盾的对立统一一样，客观事物中都存在否定方面和肯定方面。所谓事物的肯定方面，是指一事物中能够维持其存在的方面，是肯定该事物是该事物而非其他事物的方面。而否定方面则是指一事物中促使该事物向其他事物转化、消亡的方面。在一个事物中，也同样存在肯定方面和否定方面。也就是说，每个事物都是肯定方面和否定方面的辩证统一。

肯定方面和否定方面的辩证关系体现在以下三个方面：

首先，事物中的肯定方面与否定方面相互对立、相互排斥。当一事物中的肯定方面在事物中占据主导地位时，该事物就会保持自己原有的性质并维持自己的存在，事物就处于肯定阶段。同时，事物中的否定方面则处于萌芽、弱小和发展阶段，但否定方面会随着时间和其他条件的变化而不断成长、壮大。一旦条件成熟，否定方面取得事物的支配地位，就会使事物发生质的变化，达到对事物自身的否定，从而转化为新的事物。不同阶级社会的政权更替和社会形态的更替就是一个有力的证明。

其次，事物中的肯定方面和否定方面相互依赖、相互渗透。其表现是，一方面，肯定方面包含着否定方面。肯定也不是绝对的肯定，而是在其中包含着对自身的否定因素。例如，一项事业发展得很好，但其中还是有否定其自身发展的因素，当否定因素发展到一定程度，就会引起事物的质变。另一方面，否定中也包含着肯定因素。否定也不是绝对的否定。例如，当我们批评人或事的时候，总是要肯定事或者人的积极的一面，批判其消极的一面。

最后，肯定方面和否定方面在一定条件下可以相互转化。正如事物中的矛盾既统一又斗争一样，事物中的肯定方面与否定方面在事物中也是既统一又斗争，并在一定条件下向相反的方向转化。这种转化体现为由量的积累到质的改变，由旧事物向新事物的转变。当新事物产生以后，原来事物中的肯定方面变成否定方面，而原来事物中的否定方面则变为肯定方面。例如，新中国成立以前，无产阶级是旧的社会制度及其他剥削阶级的否定方面，其他剥削阶级是旧的社会制度的肯定方面。而新中国成立之后，广大人民群众当家做主，成了新制度的肯定方面，原来的剥削阶级残余则成了对新制度否定的方面。

我们正处在一个改革创新的时代，在改革创新的过程中，有一个重要的环节叫作“扬弃”。扬弃的哲学意义，不是把旧事物中的所有东西一股脑地扬洒、抛弃出去，而是对旧的事物既克服又保留，既克服和去除其中腐朽的、不合理的成分，又继承其中合理的、有益的部分。所以，扬弃是肯定与否定规律中的一个重要环节。

其二，我们要认识什么是否定之否定。否定之否定，从字面上理解，是对肯定的否定，然后再对否定进行否定，似乎是又回到了肯定，是一个环状的循环。在哲学中，在唯物辩证法和否定之否定规律中，其意义绝非从肯定到否定又到肯定的循环这么简单。它说明的是事物曲折发展的过程。在唯物辩证法中，我们可以把否定之否定看作三个不同的阶段：

肯定阶段、否定阶段、否定之否定阶段。所谓肯定阶段，是指在一事物中，肯定方面居于事物矛盾的主要方面时，即为肯定阶段。所谓否定阶段，是指一事物中的矛盾不断发展，矛盾中的否定方面、否定因素逐渐占上风，成了矛盾的主要方面，这时，事物的性质发生了变化，变成了其他事物，这就是事物发展的否定阶段。所谓否定之否定阶段，是指事物在第一次否定的基础上，开始进行第二次否定，并且否定因素或者方面成为事物的主导性因素，这就是事物的否定之否定阶段。虽然否定之否定在形式上看也是一个循环，是一个周期，但这个循环、这个周期是经历了两次否定，解决掉两个阶段的矛盾后才形成一个新的事物，经过了扬弃的过程，既克服了前两个阶段的片面性和不足，又保留了前两个阶段的积极因素，所以，这个过程使事物自身得到了不断地完善。从这个基础上说，否定之否定的这个循环，不是简单的循环，不是实质上的循环，而只是形式上的循环；不是全部的循环，而只是部分内容或者特征的循环。

学习否定之否定规律，有两点需要注意。一是否定之否定这三个阶段不是事物发展的全部过程。当这三个过程完成之后，新的否定之否定过程又自然开始。二是否定之否定规律不仅仅是通过三个阶段发展自己、完善自己，也是事物呈螺旋式或波浪式上升的一种表现形式。

其三，我们要知道事物的发展是前进性和曲折性的统一。否定之否定规律说明，事物的发展是前进性和曲折性的统一，表现在两个方面：一方面，事物的发展总趋势始终是前进的。否定和否定之否定都是新质战胜旧质，新事物战胜旧事物的过程。而新生事物往往具有强大的生命力。这是因为，否定和否定之否定，都是对旧事物的扬弃，即克服了旧事物中消极因素的同时，保留和发扬了其中合理、积极的因素，才使事物具有较之以往更强大的生命力。而每一次否定，都使事物的发展向前迈进了一大步，使事物由低级到高级、由简单到复杂地向前发展。另一方面，事物在发展过程中，前进的道路总是曲折的。由于事物中矛盾发展的复杂性，以及事物与外界环境关系的复杂性，导致事物在发展前进的过程中，不会总是一帆风顺，而有可能出现阶段性的回复或者逆转。

例如，辛亥革命后，满清王朝被推翻，我国社会发展向共和制前进。但是在这个过程中，发生了张勋“辫子军”的复辟。

其四，我们还要知道否定之否定规律具有普遍性和特殊性。恩格斯说过，“否定的否定究竟是什么呢？它是一个极其普遍的，因而极其广泛地起作用的，重要的自然、历史和思维的发展规律。”① 这说明，不论是在自然界还是人类社会，不论是物质领域还是思维领域，否定之否定规律都在发挥作用，具有普遍性。自然界的物种进化，思维领域里认识、实践、再认识、再实践的发展过程，都体现了这一规律的作用。

在否定之否定规律普遍性的基础上，唯物辩证法认为，否定之否定规律还具有一些特殊性。例如，在每一种事物的发展过程中，否定之否定规律的表现形式各有不同。因为每一事物的性质不同，矛盾焦点不同，与外部环境的关系不同，决定了每一事物否定之否定规律的表现形式差距很大；在不同性质事物的发展过程中，否定之否定规律所经历的周期也不同，等等。

第二，否定之否定规律与警务工作实践。

否定之否定规律具有广泛性和普遍性，在警务工作中，这一规律也具有普遍性。不论是警察组织还是从事警务工作实践的警务工作者个人，都会有这方面的感受。从微观上说，一些治安民警、刑侦民警在调解治安纠纷、侦破刑事案件的过程中，对一些工作规律的认识、把握和运用，都经历过否定之否定的发展过程。从宏观角度上说，世界范围内的四次警务革命和近期我国公安机关警种开始探索实行“大部制”的变化都为否定之否定规律在警务工作实践中的体现提供了极好的佐证。

从世界范围内警务工作在四次警务革命中体现的否定之否定规律。

第一次警务革命以1829年伦敦大都市警察机构的建立为标志。第一次警务革命发生的背景是18世纪末，英国的工业化与城市化产生了严重的阶级对立，犯罪增长，治安混乱。面对如此严峻的挑战，1829年，英国建立现代职业警察，西方公认的世界上最早的正式警察——职业制服

---

① 《马克思恩格斯选集》第3卷，人民出版社2006年版，第181页。

警察从此诞生。这支警察队伍强调以预防为主，重视警民关系，增加服务职能，使其成为新、旧警察的“分水岭”，被誉为第一次警务革命。第一次警务革命的奠基者，是英国的罗伯特·比尔先生。他在创建英国大都市警察机构即“英格兰场”时，提出了九项警务原则，其中有五项反复强调公众在社会治安中的作用。他最著名的论断是“警察就是公众。”

第二次警务革命以美国的警察专业化为标志。19 世纪末到 20 世纪初，世界各国警察大部分处于初创阶段，美国率先开展了警察专业化运动。其核心是通过专业化摆脱地方政治对警察的控制，使警察成为一支独立的、高效率的文职队伍。

第三次警务革命以欧美各国警察现代化为标志。20 世纪 30 年代到 70 年代，西方主要资本主义国家逐步完成了警察的现代化，各国的警察编制、警察预算均有巨大的增长。第三次警务革命立足于使警察成为“打击犯罪的战士”。此时的警察是头顶钢盔、肩别对讲机、手持盾牌、腰挎手枪的“机械战警”。但是，增加警力带来了若干消极后果，在警力不断增长的同时，犯罪率快速上升。警力与犯罪同步增长，这是人们始料不及的，从而引发了第四次警务革命。

第四次警务革命开始于 20 世纪六七十年代。这次警务革命，适应西方社会多元的社会思潮和价值取向，总结出了十个方面的哲学思考。有学者说，这次警务革命是“新警察模式改革”。它是对原有的警察组织结构、理论观念进行反思和冲击，是一种返璞归真，也是警察现代化技术与警察哲学的理性整合。第四次警务革命的主要内容是，以社区警务为主要内容，以全社会的力量参与预防和打击犯罪为重点，追求历史上“自我警务”“人人皆警”的传统模式，形成主动提前式的警务风格。

四次警务革命，每一次警务革命实质上都包含着对上一次警务革命成果的否定。特别是第四次警务革命，在保留了第二次、第三次警务革命中有益的、合理因素的同时，重新强调社会公众对警务工作的影响和重要意义，无疑是对第二次、第三次警务革命的否定、反思和发展，是一次追本溯源、返璞归真式的警务革命。

从我国公安机关发展历程中体现的否定之否定规律，如当前我国公安机关警种的“大部制”改革。新中国成立之初，我国的公安机关算得上是精兵简政。省以下公安机关，一般只设几个部门。例如，为了巩固新生的人民政权，政治保卫部门是第一需要。之后，在开展社会主义建设时期，经济、文化保卫部门也提上日程。再次，警卫和治安部门也是必需的。在这几个常设的业务部门之外，政工、财会、后勤也是必需的保障部门。一般公安机关常设的机构，大致也就如上几个。

改革开放之后，适应社会形势发展的需要，公安机关经过反思，认为之前几个常设部门已经不能满足维护社会稳定的需要，于是开始了机构设置方面的扩张。先是经济、文化保卫部门分了又合，合了又分，然后原设于治安部门只作为一项工作任务的交通管理部门独立出来，而且人员越来越多，级别越来越高；接下来，经侦部门从刑侦部门分离出来；再之后，禁毒、反恐等部门也先后从刑警中独立出来。另外，为了适应队伍建设的需要，纪检、监察、审计等部门得到不断加强，新增的督察机构也发挥了越来越重要的作用。特别是新旧世纪交替之际，随着互联网的快速发展，与之相适应的网监等部门也随之兴起，整个公安机关一派繁荣。总之，在社会治安形势复杂、刑事犯罪高发、犯罪手段日益科技化、智能化、流窜化的情况下，公安机关的警种设置也相应形成了以专业化对专业化的格局，于是，在并不算长的时间里，公安机关内部，警种林立，机构臃肿，机关和基层人员倒挂，头重脚轻等弊端越来越突出，这种情况引起了公安机关从上到下的重视与反思。

2015 年 11 月 18 日，国务委员、公安部部长郭声琨在部分地方公安机关座谈会上强调，各级公安机关要坚持不懈地推进公安工作改革创新，善于运用法治方式惩治犯罪，更加注重推进社会共治，积极探索大部门大警种制，充分利用现代科技加强基础工作，使公安工作更加符合时代要求、法治精神和人民期待。这一讲话精神，肯定了我国公安机关全面探索警种大部（门）制的方向，对于全面推进警种大部制改革具有重要意义。

进行大部制改革不是我国公安机关的首创，据了解，大部制是目前世界各国，包括我国政府行政管理体制改革的流行趋势。体现在公安机关，警种大部制的特点是通过将职能相近的部门或者机构整合合并，构建管理幅度更宽、组织层次更符合扁平化要求、内部协调协作更紧密的作战实体，以应对日益复杂的社会治安和社会犯罪形势，避免因警种分工过细而带来的职能不清，职责交叉、多头管理、政出多门等带来的警力浪费、经费浪费，警种间对利益小或无利益的工作推诿扯皮，对利益大的工作相互争抢的弊端，从而实现无增长改善警务工作的目的。

客观上说，仅就我国公安机关从新中国成立后机构设置的增多与减少、合并的情况来看，实行警种大部（门）制不是第一次尝试。改革开放以后，类似工作已经反复进行多次，各地各级公安机关在这方面的改革尝试很多。这说明，公安机关从上到下在机构设置方面已经有很多次肯定与否定的经历，而现在进行的大警种制改革，是否定之否定规律在警务工作中的又一次有力的实证。这一过程告诉我们，对于警务工作成效的否定之否定今后还将进行下去。

七、几对哲学范畴对警务工作的启示

在日常生活中，我们经常会说到“范畴”这个词，大致是领域、范围的意思。但在哲学中，范畴这个词与我们日常所说的范畴在意义上相区别。在哲学中，“范畴”一词往往被表述为“最一般的概念”或者“最高层次的概念”。最一般的概念，是指范畴所反映的概念反映着客观现实现象的基本性质、规律性，而且规定一个时代的科学理论思维的特点。范畴是经过无数次实践证明，已经内化、积淀为人类头脑中的思维成果，是人类思维成果高级形态中具有高度概括性、结构稳定的基本概念，具有普遍的方法论意义。最高层次的概念，是指某一种学科或领域，如说“科学范畴”“理性范畴”等。也就是说，范畴所涵盖的对象范围是最大的，在分类学中可以作为最高层次的类的称呼。

原因与结果、必然性和偶然性、可能性和现实性、内容与形式、现象和本质这些范畴，是唯物辩证法中的基本范畴，这些范畴从不同侧面进一步揭示事物的普遍联系和辩证发展，而且每对范畴都是对立统一的关系，是对立统一规律的进一步展开。它们既有自己的独特内容，又有丰富的内在联系。学习、理解和掌握这些范畴，对于我们开展警务工作具有重要意义。

（一）原因与结果

毛泽东同志曾有一句著名的论断，“世界上没有无缘无故的爱，也没有无缘无故的恨。”这个论断讲的就是原因与结果的辩证关系。不论是在自然界，还是在人类社会中，或者是在人类改造自然界的过程中，因果关系是无论如何也避不开的一个关系。就连最讲究“空”“无”的佛家学说，也强调今生种种皆是前生因果，说物随心转，境由心造，烦恼皆由心生。

对于警务工作来说，同样一刻也离不开因与果的辩证关系：

基层派出所民警最主要的一项工作是保证辖区消防安全，经常检查辖区内的火灾隐患。目的是通过消灭可能引起火灾的因，达到预防减少和杜绝火灾发生这个果。

我们要建设平安中国，建设平安吉林、平安江苏、平安云南……我们就要采取各种措施，努力减少影响社会稳定的不安定因素，以求达到平安的目的。

这些都是原因与结果这对哲学范畴在警务工作中的具体体现。但是，唯物辩证法告诉我们，原因与结果中的辩证关系，不一定像有烟必有火这样简单直接，其中还有丰富的哲学内涵。只有掌握了这些内在的道理，我们才可以在警务工作中更好地处理原因与结果的辩证关系。

第一，原因与结果是引起与被引起的关系。

原因与结果之间的辩证关系，又称因果联系或因果关系。其实是一种引起与被引起的关系。在我们所处的这个物质世界里，任何事、任何现象的发生，都是由其他事或现象引起的。其中，引起事物或者现象的是原因，被引起的事物或者现象即为结果。春天种下种子是原因，秋天收获果实就是结果。这种因果关系，在日常生活中十分常见，自古以来的一些古语、俗语，如有烟必有火，无风不起浪等，都是对因果关系的直观说明。

在这里需要说明的是，原因与结果之间有两个特征需要注意。一是从外部特征上看，因果之间在时间上具有相继关系。即从时间上看，原因必在结果发生之前，结果必在原因出现之后。但也并非所有在时间顺序上有前后相继关系的事物都是因果关系，如夜晚在白天之后，但白天并不是夜晚的因；又如，去过犯罪现场的人并不一定都是犯罪分子，遗留在犯罪现场的所有物品，也不一定都与犯罪有直接关系。二是从本质特征上看，只有具有引起与被引起关系的才是因果关系。在这里，需要严格区别条件与原因的关系。有的条件与结果也有时间上的相继关系，但条件不是原因。例如，有的单位内部管理混乱，防范漏洞比较多，犯罪分子正是利用了这些漏洞进行盗窃犯罪活动，但漏洞不是引起结果的必然原因，只是犯罪分子可以利用的条件。

第二，原因与结果是相互依存，在一定条件下可以互相转化，是对立统一的。

恩格斯说，“原因和结果经常交换位置，在此时或此地是结果，在彼时或彼地就成了原因，反之亦然。”[①] 恩格斯的这段话，正说明了原因与结果相互依存、相互转化、对立统一的原理。

原因与结果的对立统一，表现在原因就是原因，结果就是结果，二者相互对立、相互排斥，不能混为一谈，如在一起杀人犯罪案件中，凶手就是凶手，受害者就是受害者。这种关系如果混淆，就是颠倒黑白。但同时，原因与结果又相互依存并在一定条件下相互转化。也就是说，原因与结果既是确定的，又是不确定的。在这里，也可以表现为两种形式。一是同一种现象，在一种关系中是原因，但在另一种关系中就是结果。例如，一个犯罪分子，为了报复社会，去实施放火犯罪，但火灾现场紧靠加油站，因火势太大扑救困难，又引起爆炸。在这里，犯罪分子放火的犯罪行为是引起火灾的原因，而火灾是犯罪行为引起的结果，但同时，发生爆炸的原因又是火灾。二是原因和结果相互作用，互为因果。表现在同一个关系中，原因引起结果，结果又反作用于原因，并引起原因的变化。这种情况在刑事案件中也比较常见。例如，在一些民转刑的案件中，一些民间纠纷长期得不到有效化解，就会引发严重的刑事案件。而刑事案件的结果，是民事纠纷当事人中的一方对另一方进行了加害。而加害的结果发生后，被加害方或其亲属会将加害结果当成自己进行报复的原因，进行新的、升级的报复犯罪行为。

第三，因果联系的客观普遍性和多样性。

普遍联系的观点是唯物辩证法中最重要的一个根本观点，体现在原因与结果这对范畴中。这一原理告诉我们，世界上的万事万物，都是处于一定的因果关系当中，既没有无因之果，也不会有无果之因。蝴蝶效应就反映了这个原理。所谓蝴蝶效应，是20世纪70年代，美国气象学家洛伦兹在解释空气系统理论时所作的一个比喻。原意是指亚马逊雨林

① 《马克思恩格斯选集》第3卷，人民出版社2006年版，第62页。

一只蝴蝶翅膀的偶尔振动，也许就会引起两周后美国得克萨斯州的一场龙卷风。在警务工作中，在社会治安方面，这样的例子也有很多，特别是一些大型的群体性事件，往往都是由一些很小的社会矛盾引起的。

在因果关系客观的普遍联系基础上，事物间的因果关系还呈现出多样性的特点。这种多样性可以体现在以下几个方面：

其一，一因多果或者同因异果。一因多果，是指同一种原因，可能引起多种不同的结果，如一起小的治安事件，可能引起财物损失、人身伤害、放火泄愤甚至大规模治安事件；同因异果，是指相同的原因，引起的结果可能会不同。仍以一起小的治安案件为因，引起的结果可能会不同。有的当事人比较理智，可能会采用法律手段保护自己的正当权益，有的当事人情绪激烈，不能有效控制自己，就可能采取剧烈的报复行为。

其二，一果多因，同果异因。一果多因，是指一结果是多种原因共同引起的。例如，目前社会治安形势严峻，刑事犯罪多发，就是多种原因引起的，可能有社会的、家庭的、学校教育的、犯罪者个人的，等等。同果异因，是指同样的结果，可能是多种原因引起的。以杀人犯罪为例，可能有激情杀人、奸情杀人、抢劫杀人等不同的原因。

其三，多因多果，复合因果。多因多果，复合因果，是指事物不管是原因还是结果，都比较复杂，不像单一的原因或者结果那样简单，如上面讲到的社会治安和社会犯罪的复杂性，就体现为多因多果，复合因果。

原因和结果的表现形式多种多样，所以对具体问题必须具体分析。要认识到，在客观世界无限发展的因果关系中，在每一具体的因果关系中，原因之前还有原因，结果之后还有结果，而且有的是多因多果。这就要求我们在研究每一个具体的事物、现象时，不能只关注引起结果的直接原因，还要关注间接原因和找出初始原因，并预见长远的后果。

学习和掌握原因与结果辩证关系原理，是我们做好各项警务工作的重要条件之一。学习和掌握的目的在于运用。掌握原因和结果原理之后，我们就可以在警务工作中更好地总结经验，吸取教训，可以有预见地做好警务工作。特别是可以有针对性地运用这个原理，创造条件，有效地阻断某些消极事物间原因和结果之间的必然联系，做到防患于未然。

（二）必然性和偶然性

我们知道，在我们所处的这个客观世界里，有些事是必然要发生的。例如，自古以来，许多人追求长生不老，羽化成仙，但到目前为止，没有客观实证证明有人真的长生不老，每个人最终都要面对死亡。这一结果，就是一种必然。虽然死亡是每个人的最终归宿，但是每个人的死法是不一样的。死法的不同，死的时间、原因的不同，则是人都会死亡这个必然性中存在的无数偶然的可能。这些，是我们对于必然性和偶然性的一般性了解。对此，哲学上有更加系统和充分的理论解读。

那么，如何理解唯物辩证法中的必然性和偶然性？教科书中的答案如下：

“必然性和偶然性揭示了事物发展过程中两种不同的趋势。必然性是指事物发展过程中合乎规律的、确定不移的趋势，是在一定条件下的不可避免性和确定性。它是由事物内部的主要矛盾所决定的本质联系，在事物发展中居支配地位，决定事物发展的前途和方向。偶然性是事物发展过程中表现出来的某种摇摆、偏离，既可以出现、也可以不出现，可以这样出现、也可以那样出现的不确定的趋势。它是由事物内部的次要矛盾和外部矛盾所决定的非本质联系，在事物发展过程中居于从属地位，对事物发展起加速或延缓的作用，它使事物发展的确定趋势呈现出某种摇摆和偏离。”①

必然性和偶然性这对哲学范畴也是对立统一的辩证关系，是从理论上对因果关系的进一步深化剖析。其对立统一的辩证关系体现在如下两个方面：

第一，必然性和偶然性相互依存。

无数事实证明，必然性离不开偶然性，必然性要通过偶然性表现出来。这是因为，世间的万事万物，都与周围复杂的环境因素有着千丝万

① 刘思敬等编著：《马克思主义哲学基本原理》，中国人民大学出版社 1994 年 7 月第一版，第 110 页。

缕的联系，因此，事物的发展，一定会在外界复杂环境条件的影响下，通过众多偶然性表现出来。有时候，抓住了一定的偶然性，就可以在一定程度上把握必然性。例如，在目前的社会环境条件和人们的道德修养程度基础上，社会犯罪的发案还是有着不可避免的必然性。但是犯罪分子的犯罪行为，要受各种外界环境条件的制约。如果社会防范工作做得好，就可能避免一些刑事犯罪案件的发生。同时，通过案件发生过程中一些偶然因素的分析，我们也可以推导出一些犯罪行为的蛛丝马迹。

另外，偶然性也不可能离开必然性而独立存在。可以说，偶然性是必然性的表现形式和某种必要补充。一般来说，偶然性中必然包含着必然性。偶然性总是要受必然性的支配和制约，必然性是偶然性出现的根据和来源。以一起刑事案件为例，在犯罪分子反社会心理的支配下，犯罪行为的发生不可避免，具有必然性。同时，由于犯罪分子的经历、心理条件、犯罪经验等条件不同，每个犯罪分子选择的犯罪手段、犯罪工具都会有所不同。有的犯罪分子习惯使用刀子，有的犯罪分子习惯使用钝器，而使用什么工具作案，就是在犯罪的必然性支配下表现出来的偶然性因素。

第二，必然性和偶然性在一定条件下是可以相互转化的。

在必然性和偶然性的对立统一中，必然性和偶然性的区分是相对的。因为世间万事万物，联系的方式不同，相互影响的情况各有不同，所以必然性和偶然性的相互转化不可避免。实践经验告诉我们，事物的发生与发展是分阶段的，而在事物发展的初始阶段，发生的往往是一些非根本的、不稳定的、比较偶然的情况。这时，由于外界环境条件可能对这些非根本、不稳定、比较偶然的因素的影响比较大，就会使这些因素稳定下来，由偶然性向必然性转化。同理，当一些必然性的事物发展到一定阶段，对其有利的环境条件逐渐减弱时，必然性有可能转化为偶然性。例如，一些村民之间因为宅基地的纠纷闹得很厉害，发生了两家之间的打斗，由于矛盾太深，也影响了两家人涉及的家族利益，于是两个家庭之间的矛盾开始积聚、不断加深，开始筹备、组织、准备进行大规模的家族性械斗，这种趋势似乎已经不可避免。而这种必然性的趋势，是由之前许多偶然性因素积累、转化而来的。在这种必然性面前，如果公安机关工作得力，两家之间的矛盾纠纷得到很大程度的化解，那么，家族性械斗的必然性就可能变成偶然性，这种械斗可能发生也可能不发生。到底能不能发生，就要看基层村民自治组织和基层民警的工作做得到不到位了。

唯物辩证法关于必然性和偶然性的理论告诉我们，在日常的警务活动中，通过对必然性和偶然性的认识，通过有效的工作促进必然性和偶然性的相互转化，可以使我们警务工作有效地开展。

其一，要重视必然性。不论是自然界还是人类历史的发展，都具有一定的必然性。人类从原始社会向奴隶制社会、封建制社会、资本主义社会、社会主义社会、共产主义社会进步，是由低级向高级进步的历史必然。在自然界，物竞天择、适者生存、自然淘汰，是动物、植物进化的必然趋势。而这种必然说到底代表着事物发展的本质，是可以代表事物发展方向的、带有规律性的东西。对于警务工作者来说，所有警务活动的目的，在现阶段是维护社会的稳定，促进社会的发展，而更加宏伟的目标，是最终实现共产主义，这一目标的实现，也是一种不可抗拒的必然。这一目标实现的必然性，就是我们一切警务工作的出发点，对此不能有丝毫的动摇。这是从宏观的角度上来理解必然性。从微观的或者阶段性警务工作的角度上看，也具有这样的必然性。现阶段，巩固共产党的执政地位，维护社会长治久安，保障广大人民群众安居乐业，促进经济社会发展，是公安机关的根本任务，不论有多少困难，有怎样的阻力，我们都要完成这样的任务也是一种必然。

其二，要重视偶然性。重视偶然性，是为了更好地把握必然性，因为必然性总是通过偶然性表现出来。科学家进行科学研究，人们通过总结经验，提高对事物的认识，把握事物发展的规律，都是通过大量的偶然性因素去把握必然性的。许多时候，我们所说的“灵机一动”，就是敏锐地抓捕到了偶然性因素对于事物发展的规律性，从中找到突破口，从而推动了事物的发展。对于警务工作者来说，必须特别重视日常警务工作中的一些偶然性。当我们面对一项工作，或者面对一个复杂的案件无从下手、束手无策时，可能一个偶然的事件、机遇就会使我们茅塞顿开，弄清事物发展的脉络，从而使整个问题迎刃而解。这种情况在从事刑侦工作的同志中比较常见。

其三，要有意识地推动事物必然性和偶然性的相互转化。特别是在治安调解和处理大型群体性事件过程中，我们既要弄清事件发展可能或者必然的结果，又要努力工作，注意事件发展过程中的一些偶然性因素，并抓住这些偶然性因素，推动事件向积极的、对社会有益的方向转化。

（三）可能性和现实性

可能性与现实性，也是对立统一的辩证关系。学习辩证唯物主义中可能性与现实性的理论，对于警务工作亦有重要意义。自然环境条件对于警务活动的影响非常之大，特别是雨、雪等天气对于警务活动的影响，非常直接。现在，我们每天上班前都习惯看一看气象预报，对于当天的天气情况有所了解，预报说有雨，我们就要带伞，预报说有雪，我们就要做好出门防寒防滑的准备。特别是开车上班的同志，就要做好慢开缓行的准备。交警部门遇到气象预报说有极端气象天气的情况，就要更加紧张，甚至要启动相应的预警机制，采取必要的措施，出动更多的警力去维护交通秩序。这里涉及气象预报的准确程度，即预报气象情况出现的可能性和现实性问题。现在，一些地方的气象预报采取了概率的形式，即不像以前那样，说哪天有雪或者有雨，而是预报当天有雨或者有雪的概率有多大。而概率有多大，说的就是可能性与现实性的关系问题。

关于可能性与实现性，一般的理解，可能性就是事物可能向某个方向发展的趋势，而现实性就是事物发展的必然结果。对于这个问题，唯物辩证法关于可能性与现实性这对基本的哲学范畴的理论内容则更加丰富。

在唯物辩证法中，所谓可能性，是指现实事物中所包含的预示事物发展方向的各种趋势。这些趋势往往是潜在的、尚未实现的东西。从矛盾对立统一的角度上理解，可能性一定是由事物的内部矛盾所决定的，又和它自身所处复杂的环境条件有直接关系。也就是说，由可能性向现实性的转化，既受必然性的支配，也要受偶然性的影响。例如，基层民警在调解一起治安纠纷过程中，由于前期的工作比较到位，事情已经有了向双方握手言和发展的可能，纠纷双方都已经有了解决问题的意向。但是，由于一方亲属的介入，出了一些不好的主意，影响了治安纠纷当事人一方的情绪和态度，治安纠纷的调解就可能陷入僵局甚至失败。

所谓现实性，是指已经变成现实的可能性。这种现实性，可能是旧事物的消亡，也可能是新事物的成长与确立。仍以一起治安纠纷的调解为例，如果调解工作得力，纠纷双方就会握手言和，一种新的人际关系就会建立起来，而整个纠纷就会成为过去。

通过可能性与现实性的概念我们可以发现，可能性与现实性之间有着必然的内在联系。这中间的关系比较复杂，不能一概而论。为此，我们必须掌握以下几点：

其一，可能性的变数比较大，既有实现的可能，又有实现不了的可能。说它有实现的可能，是因为事物中有实现的内在根据，只要有一定的条件，就可以转化为现实。说它有实现不了的可能，是因为尽管事物中有实现的内在根据，但如果不具备一定的条件，就不能转化为现实。还有一种情况是，事物中本来就没有实现的内在根据，只是人们的凭空想象，所以这种可能性，无论如何也不可能成为现实。这就要求我们在日常生活和工作中，尊重客观事实，不能只凭主观意愿。

其二，在日常的工作和生活中，要更多地关注现实的可能性。从哲学范畴的角度上理解可能性，可能性又可以被分为现实的可能性和抽象的可能性。所谓抽象的可能性，可称为非现实的、遥远的可能性。现实的可能性，是指在现实中具有内在根据、客观条件，经转化可能实现的可能性。而抽象的可能性则是在现实中缺乏根据，在当下的条件下不可能实现，只有在未来可能实现的可能性。例如，经过我们的努力，一些现代化的警务装备在较短的时间内可用于警务工作实践，降低警察的危险系数、工作强度，提高警务效率。这是现实的可能性。而采取高智能的机械警察，上天入地、代替人类执行警务工作任务，尽管在未来可能实现，但目前还是遥不可及的科学幻想。

其三，要努力使可能性向有利于警务工作目标实现的方向转化。在警务工作中我们常常会发现，一些事物往往具有多种可能性。这是由事物内部的矛盾比较复杂，同时周围环境条件的复杂所决定的。在多种可能性中，主要的可能性有两种，并且这两种可能性呈相反的性质，即有利的可能性和不利的可能性，或者叫作好的可能性和坏的可能性。例如，在基层工作的民警常常会接触一些精力旺盛的未成年人，他们好奇心强、模仿性强，勇于尝试新鲜事物，在他们的成长过程中，如果引导得好，他们就会成为对社会有益的建设者。如果他们接触社会阴暗面过多，交往的多是有劣迹的人，就有可能向相反的方向转化，变成对社会秩序稳定起消极作用的人。鉴于这种情况，在日常的警务工作中，要看到事物发展正反两个方向的可能性，做好对这些青少年的教育、引导工作，努力争取促使事物发展的可能性向有利于社会的方向转化。

其四，要把握好事物发展可能性大小上的度。“要办这件事，你有多大把握?”这是我们交谈时常常问到的话。其实，“多大把握”讲的就是事物发展可能性的大小。把握大，就是可能性大；把握小，就是可能性小。同时我们也知道，对于把握大的事，我们可以放手一搏，而对把握小或者根本没有什么把握的事，我们会尽量避开，以防止做无用功。这种对事物发展可能性以或然或者概率的形式所作的衡量，就是从量上分析可能性实现的大小。可能性大的，我们做起来事半功倍，而可能性小的事物，我们做起来事倍功半，得不偿失。

前面我们曾讲到，可能性与现实性也是事物的一种对立统一。也就是说，可能性与现实性相互联系，相互渗透，不可分割，并可以在一定条件下转化。为此，在警务工作过程中，我们要对每项警务活动进行具体分析，在可能性与现实性之间找到契合点。

首先，有效区分可能性与现实性。要认识到，可能性尽管有实现的可能，但终究不是现实性。尤其要注意不要把可能性看成现实性。例如，对于刑事犯罪嫌疑人，虽然他们进行犯罪活动的可能性很大，但是，在没有充分的证据链条可以证明他们是犯罪分子之前，还是要重证据，重调查研究，以免冤假错案的发生。

其次，要立足客观实际，不能仅仅立足于可能。尽管现实性中包含着可能性，但我们也不能从可能性出发，不能以可能性代替现实性。这一点，与我党一贯坚持的一切从实际出发的思想路线一脉相承。

最后，要充分发挥主观能动性，创造条件促进事物的转化。可能性与现实性这对哲学范畴的相关理论告诉我们，可能性向现实性的转化需要一定的条件。所以，可能性向现实性的转化，其实也是一个事物发展条件变化的过程。所谓条件，在这里包括两个方面。一个是主观方面的条件，另一个是客观方面的条件。在很大程度上，条件的变化取决于人的主观努力。在警务工作中，要充分发挥主观能动性，通过创造条件促使可能性向现实性的转化。例如，在一起疑难案件中，各项证据已经确定了犯罪嫌疑人的范围，但是，已经到位的犯罪嫌疑人反侦查能力较强，心理素质较好，所以案件久审不下，久攻不破。在这种情况下，我们就应该充分分析犯罪嫌疑人的各种情况，分析他们交代犯罪事实可能需要的条件，有针对性地审讯，以取得案件的突破。

（四）内容与形式

党的十八大之后，党中央决定，在全党范围内开展了一次以“为民、务实、清廉”为主题的群众路线教育实践活动。这次群众路线教育实践活动以贯彻中央八项规定为切入点，突出作风建设，反对形式主义、官僚主义、享乐主义和奢靡之风，要求每个党员都要照镜子、正衣冠、洗洗澡、治治病，对于促进党风廉政建设起到了重要作用。这次教育实践活动，是坚持把马列主义同中国社会主义建设实践相结合的一次有益尝试。其中，反对形式主义、官僚主义等内容要求，就是对辩证唯物主义哲学中关于内容与形式这一哲学范畴的具体运用。长期以来，党风和社会风气不正，一个重要方面就是形式主义泛滥，主要表现就是知行不一、不求实效、文山会海、花拳绣腿、贪图虚名、弄虚作假。对此，广大人民群众意见很大，把这种情况称为“假、大、空。”这种形容，从根本上说，是对一些领导和政府搞的政绩工程深恶痛绝，讽刺这种行为只有形式，没有内容。套用毛泽东同志曾经引用过的一副对联就是，

"墙上芦苇，头重脚轻根底浅，山间竹笋，嘴尖皮厚腹中空"。

在警务工作中，是否也有这样只重形式、不重内容的形式主义倾向？回答当然是肯定的。不仅有，而且大量存在。这就要求我们必须认真学习、理解和掌握唯物辩证法中关于内容与形式这对哲学范畴的相关原理，努力从根本上改变形式主义严重的问题，一切从实际出发，扎扎实实地推进警务工作的健康开展。

在辩证唯物主义哲学基本范畴中，内容与形式的含义如下：

所谓内容，是指构成事物的一切要素的总和。包括事物的各种内在的矛盾以及由这些矛盾所决定的事物的特性、成分、运动过程、发展趋势等。

所谓形式，是指把事物内部的各种要素统一起来的结构、框架，或者表现内容的方式。

客观世界中任何有形或者无形的事物，都必须有其内在的要素，即内容，而这些要素又必然要由一定的方式结合或者组合起来，即形式。例如，一部电影由题材、主题、人物、故事情节，开头、过度、高潮、结尾等构成。而它的形式，则包括组织形式和表现手段、蒙太奇的运用、语言、字幕、音乐的运用等。再以一项警务工作为例，假设一个基层公安派出所要搞一次火灾隐患排查，那么其内容应当包括需要排查的火灾隐患场所、火灾隐患有哪些种类、发现火灾隐患的处理，如停业整顿、整改、拆除重建等。而火灾隐患排查的形式包括人员组织、排查方法与步骤、宣传教育方法、对隐患的处理结果、对结果的运用等。

世界上没有只有形式没有内容的事物，同样也没有只有内容没有形式的事物。二者总是相辅相成、缺一不可的。这就是内容与形式的一般关系。从哲学上讲，内容与形式既是对立的，又是统一的。这种辩证关系体现在：

第一，任何一个具体的事物，内容都是它存在的基础，是决定事物存在和发展的主要方面。

事物之所以能够使人感受到它的存在，是因为事物的存在有外在形式，即事物存在的表现方式。在这里，内容就是内容，形式就是形式，在一个事物中，不能内容就是形式，或者形式就是内容，或者说不能内容既是形式，同时也是内容。这种情况，反映的是内容与形式之间的对立统一关系。

第二，内容与形式是相互依存、不可分割的。

任何形式都要有一定的内容，任何内容也都需要有一定的形式来表现。只有形式没有内容或者只有内容没有形式的事物是不存在的。当前党风、社会风气不正，“假、大、空”盛行，但“假、大、空”里还是有一定内容的。只不过这些“假、大、空”的事物中的内容少、空泛而缺乏实际意义。例如，一些地方公安机关报喜不报忧，向上级上报的成绩清单一大串，但真实的情况却远不是如此。说一个月破案十起，可能真正破案的只有三起、五起。形式和内容相互依存，不可分割的情况也比较复杂。同一内容，有时可以用不同形式来表现。同一形式，也可以为多种内容服务。例如，一位民警在抓捕犯罪分子的过程中英勇牺牲，为了歌颂他大无畏的革命英雄主义精神，我们可以采用表彰、诗歌、电影等方法。同样，用诗歌、电影、电视剧等方式我们也可以对民警许多的事迹进行歌颂与传播。

第三，内容决定形式，形式又会反作用于内容。

内容决定形式比较容易理解，因为内容是决定形式与内容这对范畴的基础性因素，所以，有什么样的内容，就会采用怎样与之相适合的形式。而且内容的变化，也一定会影响形式发生相应的变化。以刑事案件侦破为例，我们一般侦破重大疑难刑事案件，为了侦破工作的需要，往往会采取一些保密措施，尽量把案情和侦破计划控制在一定的范围内，以免打草惊蛇。但是，如果案件久侦不破，或者掌握的侦破线索被掐断，破案工作陷入僵局，我们往往就会改变侦破思路，扩大宣传范围，甚至在全社会范围内大张旗鼓地宣传案件侦破工作的进展，动员全社会广大人民群众提供案件线索。就是内容对形式的要求不同而形式也要与之相适应的例子。另外，形式也会反作用于内容，怎样反作用呢？在形式与内容这对范畴中，虽然形式受制于内容，但形式绝不是完全被动的，会与内容相互渗透、相互影响。在多数情况下，与内容相适应的形式会对内容的发展起推动作用。但有时如果采取的形式不对，也会影响内容的发展。例如，在警务工作中推行岗位责任制，如果对岗位责任的设计不合理，不仅对工作起不到促进作用，而且有可能影响民警的工作积极性。

学习内容与形式这对哲学范畴的相关理论，可以给警务工作者提供如下启示：

其一，必须坚持形式服从和服务于内容的需要，而不能仅仅为了政绩或者推过揽功，夸大工作成绩，有一说十。特别是在开展各项警务工作的过程中，不能为了面子上好看，为了领导满意，就搞大轰大嗡，表面上看轰轰烈烈，暗地里雨过地皮干。要按照“三严三实”的要求，实事求是。

其二，在摆布警务工作时，要根据工作内容审慎地选择采取什么样的工作方式。例如，开展对辖区居民群众的入户调查，就应该静悄悄地来，静悄悄地去，不给群众增添不必要的麻烦，不能大张旗鼓，不顾群众的情绪，不分时间，不注意方式。

其三，要根据社会发展的新形势，创新工作方法。在长期的警务工作实践中，我们曾经总结出许多有效的工作方法，这些工作方法与实实在在的警务工作内容相得益彰，收到了很好的效果。例如，过去许多基层民警开展群众工作的方法，适应改革开放以前封闭社会、社会控制比较严密、群众对社会治安工作参与度比较高的实际情况，组织和发动群众参与社会治安工作的效果很好。但现在社会开放度高，群众的身份复杂，对经济利益的诉求比较强烈，而且信息量大，信息传播快，开展警务工作的环境条件已经与以前有了根本性的变化，这就要求我们适应社会的发展需要，不断创新开展群众工作的方式方法，如一些基层民警采用微博、微信等方式密切与扩大同广大人民群众的交往与沟通，等等。

（五）现象和本质

我国清代戏剧作家朱素臣所著戏剧作品《十五贯》讲述了一个由刑事案件衍生出来的故事，颇耐人寻味。故事写道：清朝时无锡县有一肉铺老板名叫尤葫芦。有一次，尤借得十五贯本钱做生意，却对养女苏戍娟开玩笑说是卖她的身价钱，女儿信以为真，当夜逃走。恰巧也在当夜，赌徒地痞娄阿鼠闯进尤家，为还赌债盗走十五贯钱并杀死尤葫芦。苏戌娟逃走的路上，遇到了一家店铺的伙计熊友兰，而熊的身上正好带着为主人办货的十五贯钱。案发后，无锡知县过于主观武断，仅根据一些表面现象就断定：苏戌娟与熊友兰通奸谋财害命。他的根据是，“看她艳如桃李，岂能无人勾引？年正青春，怎会冷若冰霜？她与奸夫情投意合，自然要生比翼双飞之意。父亲拦阻，因此杀其父而盗其财，乃人之常情。”并列举了他认为的“铁证”：“如今你与奸夫双双被捉，十五贯赃款在此。”据此，他大笔一挥判道，斩。可是苏州知府况钟在复审时却发现了诸多疑点，经过深入的调查研究，终于抓到了真凶娄阿鼠，推翻了无锡知县的错误判断，纠正了一起冤假错案。

十五贯的故事，说明了在刑事案件中一些现象与本质的关系，发人深省。

那么，什么是现象，什么是本质，它们之间的辩证关系如何，对我们的警务工作有哪些有益的启示呢？

所谓现象，就是事物的表现特征和外部的各种联系，是客观事物的外在表现。事物的现象丰富多彩，各种各样的现象会从不同的方面表现事物的本质。当然，在纷繁复杂的现象中，有真相，也有假象，需要我们在归纳分析的基础上作出正确的判断。

所谓本质，是客观事物的根本性质，是组成客观事物基本要素的内在联系。辩证唯物主义认为，事物的本质是由事物的特殊矛盾决定的。就辩证唯物主义的范畴而言，本质、规律性和必然性等是同一个层次的范畴，区别在于，本质是事物内部一系列必然性、规律性的综合，它比规律性、必然性的含义更加广泛。

任何事物都具有本质和现象两个方面。对同一事物的本质而言，尽管它的现象可能是多种多样的，但其本质不会因现象的丰富多彩而发生变化。例如，彩虹的色彩鲜艳，有赤、橙、黄、绿、青、蓝、紫之分，但不管它的颜色多么艳丽，也只是日光与水汽相映产生的结果。

本质和现象也是对立统一的辩证关系。其对立的方面表现在：一是本质内隐而现象外显。也就是说，现象是外在的、表面的，可以被人们的感官直接感知或者借助科技手段直接测量的；而本质则是隐藏于事物内部的、看不见也摸不着，只能通过人的理性思维才可以把握。二是本质稳定而现象多变。本质一般是稳定的，只有当事物内部经过量变到一定程度发生质变时，本质才会发生变化。而现象不同，它经常处于变化之中。例如，刑事犯罪的本质是危害社会秩序，危害人身安全和财产安全，但是犯罪的形式多种多样，并且随着社会形势的变化不断有新型的刑事犯罪出现。三是现象是个别的、具体的东西，而本质则是同类事物中一般的、共同的东西。现象比本质丰富、生动、多样化，而本质比现象深刻、全面。一类事物的本质要通过大量现象反映出来，而每一种现象不过是事物本质在某一个方面的反映。例如，社会中的各种现象丰富多彩，各种思想多元化，而这种多元化，无不是与现阶段社会经济基础相适应的思想状况的反映。

本质与现象的统一表现在：本质和现象是客观事物本身所固有的、不可分割的两个方面。现象离不开本质，本质也离不开现象。本质是现象的根据，现象是本质的反映，本质决定现象，现象依赖于本质。在世界上，任何事物都要通过一定的现象才能表现出来。同时，现象是本质的外在表现，任何事物都是从某一个方面反映事物的本质。例如，我们要判断一个民警是不是合格的人民警察，即看这名警察本质上是不是好的，是不是合乎警察职业道德规范要求，就不仅要看他是否英俊挺拔，更要看他的一言一行、一举一动，看他在执法办案中的表现，并把这些因素综合起来进行评价。

透过现象看本质，就是本质与现象这对辩证唯物主义哲学范畴传达给我们的基本思想。这种思想，其实是我们认识世界、改造世界的一个有效的科学方法。正如毛泽东同志所说，“我们看事情必须要看它的实质，而把它的现象只看作入门的向导，一进了门就要抓住它的实质，这才是可靠的科学的分析方法。”①

① 《毛泽东选集》第1卷，人民出版社1967年版，第99页。

那么，我们怎样透过现象看本质呢？以下方法可供警务工作者在日常的警务工作和社会生活中参考：

其一，要深入实际，调查研究，要在大量实践的基础上，归纳分析，掌握事物发展的内在的、本质性的东西。

其二，学会运用科学的思维方法，通过对大量事物现象及其关系的研究，来揭示事物发展的本质。一是要把本质和现象区分开来，不能把现象当作本质，也不能把本质仅仅归结为一种现象。例如，我们收集和分析敌情、社情，不能因群众一些牢骚、不满，就认为有的群众本质上是对社会不满，有可能报复社会。而要对群众发牢骚和不满的现象进行深入分析，揭示群众牢骚和不满的真正原因。

其三，要善于区分真相和假相，抓住真相，排除假象的干扰。在我们日常警务活动中，各种刑事案件、治安案件、治安纠纷大量存在，其中真假难辨的情况非常复杂。例如，在一起治安案件中，就某一细节，当事人双方以及知情人的各种说法都会千差万别。因此，我们必须掌握分辨真假的本领。一般来说，假象都具有反常性、不彻底性和暂时性。所谓反常性，是说假象必然与大量真相相混淆，表现出与事物发展的不协调、不合理；所谓不彻底性，是指假象隐藏于真相之中，而真相是大量的，假象只能是少量的，人为有意制造的假象不可能掩盖所有真相。例如，犯罪分子作案后会伪造现场，把一些假象伪装成真相，但伪装或者破坏现场，只能改变局部痕迹而无法改变全部现场情况；所谓暂时性，是说假象经不过时间的考验，经过或长或短的时间，真相总会大白于天下。

现在，我们回过头来看一看十五贯这个故事中现象与本质的关系问题。其实，在这个故事中，苏州知府况钟是区别本质与现象的高手。首先，无锡知县说尤葫芦被杀时丢了十五贯，而与苏戍娟同行的伙计熊友兰身上也有十五贯，这就是熊与苏同谋犯罪的铁证。而况钟认为这只是现象。丢的十五贯是犯罪行为造成的，而熊身上的十五贯是伙计为主人办货用的，本质不同，不能混为一谈。其次，苏戍娟与熊友兰同行，也只是现象。偷情通奸者固然是可以同行的，但偶然相遇的人一起同行也合乎常理。所以，无锡知县仅凭男女二人同行就断定他们是奸夫淫妇，也只是根据现象进行的判断，与本质相去甚远。

通过现象揭示本质，是一个认识不断深化的过程，不可能一蹴而就，需要我们在日常的警务工作中，不断地学习、不断地实践、不断地认识、不断地总结经验。只有这样，我们才能在工作中善于抓本质，而避免为现象所迷惑。

八、正确处理警务工作中的几个关系

1956 年 4 月，毛泽东同志在中共中央政治局扩大会议上作了一次报告，题目叫作《论十大关系》。

1956 年年初，在我国对生产资料私有制的社会主义改造不断取得胜利的形势下，党和国家工作的着重点开始向社会主义建设方面转移。1953 年，我国开始执行社会主义建设的第一个五年计划，到 1956 年 4 月，已有三年多的实践经验，其间，我们对于苏联经济建设中的一些缺点和错误逐步有所了解。在这种情况下，毛泽东同志听取了 34 个部委对于经济建设方面调查研究的工作汇报，在这个基础上，毛泽东同志集中概括和总结了我国社会主义建设中的十个方面的关系问题，并最终形成了《论十大关系》一文。

《论十大关系》初步总结了我国社会主义建设的经验，提出了探索适合我国国情的社会主义建设道路的任务。这篇文章，不仅具有极其重要的政治意义、经济意义，也具有极其重要的哲学意义。其中，对十个方面重大关系的论述，是把马克思主义理论，特别是马克思主义哲学思想同中国革命和建设的实际相结合的光辉典范。这篇文章，不仅对于我国的社会主义革命和社会主义建设事业的发展奠定了坚实的思想基础，也为我们社会科学领域的理论研究提供了方法，为各领域、各部门的社会实践提供了哲学方法上的指南。在《论十大关系》这篇文章的影响下，之后的六十多年时间里，我国社会科学领域及各个实践部门的同志都参照这篇文章的思想路线，对我国各历史阶段、各领域、各部门的工作进行了许多有益的哲学思考，形成了一大批有质量的理论成果，对于指导我们的实际工作起到了积极的推动作用。在警务工作领域内，研究警务工作各方面关系的理论成果也屡见不鲜。鉴于此，我们也不揣浅薄，做一些这方面的研究工作，期望能对新时期警务工作的发展起到一定的积极作用。

世界是普遍联系的。这是辩证唯物主义的基本原理之一。那么，世界是如何相互联系的呢？尽管内容丰富，形式复杂，但归根结底，一言以蔽之，普遍联系就是关系在起作用。正是由于无所不在的关系，把人、事物乃至整个世界联系在一起，使人或者事物都在关系或者联系中发生与发展，共同影响和改变着我们这个世界。

在这里，我们为什么要研究“关系”呢？因为整个警察组织乃至警察个体，都无时无刻不处在关系中。尽管各种各样的关系我们可能看不见也摸不着，但可以肯定的是，关系是警察乃至警察组织存在的基础，关系决定着警务活动的走向，关系状况决定警务工作的成败。

在《新华字典》中对关系的解释为：关系是事物之间相互作用、相互影响的状态；说明人和人或人和事物之间的某种性质的联系；对有关事物的影响或重要性；泛指原因、条件等。

哲学理论认为，关系是反映事物及其特性之间相互联系的哲学范畴，是不同事物、特性的一种统一形式。世界上的任何事物都同其周围的事物相互联系着，这种联系表明它们彼此存在一致性、共同性，在此基础上形成不同的事物、特性的统一形式，即表现为一定的关系。关系是事物相互联系的必要因素，不同关系表现着事物、特性的不同联系方式。事物之间的关系，以及它们特性之间的关系，是由世界物质统一性决定的。

关系是客观的，为事物所固有，存在于相应的事物之间。任何事物总是处在和其他事物的一定关系中，只有在同其他事物的关系中，它才能存在和发展，它的特性才能表现出来。事物的存在和事物的相互关系是统一的。事物的发展变化会导致该事物同其他事物原有关系的改变、消失和产生新的关系；而一事物和其他事物关系的变化也会引起该事物的相应变化。

世界上的事物、现象以及它们的特性是复杂的、无限多样的，事物之间的关系也是复杂的、无限多样的。不同事物及其不同特性，按照各种不同类型的关系而彼此联系在一起，如空间与时间的关系、整体与部分的关系、原因与结果的关系、内容与形式的关系以及遗传关系、函数相依关系、内部关系与外部关系等。

讲到关系，我们知道一个人、一个组织自身是构不成关系的。一涉及关系，就要涉及关系的双方或每方。按照社会学的理论理解关系，关系的双方包括很多内容。例如，个人与个人之间的关系，个人与国家、社会、群体的关系，以及群体与群体的关系、群体与国家的关系，等等。

在唯物辩证法中，关系又体现为事物矛盾的对立统一。例如，在毛泽东同志的《论十大关系》中讲的十种关系，都是矛盾。前面我们讨论过辩证唯物主义的三个基本规律，其中最主要的规律是矛盾的对立统一规律。世界处于矛盾之中，没有矛盾就没有世界。从这个意义上说，关系就体现着矛盾，我们的任务就是要通过正确处理这些关系，处理好事物发展之间的各种矛盾，并根据事物矛盾对立统一的观点，根据事物矛盾相互对立、相互依存、相互渗透、相互转化的观点，做好矛盾的转化工作，并通过矛盾的转化，更好地处理警务工作中的各种关系，促进警务工作的健康发展。

（一）打击和防范的关系

打击和防范的关系，是警务工作所有矛盾中最基本也最突出的矛盾。而且，这一对矛盾是由阶级、国家政权的专政性质和法律所赋予的。当然，警察组织职能的这对矛盾，不像《韩非子》中那个寓言所讲，不是以子之矛、攻子之盾，而是警察组织一手执矛、一手执盾，面临的是以攻为主，还是以守为主的问题。

国家的性质和法律赋予警察组织的职能，最主要的两点是打击和防范。《中华人民共和国宪法》第一条规定：中华人民共和国是工人阶级领导的、以工农联盟为基础的人民民主专政的社会主义国家。社会主义制度是中华人民共和国的根本制度。禁止任何组织或者个人破坏社会主义制度。第二条规定：中华人民共和国的一切权力属于人民。宪法的这两条规定，以国家根本大法的形式，为警察组织职能的赋予提供了最基础的依据。其中，我们要深刻理解三点内容：一是我国是工人阶级领导的、以工农联盟为基础的人民民主专政的社会主义国家；二是禁止任何组织或者个人破坏社会主义制度；三是中华人民共和国的一切权力属于人民。这是说，我国是一个阶级压迫另一个阶级的国家，是一个阶级对另一个阶级实行专政的国家，是一个广大人民群众当家做主的国家。军队、警察和监狱作为国家阶级专政的工具，主要职责之一就是对一切危害国家利益、人民利益的组织或者个人进行专政。在专政、打击的同时，我们的另一个主要职责，是保护社会主义制度，保护国家利益和人民当家做主的权利，保护人民的利益。关于这一点，《中华人民共和国人民警察法》又作了更加详细的规定。该警察法第二条规定：人民警察的任务是维护国家安全，维护社会治安秩序，保护公民的人身安全、人身自由和合法财产，保护公共财产，预防、制止和惩治违法犯罪活动。这些从宪法层面和部门法层面规定了警察组织的打击和防范双重职能。

由于打击和防范是警察组织最重要的两种职责，是警务工作中最突出的一对矛盾关系，所以理论界以及警界同仁对此有过很多精辟的论述。例如，有警界同仁认为："打击与预防是矛盾的两个方面，打击治标，防范治本，这是纵观新中国公安工作几十年发展历史得出的结论。"此外，他还认为，"打击是前提，是第一位的"。"加强基层基础工作是预防和减少犯罪的重要途径。"并强调了高科技在治安防范中的重要作用，强调"让高科技在治安防范中显身手"。我们认为这位同志的观点，有的是正确的，有的则失之于偏颇。其中，正确的认识是"打击与预防是矛盾的两个方面，打击治标，防范治本"，偏颇的是"打击是前提，是第一位的"。

按照辩证唯物主义矛盾是对立统一的观点，在稳定社会治安的工作这一客观事物当中，打击和防范不是一个事物中的主要矛盾和次要矛盾而是一对对立统一的矛盾关系。因此，打击和防范不存在谁是第一位、谁是第二位的问题。作为矛盾的对立统一，二者相互依存、相互渗透、相互影响、相互转化。

第一，打击和防范是对立统一的两个方面。打击和防范是维护社会治安稳定这一客观事物中矛盾对立的两个方面，二者在维护社会治安稳定过程中，既具有同一性，又具有斗争性。同一性，是指在维护社会治安稳定的过程中，打击和防范必然同时存在，没有打击也就无所谓防范，同样，没有防范也就无所谓打击。如果只有打击没有防范，警察组织的警察权就会无限度地扩张，警务活动就会陷入暴政的泥潭。如果没有打击只有防范，警务活动就会变得软弱无力，发挥不了维护社会治安稳定的职能。斗争性，是指在不同的历史时期，警察组织在具体运用打击和防范两种手段的过程中，总会出现以打击为主还是以预防为主的争论，体现在日常的警务工作中，就会表现为一时只顾打击而忽视了防范，或者只强调防范而放松了打击。而我们的实践经验是，打击和防范必须兼顾。在一定时期，可能存在打击为主或者预防为主的情况，但两者的关系一定要处理好，否则事物的发展就会产生波折。在这方面，我们有过深刻的教训。

第二，打击和防范相互依存，相互渗透，相互转化。

作为矛盾对立统一的两个方面，打击和预防既相互依存，又相互渗透、相互转化。这一点，也是通过矛盾的斗争性来实现的。因为按照唯物辩证法的原理，事物的发展，是矛盾相互斗争的结果。在维护社会治安秩序稳定这一客观事物中，警察组织打击和防范的两个职能总是在不停地转换过程中达到一种平衡。以基层公安派出所的职能为例，我们知道，新中国成立之后，公安派出所的职能是经过了几次大的转换过程的。新中国成立初期，美蒋特务、散兵游勇、土匪绺子、黑社会组织以及各种不甘心失去政权、不甘心失败的反革命分子到处进行各种反革命破坏活动，暗杀、暴动、抢劫，严重威胁新生的革命政权。在这个时期，打击当然是公安机关第一位的职能，包括基层公安派出所，都承担了大量打击职能。而后，社会秩序基本稳定，我国工作的中心已经转移到社会主义建设上来，所以，1956 年颁布的《公安派出所组织条例》中规定了基层派出所工作的十项职责，基本上取消了派出所的打击职能。这种情况一直延续到改革开放之前。改革开放之后，我国社会中的犯罪形势非常严峻，形成了一个犯罪高峰。在这种情况下，公安派出所又开始承担了大量打击犯罪任务。到20世纪末21世纪初，社会治安形势得到了极大好转，在这种情况下，公安部于1997年开始着手进行公安派出所和刑侦工作改革，简称“两改”。在这次改革过程中，公安部明确规定，公安派出所要实行民警责任制，深入社区，推进社区警务战略，又取消了派出所侦查破案的打击职能。进入新时期以后，由于社会犯罪持续增多，流窜犯罪、各种高科技犯罪等层出不穷，打击的任务全部放在刑侦部门明显难以应付，于是，公安派出所又开始承担一定的侦查破案任务。这期间，基层公安派出所的职能几经转换。正是这种适应社会形势的转换，不断推动了公安机关警务活动的进步，也说明打击和防范两种职能不是纯粹的谁是第一位、谁是第二位的问题，而是与时俱进的相互依赖、相互推进的关系。

第三，打击和防范在不同阶段的作用。

在维护社会治安稳定的警务活动中，对于运用打击和防范两种手段，要具体问题具体分析。我们知道，在任何事物的发展过程中，矛盾都具有普遍性和特殊性。就维护社会治安稳定这一客观事物来说，在事物发展的过程中，绝不仅仅存在打击和防范这一对矛盾。所以，要维护社会治安就要进行综合治理。另外，单就打击和防范这对矛盾而言，在维护社会治安稳定的过程中，也表现出普遍性和特殊性。普遍性表现在，在维护社会治安的各个层次、各个环节，都存在打击和防范的问题。例如，打击黑恶势力，要对黑恶势力进行分化瓦解，重点打击黑恶势力的首要分子，对于一些从犯、偶犯，则要通过教育挽救，使他们成为新人。在这里，重点打击首恶体现的是打击，而分化、教育挽救从犯、偶犯，则属于一种积极的防范。从矛盾的特殊性角度来分析，由于各地、各个时期的社会治安状况都有很大差别，即使在一个局部地方社会治安状况也会有所差别，对此，必须具体问题具体分析，以便确定在什么时候、什么区域内采取哪些重点打击或者重点防范的措施。

（二）专项整治、集中统一行动和日常警务工作的关系

专项整治、集中统一行动与日常警务工作，本身并不应该成为一对

矛盾。在正常、规范的警务工作中，应该包括一些不定期的专项整治工作，也包括一些规模较大的集中统一行动。以北方一个县域内的日常警务工作为例，春季气候干燥，风大，容易发生火灾，这时开展一定规模的消防工作大清查是非常有必要的，与日常的警务工作也不会发生矛盾；在春节前后，盗窃犯罪多发。一些居民总会把过年准备好的各类物资存放在自家院子里的小仓房中，所以犯罪分子就会盯住这个机会，大肆进行盗窃犯罪活动。在这个时期，组织一定规模的警力，集中打击此类盗窃犯罪行为，严格清查犯罪分子易于藏身的城乡接合部，也是日常警务工作的题中应有之义，不会对日常的警务工作产生过多的影响。但是，当一些专项整治与集中统一行动超过了一定的限度，这些行动与日常警务工作就形成了比较突出的矛盾，如何处理这类矛盾才是我们所要研究的问题。

我国公安机关习惯搞大兵团作战，搞专项整治和集中统一行动，具有深刻的历史渊源。从新中国成立之初，在党的统一领导下，为了巩固新生的人民政权，开展了一些全国范围内的大规模集中打击。例如，根绝匪患，清除社会丑恶现象，吸贩毒、卖淫嫖娼、黑社会组织等一夜在中国大陆消失，进行大规模的镇压反革命运动，等等。自 1966 年开始，“文化大革命”使我国国民经济几乎到了崩溃的边缘，社会犯罪出现了一个新的高峰。1978 年，党的十一届三中全会确定了在我国实行改革开放政策，全面建设社会主义现代化的战略决策。为了给改革开放创造良好的社会环境，维护社会治安秩序的稳定，从 1983 年开始，全国范围内连续开展了多次严厉打击严重刑事犯罪活动的斗争。三年严打之后，各类集中打击行动不断，这种做法一直到现在仍然在继续之中。

21 世纪初，许多同志已经认识到连续进行大规模的专项整治和集中统一行动，已经与公安机关正常的警务活动形成了巨大冲击，本来作为日常警务工作一个重要组成部分的专项整治和集中统一行动已经对正常的警务工作形成了尖锐的矛盾。所以一些同志认为，在社会秩序已经基本稳定的情况下，不宜再过多地采取专项整治和集中统一行动的方式。因为过多地采用专项整治和集中统一行动，会使基层基础工作被严重削弱，基层民警连续作战，造成身心的巨大疲劳，为了应付专项整治和集中统一行动的成果要求，弄虚作假形成风气。为此，应该坚持党的实事求是的思想路线，尽量避免不必要的大型集中统一行动。

诚然，在社会治安形势严峻复杂的情况下，在一定范围内甚至在全国范围内开展大规模的专项整治和集中打击的统一行动，对于稳定社会秩序是必要的。但是，这种专项整治和集中打击绝不能超过一定的度。客观地说，不断进行专项整治和集中统一行动，就是打击和防范的关系处理不好的一种延伸。孔子说，一张一弛，文武之道也。只张不弛，势必会造成基层基础工作被削弱，会造成全警的极大疲惫和巨大的人力、物力、财力的浪费，也会造成弄虚作假等消极风气。

如前所述，专项整治和集中统一行动与正常的警务工作并不应该成为一对矛盾，那么，处理这对不是关系的关系，不是矛盾的矛盾，就应该按照辩证唯物主义的要求，坚持党的实事求是的思想路线，具体问题进行具体分析，根据不同时期、不同地方实际的社会治安状况，采取相应的工作对策。

第一，专项治理和集中统一行动的优劣和必要性。

长期以来，公安机关之所以习惯搞专项整治和集中统一行动，必然有其内在原因，就是采取专项整治和集中统一行动具有一定的优势。这些优势体现在：声势浩大，容易在全国或者省域、市域、县域内产生极大的政治影响，在较短时间内形成高压态势，震慑相关的违法犯罪行为，并在较短时间内取得一定的打击效果，一举扭转某些方面的被动局面。而且这种大规模的行动，容易对社会群众的心理产生影响，显示公安机关作为专政工具的强势地位。同时，从活动组织、领导者的角度考虑，这些大规模的行动由于短时间内效果突出，容易形成较为突出的政绩。从另一个方面考虑，专项整治和集中统一行动也有许多不利的方面。主要是：由于这些大规模的行动需要全警动员、全警参与，不仅相关警种要作为主力，其他所有警种都要跟进，甚至会大范围地抽调其他警种的警力参与行动，这就势必会造成对正常警务活动的冲击，削弱防范和基层基础工作；专项治理和大规模的集中统一行动连续不断，一个活动刚刚结束，另一个活动又紧接着进行，会造成民警身心的极大疲惫，厌战情绪会逐渐蔓延，被动应付、消极抵制会逐渐增多；专项整治和集中统一行动需要大量战果的支撑，为了扩大战果，一些基层公安机关不得不弄虚作假，谎报成绩，以应付检查，久而久之，就会影响全警士气，形成弄虚作假的风气；浪费大量的人力、财力、物力，使公安机关原本就紧张的经费更加紧张。

第二，具体问题具体分析。

毛泽东同志在《矛盾论》中说："马克思主义最本质的东西，马克思主义的活的灵魂，就在于具体地分析具体的情况"。坚持具体地分析具体情况，就是坚持辩证唯物论的认识论。就是说，必须深入实际，调查研究。在研究中，要反对主观性、片面性和表面性。所谓主观性，就是不知道客观地看问题，不知道用唯物的观点看问题。所谓片面性，就是不知道全面地看问题，只了解一方，而不了解另一方；只知局部，不知全体。所谓表面性，就是不知道深入事物内部去精细地研究矛盾的特点。

就专项整治与正常的警务工作之间的关系而言，主要矛盾不是专项整治、集中统一行动与日常警务工作之间的矛盾，而是专项整治、集中统一行动与社会中突出的犯罪活动之间的矛盾。所以，在一定时期、一定范围内是否采取专项整治和集中统一行动，就要看一定时期、一定范围内社会犯罪的情况是否到了不采取专项整治和集中统一行动的打击就不能有效解决问题的程度。在这里，具体问题具体分析，首先要分析一定时期内某种社会犯罪现象在多大范围内比较严重，需要采取专项整治和集中统一行动来遏制。例如，一定时期内一些沿海地区、经济发达省份经济犯罪形势严峻，已经影响到这些地方的经济社会发展，那么，在沿海地区和经济发达省份开展专项整治和集中统一行动是必要的。但在一些经济不发达的内地省份和地区，就不适于采取这种方式。其次即使是在发达省份，也应该考虑该省内的具体情况。有的地方经济发达，某类经济犯罪多发，就在这些地方开展专项整治和集中打击行动。在该省一些经济不发达、某类经济犯罪很少的地方，就不适于采用同样的行动。

第三，努力实现公安工作的地方化。

“地方化”是现代管理学中的一个概念。在我国的实践中，对于地方化有两种截然不同的解释。消极的地方化的解释是，一些政法机关，包括公安机关，因为人、财、物要受制于所在地方，所以在执法过程中，容易受地方的影响，出现执法的地方保护主义等弊端。所以，理论界强调在这方面要“去地方化”。而现代管理学意义上的地方化的本意是指，要最大限度地给地方放权，使不同地方能够根据本地的实际情况，采取相应的工作对策，以取得最好的工作效果。对于公安机关的警务工作来说，实现地方化具有重要意义，是处理好专项整治、集中统一行动与正常警务工作关系的良方。实现公安工作的地方化，符合辩证唯物主义关于实践第一的要求，可以最大限度地体现对事物的具体问题具体分析并采取相应的工作对策；可以避免因情况不同、面临的问题不同而采取相同的工作措施对警务工作造成的冲击和影响。在地方化的要求下，除重要、紧急的情形外，上级公安机关应该把工作决策权最大限度地下放给下级公安机关，而不作强制性、“一刀切”的统一规定。这样，基层公安机关甚至一个派出所都有权根据本辖区的实际情况采取相应的警务工作对策，使警务工作针对性强，才会取得更好的效果。

（三）管理与服务的关系

关于管理与服务的关系，公安机关已经有过相当长时间的争论，但管理与服务二者之间，孰轻孰重，孰先孰后，至今仍未能达成完全共识。正是因为对这个问题的认识一直没有统一，所以公安机关在管理实践中一度出现这样或那样的问题。或者是强调管理，强调寓服务于管理，结果是一管就死，把服务也变成了管理，一些民警以管理者自居，与广大人民群众渐行渐远；或者是强调服务，强调寓管理于服务，结果是一放就乱，畏手畏脚，该管的不管，可管可不管的也完全放任自流，无所作为，影响社会秩序的稳定。对于上述两种倾向，广大人民群众都不满意。

其实，从唯物辩证法的角度理解管理与服务的关系，这种关系也不是简单的矛盾关系，不是一种尖锐冲突的矛盾，而是属于现象与本质的范畴。即管理只是现象，而服务才是本质。这一点，从公安机关依法履行职务，管理社会治安的目的上可以反映出来。公安机关警务工作的一个重要方面就是对社会生活的方方面面进行行政干涉，这些行政干涉行为就表现为管理行为。不论是人口管理、户籍管理、消防管理、交通管理、出入境管理，还是特殊行业、场所管理，目的都是维护社会秩序的稳定。而维护社会秩序稳定的根本目的何在？是给经济社会发展创造有利的外在条件，为广大人民群众的生活提供稳定的环境条件。从这个意义上说，所有的行政干涉或者说管理行为，就是一种间接为群众服务的手段。从这个意义上说，管理就是服务。这没有丝毫的疑问。当然，警务工作的一个重要方面是服务，为广大人民群众的生产、工作、学习和生活服好务。但公安机关为群众服务，采取的是什么样的手段呢？答案还是只有一个，即管理。主动上门为群众办理户籍，属于人口管理；到个体经营业者的经营场所检查火灾隐患，最大限度地减少他们可能因火灾造成的损失，属于消防管理；基层民警把因私出国出境人员的证照送到他们的手里，属于外事管理；到机关、企业、学校宣传交通安全，属于交通管理。而一些纯粹的服务性工作，如照顾孤老、护送上学的孩子过马路、为贫困家庭的孩子捐资助学，不过是对警务工作功能的扩展，而服务工作最重要的内容，其实是通过管理来实现的。

长期以来，公安机关之所以存在管理与服务孰轻孰重、孰先孰后的争论，关键问题还是一个理念问题，是一个认识问题。只要认识问题解决了，其他的问题也就迎刃而解了。前几年去吉林省辽源市公安机关调研的时候，发现他们提出了一个理念，即强调在处理管理与服务的关系问题，要做到从“我为治安管人民”变为“我为人民管治安。”这样的提法，其实就是一种认识上的根本改变，“我为治安管人民”和“我为人民管治安，”认识不同，出发点不同，处理问题的结果也不同。如果从“我为人民管治安”的理念出发，那么，所有的管理都是一种服务；相反，如果从“我为治安管人民”的理念出发，所有的服务也变成了一种管理，这样的结果，当然是人民群众不欢迎、不认可、不答应的。

由此可见，如何处理管理与服务的关系问题，实际上是一种认识与实践的关系问题。通过治安管理工作的实践，我们可以更好地认识管理工作对于经济社会发展、对于人民生活幸福的重要意义。同时，通过树立正确的管理工作理念，又可以指导我们通过管理工作，更好地为广大人民服好务。因为从理论上讲，理念是思想，是看法，是思维活动的成果。这种成果是经过思考、研究、推理后得出的带有规律性的结论。理念是行为的先导，对行为具有支配作用。正确的理念才能指导正确的实践。换句话说，有什么样的理念就有什么样的实践活动。公安机关要处理好管理与服务的关系，首先也必须树立正确的理念。这种理念就是全心全意为人民服务的理念，是“群众利益高于一切”的理念。

近年来，中央强调要加强和创新社会管理工作，建设社会主义和谐社会。在和谐社会建设这个大背景下，强调人与人之间要和谐，人与社会之间要和谐，人与自然之间也要和谐。突出强调人的因素在和谐社会建设中的重要地位。而我们这个社会的主体是广大人民群众，只有让广大人民群众的气都顺了，心都安了，事都办好了，人与人之间才会有和谐，人与社会之间才会有和谐，人与自然之间才会有和谐。从这个意义上说，整个社会的管理创新，包括公安机关所要进行的管理创新，都是为了建设和谐社会服务的。所以，公安机关管理创新的出发点和最终归宿只有一个，那就是让广大人民群众满意。

在新的社会条件下，大力开展警务管理创新，是处理好管理与服务关系的重要措施。要搞好管理工作创新，公安机关及所有的警务工作者必须树立群众利益高于一切的理念，并把这一理念深深植根于每个民警的心中，落实到每项具体的管理工作中去。要从三个方面下功夫：一是管理创新的目的是服务群众、方便群众、让群众满意。所有的管理措施创新都要事先征求广大人民群众的意见，力争从创新的形式到创新的内容都要让群众认可，并想方设法地使广大人民群众积极参与到公安机关的管理创新中来，形成警民互动的良好氛围，这样才能取得切实的效果。二是创新过程就是管理过程，更是服务过程。所以，每一项创新措施的出台，都必须在管理的同时，更加方便群众、更加有利于保护群众利益、更加有利于社会稳定。要教育广大民警充分认识到，管理与服务是一个问题的两个方面，服务是为了管理，管理也是一种服务。在这里，为了便于群众接受管理，应该改变我们的工作态度和工作方法，在管理过程中既要坚持政策原则，又要照顾群众的感情，要更加注重说理，重视说服教育。三是检验公安机关的管理创新是否符合要求的终极标准是群众认不认可、满不满意。坚持群众路线和“群众利益高于一切”的管理创新理念树立的牢不牢，管理创新的效果好不好，是否达到了预期的目的，不是靠公安机关自己说了算，而要让全社会的广大人民群众来检验。因此，检验公安管理创新的成效不能单凭公安机关自身开展的一些社会调查结果如何，不能单凭新闻媒体对一时一事的积极报道，也不能凭开几场座谈会靠人大代表、政协委员和群众代表的表扬，更不能单一地看打掉了多少黑社会性质的犯罪组织、破获了多少刑事案件，而要看一个地方整体的社会风气如何、和谐程度如何、群众满意程度如何、广大人民群众支持与参与公安工作的热情如何。

（四）公安工作领导体制上“条”与“块”的关系

我国现行的公安工作管理体制，可以概括为四句话，即“统一领导、分级管理、条块结合、以块为主”。

分析这种管理体制中的矛盾，既有中央与地方的矛盾，也有条与块之间的矛盾，还有地方各级之间的矛盾。从主要矛盾和次要矛盾的角度来分析，主要矛盾是条与块之间的矛盾。

考察“统一领导、分级管理、条块结合、以块为主”公安管理体制的由来，可以追溯到新中国成立前后。这种管理模式，适应当时我党领导夺取全国政权和巩固新生人民民主专政的需要。特别是在当时帝国主义和国民党反动派亡我之心不死，敌特分子活动猖獗，散兵游勇、土匪遍地，黄、赌、毒和黑社会等社会丑恶现象泛滥，社会治安形势极端混乱，交通极不发达，通信手段相当落后的情况下，为了加强党对公安工作的绝对领导，保证根据不同地方的不同情况，及时、有针对性地采取打击对策，巩固和维护新生的民主政权是非常必要的。这种管理体制在新中国成立之初一直到改革开放前的较长时间里，也基本适应当时计划经济体制下较为封闭的社会环境和犯罪率较低的社会治安状况，有利于充分发挥中央和地方两方面的积极性。改革开放后，我国的社会形势发生了根本性的变化，已经进入后工业时代，城市化进程加快，互联网络时代已经来临，公安机关面临的犯罪专业化、职业化、科技化、流动化等趋势越发显著，在这种情况下，“统一领导、分级管理、条块结合、以块为主”的公安工作管理体制的弊端开始显露，成了影响公安机关职能作用有效发挥的根本障碍。主要表现是：

第一，“统一领导”实际上削弱了党对公安工作的领导。

“统一领导”根本上是指党对公安工作的领导，不论是公安机关自上而下的领导还是地方党委政府对公安工作的领导，不论是对工作摆布、队伍建设的领导还是对公安专门业务的领导，都是党的领导的一种体现。而且从“条块结合、以块为主”的角度上看，地方党委政府对公安机关的领导应该有更重要的位置。但是从目前的普遍情况看，地方党委政府对公安工作被动听取汇报请示多，主动深入调查研究、解决实际问题少，主动牵头开展工作少。如果不是遇到危、难、险、重，党委政府挠头的事，公安工作同经济建设和社会发展相比，显然不是各级领导最关心的事情。如此看来，地方党委政府对公安工作的领导并不得力，而公安机关自上而下的领导一般被认为只是纯业务方面的领导，得不到应有的重视。

第二，“块”的实际掌控，使“条”的领导形同虚设。

“以块为主”的管理体制，决定了公安机关的人、财、物大权牢牢地掌控在“块”的手里，人事任免、经费保障、办公条件、福利待遇等，都要受制于地方党委政府。在“二十公”提出地方公安局“一把手”高配和中共中央、国务院办公厅出台《关于加强政法机关经费保障的意见》之后，这种状况有所改观，但管理体制规定的人事任免权在地方、经费保障与地方财政挂钩的情况没有得到根本性的改善。关于人事任免，有的县公安局领导形象地说，自己的命运掌控在地方党委政府手里，如果不听党委政府的话，随时可能离岗走人。而“条”的领导，如上级公安机关的一些规定、决定、通知等专业性较强的警令政令，尽管对下级公安机关具有一定的权威性，但对下级地方公安机关的实际掌控者，即地方党委政府来说，却是可听可不听、可支持可不支持，如果属于单纯的业务，与地方利益无冲突或不增加地方工作难度，地方党委政府还能协助执行，下级公安机关能够落实；但如果涉及地方利益，或增加地方工作难度，如要求增加人事编制、追加办案经费、落实干部职级待遇、增设机构等，地方党委政府就会持消极态度，推迟执行或拒不执行，致使警令得不到落实。

第三，在执行党的方针政策和法律法规方面，“条”与“块”是两股绳，拧不到一块儿去。

公安机关是专业性很强的半军事化队伍，在行使职能方面要严格依照法律，有较强的规定性，特别是公安机关具有走群众路线的光荣传统，要与广大人民群众建立和谐的警民关系，从而实现保一方平安。而“块”对公安机关的要求与“条”的要求显然偏离很大，客观上说，一些地方的党委政府已经把公安机关看成了自己的“私人武装”，随时可能滥用行政领导权干预公安机关的执法活动。于是，有的基层党委政府，特别是县、乡级党委政府运用地方行政权指派基层公安机关参与催交公粮、拆迁房屋、计划生育等非警务活动；有的甚至非法指使公安机关用传唤、拘留等行政强制手段、行政处罚措施随意关人、铐人、打人；有的地方党委政府从维护地方经济利益出发，指使公安机关插手经济纠纷、越权办案；有的地方党委政府从搞活经济出发，制定一些“土政策”，如有的地方默许开赌场，不允许公安机关查处；有的地方纵容高档酒店搞色情服务，不允许公安机关加强管理，还要求公安机关加以保护，以促进本地的经济发展，等等。这些做法，使公安机关被迫成了广大人民群众的对立面，成了社会舆论的焦点，如同坐在火山口上，严重背离了党和公安工作长期坚持的群众路线，得不到广大人民群众的理解和支持，处境非常艰难。

公安机关作为专政机关，专业性极强，这种性质要求党对公安工作的领导突出专业性。所以，在政治体制改革的大环境下抓住机遇，在一定程度上解决“条”与“块”的关系问题，是促进公安事业发展的有利契机。长期以来，一些同志曾对公安管理体制怎样处理“条”与“块”的关系作过很多论证。大致提出了三种改革模式。一是垂直管理，即参照检、法和工商、银行等系统的管理办法，由公安部垂直领导各级公安机关；二是省以上条块结合，省以下以条为主，即公安部、省公安厅两级实行条块结合，以块为主，省以下实行以条为主的垂直领导；三是地、市级以上公安机关实行条块结合，以块为主，地、市以下公安机关实行以条为主，即市、地级公安机关对下级公安机关进行垂直领导。我们考虑，第三种方法比较符合实际需要，也更具操作的可能性。

地、市级以下公安机关以条为主，垂直管理的主要内容，是将公安人事管理权和经费保障权限统一归地、市级公安机关管理，摆脱地、市以下的“块”对公安工作的束缚。

或者有人会认为坚持党的领导，就必须使各级公安机关（包括公安派出所）一律接受当地党委的领导和管理，公安机关的每一项工作都必须在当地党委的领导下进行。似乎一提到公安机关实行“以条为主”的管理体制，就是要摆脱党的领导。其实，这是一种片面的理解。党的领导主要是政治、思想和组织的领导，而不是干预具体的公安业务工作。邓小平同志曾经指出：“纠正不正之风，打击犯罪活动中属于法律的问题，要用法制来解决，由党直接管不合适。党要管党内纪律问题，法律范围的问题应该由国家和政府管。”公安机关依照宪法和法律开展工作，与接受党的领导是一致的。因为从组织领导上说，党中央的领导是党对公安工作的最高领导；各级公安机关的党组织依照宪法和法律以及党的路线、方针、政策，对本级公安工作实施的集体领导，就是党对公安工作进行领导的具体体现。地方党委对公安工作的领导，可以体现为配合上级公安机关党委对公安工作重大原则问题的领导和监督。这样，公安机关实行“以条为主”的管理体制，就可以避免一些地方对公安工作干预过大，保证从中央到地方的统一，进一步完善党对公安工作的领导，同时可以进一步为基层公安机关优化执法环境，最大限度地减少非警务活动。

（五）警察权的限制与扩张的关系

警察权，一般是指主权国家为了维护国家安全和社会秩序，预防、制止和打击违法犯罪活动而依法赋予警察机关实行的强制力量。它是警察机关实现职能、完成警务任务的法律保证。具体到我国的司法实践，警察权是指国家依法授予警察机关以及人民警察履行维护国家安全和公共秩序的职能所必需的各种权力的总称。主要包括两大职权，即警察行政职权和警察刑事职权。

警察权的限制与扩张，是在警察机关行使职权的过程中形成或者出现的一对本不应该出现的矛盾。所谓警察权的扩张，是指一些警察机关或者民警个人，超出法律规定的职权范围，或者曲解法律对警察权的规定，而进行的一些被冠以“法律”名义的活动，其实质是对法律赋予警察机关警察权的一种滥用，社会危害甚大。所谓警察权的限制，原意是指法律在赋予警察机关警察权的同时，为了防止警察权的过度使用而作出的一些限制性规定，如规定警察机关在行使警察权时，哪些活动是被严格禁止的，或者为警察权的行使划定基本底线。但在现实中，警察权的限制则是指一些地方政府部门、单位或者公民个人无视法律的威严，无视警察机关执法的权威，而对警察权进行的没有任何法律根据的制约、侵犯。

在国家的各种公权力中，警察权的重要作用是不言而喻的。我国警察机关具有的警察权与一些西方国家相比，范围要宽泛得多。既有刑事侦查权，包括行使各类刑事强制手段；也有治安行政权，从治安拘留到强制戒毒、从户籍管理到交通处罚等，多种刑事与行政权力集于一身。这种情况说明对我国警察机关的警察权进行一定程度的限制是必要的。文明、法制是现代社会发展的一个基本标志。在现代社会中，警察权的扩张与限制程度与一个国家的法治文明程度是成反比的，即警察权越小，国家的文明、法治程度越高；警察权越大，国家的文明、法治程度越低。这是因为，警察权与公民权的关系决定了警察权越扩张，公民权就越会受到限制。而公民权越得到保障，也越会对警察权形成制约。这种情况说明，保持一定限度的警察权是现代国家实现法治社会的必然要求，但警察权如果超越了法律规定的限度，就会构成对公民权的伤害与威胁。

在现实社会中，我国警察机关在行使警察权的过程中，警察权的扩张与被限制的情况大量存在。从宏观上看，扩张是“被扩张”，限制是“被限制”；从微观的角度上看，更多的是一些基层公安机关与民警个人的“自主扩张”以及一些公民的“任性限制”。

所谓警察权宏观上的“被扩张”，是指警察机关因为受制于地方党委、政府，或者受一些实力部门的影响，滥用国家、法律赋予公安机关的警察权，承担大量的非警务活动，如阻止上访、出去强拆、为商家的大型活动“站场子”，等等。除警察机关外，一些部门或者单位也借警察权狐假虎威，冒用警察权为本部门、本单位谋取利益。这种情况最突出的表现是，走在大街上，身着各式疑似警察服装的人比比皆是，有些服装甚至连在警察机关工作多年的人也很难一眼辨认其真伪。

所谓警察权宏观上的“被限制”，是指一些地方党委、政府在发展经济、创造良好经济发展软环境的名义下，干预、限制警察机关一些正常警察权的行使，如禁止警察机关行使治安管理权，不许对一些非法经营的涉赌、涉毒、涉黄场所进行查处；不允许对一些违法的所谓纳税大户法人采取刑事强制措施，等等。

所谓一些基层公安机关和民警微观上对警察权的“自主扩张”，是指一些基层公安机关及其领导、民警，为了小团体的利益或者个人利益，无视法律规定，滥用警察权的行为，如有的民警弄虚作假、纵容包庇犯罪分子，有的民警对群众随意实行非法羁押和刑讯逼供；有的民警对群众吃拿卡要、敲诈勒索、收受贿赂、不给好处不办事；有的民警与黑恶势力相互勾结，警匪一家；甚至还有一位民警狂妄地说：“我就是法律”。

所谓一些公民对警察权的“任性限制”，体现在一些人无视法律的权威，无视警察机关的威严，大胆、随意地阻碍警察行使正常的警察权。这种情况现在是大量的、复杂的、愈演愈烈的，严重干扰了警察机关正常警察权的行使，破坏了正常的执法环境，对人民警察的正当执法权益形成了巨大危害。据2015年10月的一份统计报告，自2010年以来，全国袭警侵警案件年均递增1000起以上。2010年受侵害民警7000多人，2013年这一数字猛增到12000多人。2013年全国查处的侵害民警执法权益案（事）件达近万起，其中受伤民警近8000人，牺牲20多人。2014年，公安部曾就此问题专门组织了深入调研，派员先后到广西、吉林、黑龙江、江苏、河南、陕西、北京7省区市的16个市县、65个基层所队深入开展调查。所调查的7个省份，3年来一次导致3名以上民警遭袭受伤的就有近400起，有的民警因多次受到袭击，产生了出警、处警恐惧症。

用辩证唯物主义的方法论分析警察权的扩张与限制，上述的各种情况说明，扩张只是现象，本质是一些地方、部门或者个人为了实现自己的利益，借助警察权为所欲为。限制也只是一种现象，本质是一些地方、部门或者个人无视国家法律肆意妄为。

从实践上看，目前警察权的扩张与限制都超出了一定的度。所以对于警察权既有必要进行限制，更有必要进行保护。现在的情况是，由于警察机关及人民警察享有国家赋予的强制力，拥有不容挑战的权威，所以人们往往更加关注警察队伍如何使用强制力和对强制力如何约束，而容易忽视对执法权的保护。最终结果，只能使法律权威不断受到挑战和质疑，对我国的社会主义法制建设产生长期的、消极的影响。

通过对上述警察权扩张与限制的各种现象的分析我们发现，所谓警察权的扩张，都是警察机关、警察个人或者警察机关之外的权力机关在没有法律依据的基础上对警察权进行的没有根据的扩张，并不是法律赋权方面的问题，问题都出在法律的执行层面，是警察权的行使超出了法律规定的范围；而所谓警察权限制的不仅仅是警察机关的警察权，还有国家法律的权威和严肃性。

基于这样的认识，我们认为，保证警察机关及其人民警察正确行使警察权的基础的“度”在于法律授权。对警察机关及其人民警察来说，“法无授权”即应当禁止；对于广大社会公众来说，“法无禁止”即自由。换句话说，如果警察在行使警察权的过程中，符合法律规定，社会公众就不得以各种方式，特别是不能以暴力抗法、阻挠、妨碍等行为干扰警察权的行使，更不可以采取谩骂、殴打、诬陷等方式对人民警察个人进行人身伤害和名誉伤害以及其他伤害。

（六）警力不足与警务任务过重的关系

当前，警力不足是制约公安机关职能作用充分发挥的主要矛盾之一。在有效开展警务工作这一客观事物面前，警力不足与公安机关，特别是基层公安机关承担的任务过多、过杂、过重，确实是一对尖锐的矛盾。如何正确处理这对矛盾，也是需要公安机关实践部门的领导、民警和理论研究部门的同志共同关注的问题。

警力不足与公安机关任务过重的矛盾，是从改革开放之后才逐渐尖锐起来的。对于改革开放之前我国的警力数量，我们至今没有找到确切的统计数字。但据我们初步估计，如果说现在全国的警力为200万左右，改革开放前三十年里的警力数量不会超过60万。当时一般的城镇派出所，警力三至五人的占大多数，在一些几万人口的农村人民公社，甚至只有一名公安特派员。以现在警察数量与每万人的比例，只有万分之二三。而现在，据统计，我国绝大多数地方的警力已经占到了万分之七八，在一些大中城市，甚至达到了万分之十三至万分之十五。当然，这样的比例，据说仍低于西方一些发达国家。而西方国家经过第四次警务革命之后，在警力配置方面也提出了“无增长改善”的要求。与之相比，在我国目前经济社会发展的状况之下，再大规模地增加警力没有太大可能。一方面是公安机关的职责任务越来越重；另一方面是警力不会再有太多的增长，在这个前提下，警务任务重和警力不足的矛盾就越发突出了。

分析产生警务任务重和警力不足的矛盾，因素当然是多方面的。有国家经济社会发展程度对警察组织发展的制约，有国内外政治势力的反华倾向对警务工作造成的压力，有社会上日益复杂的社会治安形势对警务工作量上的无限增加，有公安机关自身对于职责范围的规范不清，有警察组织内在的警力资源分配不合理，也有民警素质不高的问题，等等。而且这些矛盾主要表现在基层，表现在公安派出所等基层实战单位。对于这些矛盾进行具体分析，排除不可能再大量增加警力数量的因素，我们发现，当前警力不足和警务任务过重之间的主要矛盾，依次为以下几个方面：

第一，非警务活动过多过滥。

在警务工作中，凡没有法律、政策依据、不在公安机关职责范围之内的所有公务活动，均为非警务活动。长期以来，基层公安机关从事非警务活动过多过滥，其危害早已为人们所认识，但要杜绝这类活动却难上加难。尽管基层派出所对这类活动深恶痛绝，但不得不去做。

第二，承诺服务的范围太过宽泛。

1996年，福建省漳州市公安局指挥中心率先提出了“有警必接、有难必帮、有险必救、有求必应”“四有四必”的承诺。此后不久，公安部即要求全国各级公安机关认真践行这一承诺，作为公安机关和人民警察全心全意为人民服务宗旨意识的一种体现。在这个精神的指导下，“有困难找警察”深入人心，一些地方甚至还出现了“警察是人民的儿子”等极具煽情效果的提法，有的地方的公安局领导甚至在公开场合发表“警察是人民的儿子，老子打儿子天经地义”之类的不负责任的言论。从严格意义上说，公安机关是“人民公安机关”，警察是“人民警察”，全心全意为人民服务的提法不仅体现了党的宗旨，也是公安机关一切工作的出发点和归宿。所以，要求全体人民警察树立全心全意为人民服务的宗旨意识是非常必要的。但是，通过“四有四必”“有困难找警察”这类绝对化的提法强调公安机关的服务职能，就无限扩大了公安机关的职责范围，使公安机关成了包打天下的“万金油”，实际上远远超出了公安机关特别是基层公安派出所的能力，客观上是以摧毁公安机关的诚信和公信力为代价，胁迫公安机关自身，特别是包括派出所在内的公安机关基层单位从事各类超出自身职责范围和能力范围的活动。据相关资料显示，在全国各地110接报警服务台接到的报警中，有7成以上为无效报警，在有的地方，这个比例超过了80%。公安机关有限的警力资源在很大程度上浪费在这种毫无意义的工作上，面对公安机关给自己挖下的坑，充满了无奈。事实上，不仅是这些毫无意义的报警与公安机关无关，就是群众真正遇到的一些困难，也不是民警一到问题就迎刃而解的。例如，居民家水管爆裂、煤气泄漏、电路出现问题，就应该向专业人员求助，如果民警到现场后缺乏相关的专业知识而贸然处理，甚至有可能引发更加严重的后果。

第三，基层警力严重不足。

一是机关与基层警力配置失衡。虽然公安部多次强调基层警力要达到所有警力的85%，但实际上很难做到。机关总是精简了又膨胀，普遍呈倒“金字塔”形。以公安派出所为例，公安部早就有规定，基层派出所户籍民警每人管理500～700户，管理实有人口3000人，但从各地的实际情况看，很难达到这个标准。一个派出所民警管理1万甚至1万以上人口的情况大量存在。二是有效警力不足。客观上说，有效警力不足是困扰基层警务工作开展的重要原因。所谓有效警力，是指政治素质、业务素质、身体素质、心理素质都较好，能够正确理解和执行党的方针、路线、政策，能够正确依照法律法规的规定执法，能够有效开展群众工作，能够“一个萝卜顶一个坑”的民警数量。但现实情况是，由于基层派出所民警来源复杂，很多又没有经过相应的专业培训，各项素质都跟不上时代的要求。甚至还有一些年龄偏大、工作热情低、混日子的民警也被安置性地放到了派出所。此外，女民警在基层派出所中也占了一定比例，有一部分女同志只能在所内从事一些接待、内勤工作，不能出外勤。上述情况，都决定了基层公安机关的有效警力不足。一些派出所领导直言，现在派出所的有效警力，能够达到50%就是比较好的状态，而派出所的所有工作基本上都要靠这不到50%的有效警力去完成的，其他人只能做一些辅助性的工作，这就势必导致有效警力的任务量更大，压力负担更大。

第四，警民关系建设严重滑坡。

群众在很多情况下对民警的工作不是积极支持，有时甚至消极抵触。新中国成立之后广大人民群众与公安机关的血肉关系、鱼水关系，在改革开放后商品经济因素的冲刷下逐渐淡漠，在有些地方甚至变成了油水关系。在民警中，特别是一些年轻民警中，不想做、不会做、不愿做群众工作的情况相当普遍。在社会中仇官、仇富、仇警的情绪正在蔓延。在这种情况下，公安机关空有“警力有限，民力无穷”的想法，但真正借助广大群众的力量，却缺乏行之有效的办法。因此，基层派出所的民警不论是进行人口管理、治安防控，还是到社区居民家中做群众工作，难度都越来越大。而失去了广大人民群众的支持，基层派出所工作的难度和压力负担就无形中增大了许多。

针对上述问题，要正确处理好警务任务重和警力严重不足的矛盾，在目前的情况下，想依靠外界、靠政府大量增加警力编制解决问题的可能性不大。为此，调动公安机关内部的积极因素，才是解决问题的唯一出路。

其一，进一步规范、完善公安机关的职责范围。用法律的形式规定哪些是公安机关必须做的，哪些是可以做的，哪些是坚决不可以做的，哪些是在什么样的情况下可以酌情处理的。为公安机关划下红线，并使各地党委、政府以及广大人民群众熟知这些规定，以最大限度地减少公安机关的非警务活动。

其二，借当前深化公安工作改革的东风，切实精简机关，并制定向基层倾斜的政策，把绝大多数警力充实到基层一线，改变基层有效警力不足的问题。

其三，积极探索在新的社会历史条件下开展群众工作的有效方法，切实改变警民关系，最大限度地争取广大人民群众对警务工作的理解和支持。

（七）从严治警与从优待警的关系

毛泽东同志在《论十大关系》中讲到国家、生产单位和生产者个人的关系时曾说过，“你要母鸡多生蛋，又不给它米吃，又要马儿跑得好，又要马儿不吃草。世界上哪有这样的道理!”这段话，对于我们理解从严治警和从优待警的关系，应该是一个基本前提。

如何建警，建立一支什么样的警察队伍，是警察队伍建设中的首要问题。为了解决好这个问题，自新中国成立以来，我国公安机关一直在实践中不断探索。为此，几十年来，公安机关提出了许多口号式的目标。例如，建立一支让党和人民放心的警察队伍、打铁先得自身硬、政治建警、科技强警，以及从严治警、从优待警，等等。在这些口号式的目标要求面前，现在摆在公安机关面前的问题，是如何处理好从优待警和从严治警的关系问题。而且这一问题的提出，也不是偶然的，而是有其必然的因素。

从优待警和从严治警，是公安队伍或者警察队伍建设存在的一对客观矛盾。二者相互依存，相互转化。在这里，从优不是无条件的从优，从严也不是无条件的从严。处理二者的辩证关系，实际上也是一个矛盾冲突的发展过程。正是在从优与从严的矛盾发展中，警察的待遇较之前有了逐步的、较大的改善，整个公安队伍建设的水平，也在矛盾的冲突与发展中上了一个新的台阶。

通过查阅相关资料我们发现，从严治警这一提法，最早出现在1984年第五次全国公安政治工作会议。当时，为什么会有这样的提法？我们考虑，1984年正是全国严打的第二年，社会治安混乱的局势还没有得到有效扭转，公安机关打击严重刑事犯罪的任务还很重。同时，由于当时新入警的人员来源复杂，素质参差不齐，一些地方的公安队伍中出现了严重的吃、拿、卡、要，冷、横、硬、推，以及徇私枉法、知法犯法等严重的违法违纪问题，人民群众意见很大。在这种情况下，如果不能有效地遏制警察队伍中的违法违纪势头，就会影响整个严打斗争的顺利进行。所以，公安部适时提出了从严治警的要求。之后，在队伍建设过程中严肃查处违法、违纪民警的工作一直没有停止，对于公安队伍的纪律要求也越来越严格。同时，由于警务任务过重，民警加班加点连续工作，很少放假休息，加之绩效考核、末位淘汰等队伍建设措施不断强化，基层民警的压力越来越大，已经达到了身体和心理忍耐的极限。在这种情况下，如果再一味强调从严治警，就可能走向事物发展的反面，因此，从另一个方面平衡与稳定队伍建设势在必行。于是，单纯的从严治警11年后，1995年全国政法工作会议上，从优待警的提法第一次正式出现，使队伍建设的严与优得到了一个初步的平衡。

其实，从严治警是我国公安机关一直以来的光荣传统。自新中国成立以来，公安机关一直坚持革命战争时期人民军队的好传统，要求民警全心全意为人民服务，与广大人民群众打成一片，建立警民之间的鱼水深情。同时，从优待警也一直是一个悬而未决的议题。鉴于警察这支队伍是和平年代牺牲最大、奉献最多的队伍，中央早在1956年就提出了公安民警的工资要高于地方、略低于军队的原则。之后也提过多次，但由于各方面因素的限制，一直未能兑现。

严格地说，较长时期以来，在公安队伍建设、管理方面，从严治警与从优待警的关系处理得不够好，二者之间的反差太大。公安民警，特别是基层公安民警的工作、生活、精神压力太大，很难得到有效缓解，这一点毋庸赘言。面对这种情况，重要的问题是如何从以人为本的角度，从优待警，缓解基层民警的压力，而不应再给民警层层加码，一味强调从严治警。难怪现在很多民警对从上到下各种从严治警的要求有怨言。有的民警形象地比喻说，现在是从严治警的规定一箩筐，从优待警的措施纸一张。“纸一张”是说只有纸上的规定，没有实际的措施。现在的民警流血流汗又流泪，面对从优和从严的巨大反差，积极性怎么能够调动起来？

2015年，中央《关于全面深化公安改革若干重大问题的框架意见》出台。《关于全面深化公安改革若干重大问题的框架意见》明确提出，要根据人民警察的性质，建立有别于其他公务员的人民警察管理制度和保障机制。按照职位类别和职务序列，对人民警察实行分类管理，适应正规化、专业化、职业化的建设要求，建立健全人民警察招录培养机制。贯彻落实人民警察生活待遇“高于地方、略低于军队”的原则，建立符合人民警察职业特点的工资待遇保障体系。完善人民警察抚恤优待制度，建立健全人身意外伤害保险等职业风险保障制度。依法维护人民警察执法权威，规范警务辅助人员管理，等等。这些都是从从优待警的角度，考虑平衡从优与从严之间的辩证关系作出的决策，终于使广大基层民警看到了自身发展的出路，看到了职业选择给自己带来的新期望。

有许多研究者提出，在从优待警和从严治警的关系中，从优待警是对民警的关爱，但从严其实也是一种关爱。有的同志认为，从严治警是前提，严才能出战斗力、凝聚力、号召力；同时，从优待警是保障，要充分体察民警工作的艰辛和生活上的困难，尽可能帮助他们解决实际生活困难。只有爱得深，严才能出权威，才能令行禁止。这样的理解，当然是从优与从严关系的一个方面。但从优与从严还应该有更加深刻的内涵。

其一，从优待警方面。从优待警，不应该只体现在工资、福利待遇的提高上。当然，提高民警的工资、福利待遇是体现从优待警的重要方面，关注、帮助民警解决实际生活困难也是从优待警的重要方面。从优待警更重要的方面体现在日常的警务活动过程中，关注民警的执法环境，以及在执法过程中必要条件的提供，为民警创造良好的内、外部执法环境。一是保障民警正常休息的权利，不能无休止地加班加点；二是保障民警的身体健康，必要的执法保护手段必须跟上；三是为民警的职业发展提供更广阔的空间。不能让民警一干就是一辈子，一辈子到点退休时在政治、经济待遇方面还是原地踏步。

其二，从严治警方面。从严治警不能一味强调惩罚。当前，在公安队伍管理中一个突出的倾向是对民警队伍的管理只重视条条框框，只重视调查处理，而且处理的手段相当严厉，动辄下岗、淘汰、辞退、开除。从公安部到各地、各级公安机关，各种形式的禁令、规定层出不穷，上面有五条禁令，下面就会有十条、二十条扩展禁令跟上，这些禁令烦琐、重复，记忆力再好也难以清晰地记住。而民警稍有不慎就可能碰上红线，受到严厉的处罚。客观上，过多过乱的禁令不易记忆，不好执行，使基层民警非常反感。

其三，最终目标方面。既要从严治警，又不能搞不教而诛。古人早就总结过严是爱、宽是害的哲学道理。这种道理不仅适用于家庭教育，也适用于公安队伍管理。从优是爱，从严也是一种爱，但这种从严体现的爱应该体现在民警犯错之前、受到处罚之前。不能不教而诛，只要民警犯一点错误就一棒子打死。在这方面，教育要从严，教育民警树立全心全意为人民服务的宗旨意识，树立严格、公正、文明执法的信念，培养良好的职业道德情操；训练要从严，要从实战的角度让民警学会真正的执法本领，在面对犯罪分子的时候，不仅要敢战，还要善战，要学会在保护自己的前提下打击犯罪的本领，尽量减少民警不必要的伤亡；管理要严，要在队伍管理中，把从严的要求贯彻到每个工作细节之中，使民警行有规范、做有参照，严格按照法律规定办事。

（八）警务工作继承与创新的关系

2012 年，党的第十八次代表大会提出，要坚持走中国特色社会主义政治发展道路，积极稳妥地推进政治体制改革。在这个宏观背景下，政法体制改革，包括公安工作的体制改革也逐渐进入深水区。以 2015 年中央《关于全面深化公安改革若干重大问题的框架意见》的出台为主要标志，公安工作改革的宏观框架初现端倪。

改革是一场革命，但改革不是把一切都推倒重建，改革是在继承基础上的发展。从我国政治体制改革乃至公安工作体制改革的内涵上看，完全符合辩证唯物主义关于继承与发展的理论。

中央《关于全面深化公安改革若干重大问题的框架意见》提出，全面深化公安改革共有七个方面的主要任务、100 多项改革措施。七个方面的主要任务：一是健全维护国家安全工作机制；二是创新社会治安治理机制；三是深化公安行政管理改革；四是完善执法权力运行机制；五是完善公安机关管理体制；六是健全人民警察管理制度；七是规范警务辅助人员管理。这七个方面涵盖了公安机关从领导体制到工作运行机制的主要内容，如果改革能够顺利完成，将使整个公安机关的警务运行有一个脱胎换骨的改变。

有的同志或许会问，当前的公安工作，从管理体制到工作运行机制，基本能够满足维护国家政治稳定、社会稳定、打击刑事犯罪的任务要求，为什么还要冒一定的风险进行大刀阔斧的改革？我们考虑，主要原因如下：新中国成立以来，公安机关从建立到发展经历了 60 余年的历程，但是从管理体制到工作运行机制，都没有太大的变化。一直保留着新中国成立初期、计划经济时期的基本格局。这中间，特别是改革开放之后，虽然各级、各地公安机关进行过一些修修补补的改革，但是从总体上看，由于缺乏全国性的、整体的、宏观的改革谋划布局，所以改革的发展很不平衡，改革的措施很不彻底，改革的效益没能真正体现出来，对于公安机关警务活动的促进作用有限。而且从改革以来的实践经验看，一些浮在表面的问题得到了一定程度的解决，但越是到最后，公安工作管理体制和工作运行机制方面深层次的问题越加暴露出来，这些问题不解决，公安机关就不能很好地适应当前飞速发展的社会形势对警务工作的需要。所以，借国家政治体制改革的有利东风，推进公安工作管理体制和工作运行机制的改革势在必行。

要改革就存在如何继承与如何创新的问题。只有正确处理继承与创新的关系，才能使公安改革顺利发展，完成预定的改革目标。

唯物辩证法认为，处理继承与创新的关系，是一个既简单又非常复杂的问题。说它简单是因为，时势催促改革创新，不改革创新，事业就无法发展，就会停滞不前。所以在是否创新的问题上，答案只有一个，没有选择项。说它复杂，是因为改革就要涉及继承与创新的问题，而继承与创新的问题，涉及唯物辩证法中认识与实践的关系问题、矛盾的对立统一问题、质量互变问题、否定之否定问题等。不仅是一个认识问题，更是一个实践问题。

第一，继承与创新的关系问题，是认识与实践的关系问题，实质上是人们对社会发展客观规律的认识不断深化、不断扬弃的一个过程。

公安管理体制和工作运行机制的改革创新同样面临着这样一个不断实践、不断认识的发展过程。以公安机关的群众工作为例，新中国成立以后，我国公安机关始终坚持党的领导，坚持走群众路线，从群众中来、到群众中去，宣传群众、教育群众、发动群众、依靠群众，在广大人民群众的大力支持下，较圆满地完成了党和人民交给的各项公安保卫任务。在这个过程中，公安机关也形成了一些优良的爱民传统，总结出一些很好的群众工作经验。但是，社会在发展，时代在进步，我们现在已经迎来了一个经济全球化、信息全球化的动态社会发展时代。社会中群众的构成复杂、群众的思想多元，群众的利益诉求已经发生了极大变化。过去，我们在静态、封闭社会管理中总结出的经验，很多已经不适应现代社会发展的需要。因此，我们必须认真回顾过去几十年来总结和形成的群众工作经验和工作方法，继承其中优秀的、仍符合时代要求的东西，同时，在不断实践、不断认识警务工作客观规律的基础上，拓宽群众工作渠道，创新群众工作方法，提高服务水平，努力让广大人民群众满意。

第二，继承与创新，体现了矛盾的对立统一规律，体现了事物发展的质量互变规律和否定之否定规律。

唯物辩证法认为，在继承与创新的问题上，继承就是对原有事物在舍的基础上取其精华，去其糟粕。创新就是对原有事物的扬弃，扬的是其合理的内核，弃的是其不合时宜的成分。所以，继承就是对原事物中合理部分的接续，是否定中的肯定，是克服中的保留，也就是合理的取舍；创新就是使旧事物向新事物的转变，是一种质量互变的过程，即旧质向新质的飞跃。继承与创新之间是事物内在的既对立又统一的辩证关系。继承与创新相互依存、相互影响、相互作用、相互渗透，并在一定的条件下相互转化，表现为“继承—创新—再继承”的循环往复，构成了事物由肯定到否定再到否定之否定的辩证发展和永恒运动的前进过程。继承与创新是一个问题的两个方面，继承是创新的基础，创新是继承的发展，两者紧密联系，既对立又统一。另外，还必须认识到，继承不是照搬照抄，而是合理地取舍；创新也不是离开传统另搞一套，而是对原有事物合理部分的发扬光大。只创新不继承，认为以前的经验和传统已经完全过时，所以不用继承；或者只继承不创新，认为继承就是“原封不动”，完全照搬老经验，对新观念、新事物、新办法不愿接受和尝试，两者都是错误的态度。在实践过程中，任何对原有事物只继承不创新的，最终必定是原有事物的难以为续；而任何完全抛开传统搞创新的，也必定以失败告终。

第三，在整体改革创新的基础上，大力提倡和鼓励基层民警微观创新。

公安工作改革，体现在管理体制和工作运行机制改革两个主要方面。其中，管理体制改革需要宏观把握，顶层设计，整体推进。而工作运行机制创新，除了自上而下的改革之外，更要重视广大基层公安民警的积极参与。细节决定成败，小创意也可以赢得大市场。公安机关改革创新，最终的执行者和实践者是最基层的公安民警，改革的措施再好，具体落实不好，创新也只能是一种形式。从公安工作运行机制最终实现的层面讲，公安民警从事各项具体的警务工作，他们的参与和实践决定警务工作的成败。因此，在公安改革和创新过程中，既要从大的方面着眼，更要从小的方面着手，要在法律和政策规定允许的范围内，给公安民警进行微观创新一定的自主权，鼓励他们在具体的警务工作中从最微小的细节上做文章，进行大胆改革创新。只要他们创新的工作方法群众满意，最大限度、最小成本地促进了警务工作的发展，对他们的做法就应该给予应有的鼓励。只要基层公安民警创新的积极性都调动起来了，整个公安机关的改革创新的全新局面就指日可待了。

第四，及时总结经验，树立典型，推动公安改革创新全面发展。

公安机关管理体制和工作运行机制的改革创新不是一项阶段性的工作，而应当是一项长期的工作任务。随着公安改革的不断深入，各级、各地公安机关及各警种和广大基层公安民警结合本部门、本岗位的工作，进行了许多有益的创新尝试。为此，要对这些创新及时进行总结，并把一些好的理念和方法上升到理论高度，同时，要树立好的创新典型，以推动公安管理创新工作的全面展开和不断深化。

九、警务工作的价值所在

在当今的经济社会中，“价值”一词在我们的日常生活中使用的频率非常高。人们已经习惯于凡事都要用经济学范畴的概念“价值”来衡量一事一物对于社会、个体是否具有一定的意义，是否可以满足社会或者自己的某些需要。针对这种情况，作为指导生活的一门学问，哲学界也早已开始对价值进行深刻的追问与反思。对于警察组织、警察个体而言，许多人开始探问：警察组织存在的意义何在？警务工作的意义何在？作为警察组织内部的人民警察来说，或者也会有这样的疑问：警务工作的价值到底怎样体现？警务工作的价值何在？解答这样的疑问，或者就是我们在这里研究警务工作的价值所在的原因。

（一）价值与价值观

前不久，笔者在一个社会科学圈子里几位专家面前作过一次关于公安工作与经济社会发展问题的答辩。答辩过程中，一位“专家”提出了这样的问题：公安工作与经济社会发展到底有没有关系？如果有关系，那么公安工作对社会发展所起的作用，是促进作用，还是阻碍作用？这样的问题，让我无语。我马上腹黑地想到，这位专家连这样幼稚、这样充满敌意的问题都可以问出来，说明了两个问题：一是现在的一些专家，怕是真要在“专”字前面加个石字旁，是地地道道的“砖家”了。二是在这位专家的亲友中，怕是有被专政镇压的人，于是对公安工作与警察抱有强烈的敌意，所以他才会有此一问。对于这样的问题，我的回答很简单。我对那位“砖家”说，“如果没有警察维护社会秩序，你每天早上上班出来，不知道晚上自己还能不能回家，自己还能不能在。你说警察对社会经济发展起到的是什么作用?”“砖家”默然，无言以对。其实，在这个“砖家”的问题里，以及我在回答“砖家”的问题时，都涉及了一个问题，那就是警察组织的警务工作，价值何在？意义何在？

现在，人们常说“三观”，三观是指世界观、人生观和价值观。有网友形容人的精神崩溃，会说某某人“三观尽毁，节操碎了一地”。在这里，世界观是关于世界的根本看法，人生观是关于人生的看法，价值观是回答在人生中什么事值得或不值得，以及它的价值大小。在哲学体系中，世界观、人生观、价值观是一个有机的整体，有什么样的世界观就有什么样的人生观和价值观。人生观、价值观是世界观的重要组成部分，又是它的具体体现。人生观与价值观紧紧相连，人生观决定价值取向，价值观引导人生走向，人生观和价值观又丰富着和发展着世界观。由此可见，我们研究价值和价值观，具有极其重要的意义。

那么，什么是价值？什么是价值观？

一说到价值，我们就会把这个词和商品、商品经济联系在一起。根据经济学理论，价值是凝结在商品中的无差别的人类劳动或者抽象的人类劳动。它是构成商品的因素之一，是商品经济特有的范畴。

其实，从不同的理论角度，“价值”一词包含的意义可以作多种解释。例如，马克思主义哲学中关于价值的定义是指，揭示外部客观世界对于满足人的需要的意义关系的范畴，是指具有特定属性的客体对于主体需要的意义；政治经济学中的价值一般指体现在商品里的社会必要劳动。价值量的大小取决于生产这一商品所需的社会必要劳动时间的多少；在传统哲学中，价值是具体事物的组成部分，是人脑把世界万物分成有用和有害两大类后，从这两大类具体事物中抽象剥离出来的绝对抽象事物或元本体，是世界万物普遍具有的相互作用、相互联系的性质和能力，是每个具体事物都具有的普遍性规律和本质；在自然科学中，价值是正价值和负价值组成的对立统一体。其他关于价值的定义还有很多，如价值是世界所具有的属性、能力、规定和组成部分，是具有客观实在性，同世界的其他组成部分处在对立统一关系中的“物”或物质，等等。

现在，哲学研究已经进入了价值哲学研究的范畴。在价值哲学产生和发展的过程中，众多的价值哲学学者也都曾为价值下过定义，或者进行过专门的研究。价值哲学的学者们一般都认为，要给价值下定义，就要先区别事实与价值，这是价值哲学的起点。在这个前提下，不同的价值哲学学者给价值下的定义各不相同。例如，奥地利学者艾伦菲尔斯在《价值论体系》一书中，把价值定义为对象与主体对它的欲求之间的关系；德国学者文德尔班认为，价值是相对于估价的心灵而言的，绝不能作为对象本身的特性；日本学者牧口常三郎认为，价值不是客体自身，而是一个客体与人之间的关系的概念；美国学者拉兹洛认为，价值是主体与环境相互作用的状态在价值评价主体身上的表征，并具体给价值定义为“我将价值正面定义为由包含在系统内的程序明确规定并通过环境的规范相互作用而实现的系统的状态”① 等。

在我国，价值哲学学者们认为，“价值”一词主要是表达人类生活中一种普遍的关系，就是客体的存在、属性和变化对于主体的人的意义。而在实践价值哲学看来，价值的内容极其丰富，与价值的本质等问题不可割裂开来去回答，应该从广义上去理解。而广义上的价值是客体对主体的生存发展完善的效应。广义的价值包括正价值和负价值两个方面。我们通常所说的价值是正价值。它是客体对主体生存发展完善的积极效应，主要是对主体特别是社会主体发展完善的积极效应，使主体特别是社会主体更美好、使人类社会更美好、使每个人全面而自由地发展。理解价值还必须与价值主体、价值客体，与实践和实践结果等联系起来加以理解。

关于什么是价值观，不同的人有不同的理解，如在网上，几种回答的表述就不尽相同。

在互联网中百度百科关于价值观的表述是指：人们在认识各种具体事物的价值的基础上，形成的对事物价值的总的看法和根本观点。一方面表现为价值取向、价值追求，凝结为一定的价值目标；另一方面表现为价值尺度和准则，成为人们判断价值事物有无价值及价值大小的评价标准。个人的价值观一旦确立，便具有相对稳定性。但就社会和群体而言，由于人员更替和环境的变化，社会或群体的价值观念又是不断变化着的。传统价值观念受到新价值观的不断挑战。对诸事物的看法和评价

① ［美］拉兹洛著：《系统哲学演讲录》，中国社会科学出版社 1991 年版，第 132 页。

在心目中的主次、轻重的排列次序，构成了价值观体系。价值观和价值观体系是决定人的行为的心理基础。

网友 A 给出的答案是：价值观代表一个人对周围事物的是非、善恶和重要性的评价。人们对各种事物的评价，如自由、幸福、自尊、诚实、服从、平等，在心中有轻重主次之分。这种主次的排列，构成了个人的价值体系即价值观。价值体系是决定人们期望、态度和行为的心理基础。在同一客观条件下，具有不同价值观的人会产生不同的行为。例如，在同一环境，有的人对地位看得很重，有人对地位看得较轻而注重工作成就，这就是价值观不同所致。人的价值观取决于世界观，是从出生起，在家庭和社会中积累形成的。事物的广泛联系体现在人的身上就是人与各种事物相互影响，种种直接、间接的联系以及回馈就成为价值观的来源。虽然个人的价值观和价值体系是随着生活的变迁而发生变化的，如幼年认为珍贵的东西，到老年却不喜爱了；但是有些基本的观念，往往相对稳定，它们对行为长期起着指导作用。人们的生活和教育经历互不相同，价值观也多种多样。

网友 B 则这样回答：价值观，是指一个人对周围的客观事物（包括人、事、物）的意义、重要性的总评价和总看法。这种对诸事物的看法和评价在心目中的主次、轻重的排列次序，就是价值体系。价值观和价值体系是决定人的行为的心理基础。价值观具有相对的稳定性和持久性。在特定的时间、地点、条件下，人们的价值观总是相对稳定和持久的。例如，对某种事物的好坏总有一个看法和评价，在条件不变的情况下这种看法不会改变。但是，随着人们的经济地位的改变，以及人生观和世界观的改变，这种价值观也会改变。这就是说，价值观也处于发展变化之中。价值观取决于人生观和世界观。一个人的价值观是从出生开始，在家庭和社会的影响下逐步形成的。一个人所处的社会生产方式及其所处的经济地位，对其价值观的形成有决定性作用。当然，报刊、电视和广播等宣传的观点以及父母、老师、朋友和公众名人的观点与行为，对一个人的价值观也有不可忽视的影响。

上述三种对什么是价值观的回答，尽管表述方法不同，但内容大同小异。简单地说，价值就是作为社会主体的人在世界观的指导下，对世界万事万物好坏、价值程度的总体看法。正确的价值观不仅对每个人的人生具有重要意义，对于一个社会组织或者一个国家来说，也具有重要意义。

2014 年 8 月 2 日，新闻报道了一则消息，题为《奥巴马称 9 · 11 后美曾拷打恐怖嫌犯违背美国价值观》。消息中写道，“美国总统奥巴马 1 日表示，在 2001 年‘9 · 11’恐怖袭击发生后，美国中情局曾经‘拷打一些人’，白宫已经向国会递交了对‘提高审问技术’调查的报告。在白宫举行的新闻发布会上，奥巴马说，美国的确曾拷打一些人，做了一些与美国价值观相违背的事情”。

那么，在这一新闻事件中，美国中情局违背了美国的哪些价值观呢？

有资料显示，美国人传统的价值观主要包括个人成就、工作、道德关怀和人道主义、效率和实用主义、进步和物质增长、平等、自由、民族主义和爱国主义。就上述新闻而言，美国中情局拷打恐怖嫌犯的做法，显然违背了美国价值观中的人道主义、平等和自由等原则。在局外人看来，奥巴马公开披露这件事的初衷，尽管是肯定了这样的做法对美国国家有利，但因为这样做确实违背了美国的价值观，所以也不得不冒着被世界舆论批评的风险而公布出来。

由此我们联想到美国的价值观在美国对外政策上的一些表现。学者石俊杰在他的文章《美国文化价值观对美国外交的影响》中介绍了美国的价值观在美国外交领域的表现，主要有四个方面，即天赋使命观、种族优越论、扩张意识和实用主义。文章写道：当“天赋使命”观和美国对外政策二者挂钩时，美国的“使命”就是传播西方的基督教文明，征服愚昧与落后文明并拯救全世界，将本国的社会制度和美式民主、自由的价值观向全世界宣传、推广甚至予以强加。美国把落后国家或者政体不同的国家居民视为“弃民”，以上帝的名义给予他们自由和民主，但否决了他们选择自己命运的权利。当有记者质问美国占领菲律宾是否剥夺了菲律宾人民的自由时，参议院外委会主席洛奇回答道，是责任和利益驱使美国保护菲律宾。美国前总统尼克松在《超越和平》里写道：

“只有美国才具备一个肩负领导责任的国家所必须具备的军事、经济和政治力量，只有美国才能承担保卫并拓展自由、威慑并抵抗侵略的领导责任。”当他国的价值观、社会制度与美国相抵触时，当他国处于“落后制度”的统治时，美国就需要履行“使命”，用自己“优越”的价值观和社会制度来改造这些落后的民族和落后的制度，这必然引起对别国的干预。每当遇到抵制或反抗时，美国就不惜采用军事手段颠覆该国政权强迫其接受改造。

上述列举的美国人的价值观在美国不同领域的表现，从一个侧面反映了价值观对一个国家的重要意义。在我国，现阶段我国的社会主义核心价值观对于我国的改革开放和社会主义建设具有重大意义。

党的十八大报告提出，“倡导富强、民主、文明、和谐，倡导自由、平等、公正、法治，倡导爱国、敬业、诚信、友善，积极培育和践行社会主义核心价值观”。其中，富强、民主、文明、和谐是国家层面的价值目标，自由、平等、公正、法治是社会层面的价值取向，爱国、敬业、诚信、友善是公民个人层面的价值准则。这24个字，概括了我国社会主义核心价值观的基本内容，是指导全党、全国各族人民在我国的社会主义现代化建设过程中必须遵守的基本准则。

（二）现代哲学更加关注价值

担任追寻人类生命、生活真谛重任的哲学从产生、发展一直到现在，大致经历了四个阶段：一是本体论阶段；二是认识论阶段；三是实践论阶段；四是价值论阶段。

哲学发展的本体论阶段，是与人类文明刚刚起步直接联系在一起的。当时，由于人们对于所处的世界感到迷惑，对宇宙万物充满疑惑，自然而然地就要追问，宇宙和我们所处的世界怎样产生，宇宙万物的本源是什么。于是，才有了屈原的《天问》以及其他。最突出的一个追问是，世界的本源到底是什么呢？以中国古典哲学为代表的东方哲学认为，世界的本源就是五行即金、木、水、火、土，五行相生相克，构成了循环往复的物质世界。而在西方，西方哲学的诞生地希腊最早的哲学家泰勒斯认为，水是世界的本源；而阿那克西美尼认为，气才是世界的本源；毕达哥拉斯认为，世界的本源是数，而柏拉图则认为，理念才是世界的本源，等等。可见，早期哲学的基本问题都是属于本体论的问题。这一点，与当时人们认识世界的能力和水平有直接的内在关系。

继研究宇宙万物的本源之后，随着哲学家们认识的不断深入，哲人们又开始在对宇宙、世界本体认识的基础上，对进一步认识我们所处的世界产生了浓厚兴趣。在西方，16 世纪中期以后，随着生产力的较大发展，以实验为基础的自然科学也得到了极大的发展，使哲学家们受益匪浅。这时哲学家们恰恰是充分运用自然科学的研究方法，从探究世界和宇宙万物的本源出发，逐渐将研究的中心问题从本源向更深入地认识世界发展。于是，一些哲人开始反思，我们所处的这个世界是可以被认识的吗？怎样才能更好地认识世界、宇宙万物？认识的规律何在？怎样才能得到正确的关于世界和宇宙万物的认识？我们已经获得的关于世界的认识是正确的吗？等等。这样，哲学研究的重心，开始由对本体论的研究逐渐深入认识论的范畴。

随着人类文明的进步，近代以后，在科学技术的推动下，社会生产力迅速发展。在西方，一些国家相继进入了资本主义阶段。这期间，经济生活和阶级斗争对于社会历史发展的作用开始越来越多地显现出来，这使得对实践的研究越来越重要。特别是马克思主义在西方横空出世，直接提出了科学的实践观和唯物史观。马克思指出，旧唯物主义的主要缺点在于，对对象、现实、感性，只是从客体的或直观的形式去理解，而不是把它们当作人的感性活动、当作实践去理解；不是从主体方面去理解，并认为人的思维是否具有客观的真理性，这不是一个理论的问题，而是一个实践问题，人应该在实践中证明自己思维的真理性。全部社会生活在本质上是实践的。而哲学家们只是用不同的方式解释世界，而问题在于改变世界。应该说，马克思主义关于实践的观点，是哲学史上的重大革命。马克思主义哲学的这一重大突破，确立了科学的实践观，确立了科学的真理观，建立了唯物史观，从而揭示了人类社会历史发展的客观规律。这一突破的重要标志是构建了科学的世界观，确立了马克思主义哲学在哲学发展中的重要地位。

从上述哲学发展的三个阶段来看，无论是本体论、认识论还是实践论，在研究的对象方面，都是以存在（即广义的事实）为主要内容，都没有把本应具有重要地位的价值问题放在应有的研究位置上。因此，“哲学的发展要求突破这种局限。因为哲学是关于世界观的理论体系，世界观是关于整个世界的根本观点。整个世界从哲学上说都是客观存在的。而任何一种客观事物都存在着两个维度：一方面，客观事物从它自身来说，是一种客观存在，是一种事实；另一方面，客观事物之间又相互联系，相互作用，相互影响，产生一定的效应、功效或意义，即产生一定价值。这两个维度是同时存在的。例如，我们说‘这是一个苹果，’这是事实的描述；说‘这个苹果很好吃，’这是讲苹果对人的价值，是一种价值评价。同一个苹果，它既是一个事实，相对于人来说，又有一定价值。价值也是一种客观存在，也是一种事实。只研究事实维度而不研究价值维度，显然是不全面的”。[①] 基于此，哲学中的价值哲学开始兴起。哲学界的学者认为，关于价值的哲学学说现在有两种：一种是理论价值哲学，在西方一度占据主导地位；另一种是实践价值哲学，在东方的中国，正方兴未艾。在这里，因为西方的理论价值哲学与我们相距稍远，所以我们应该更多地把目光放在我国的实践价值哲学的范畴之内。

实践价值哲学在我国的产生和兴起，经历了一个比较曲折和漫长的过程，而且这种实践价值哲学是以马克思主义哲学为指导、与我国的革命和社会主义建设紧密相连的一种哲学。新中国成立之后，随着我国社会主义建设的不断发展，20 世纪 60 年代，实践价值哲学开始萌芽，但在“文化大革命”中横遭摧残。一直到改革开放后，随着一场实践是检验真理的唯一标准的大讨论，实践价值哲学又重新回到了人们的视野，在我国的社会生活中发挥了重要的指导作用。

在我国，实践价值哲学的体现可以从三个方面来理解：

一是从邓小平同志的思想和党的方针政策的角度理解，虽然还没有

---

① 王玉梁著：《从理论价值哲学到实践价值哲学》，人民出版社 2013 年 7 月第一版，第 32 页。

上升到完全的实践价值哲学的高度，但邓小平理论和党的方针政策中包含了实践价值哲学的精髓。二是从指导社会生活实践的角度上理解，我国的实践价值哲学体现为一种大众化或者通俗化的实践价值哲学，或者称为客观效益论。新中国成立后，特别是改革开放以后，在“以经济建设为中心”“发展才是硬道理”的实践价值哲学的指导下，我国人民的思想观念发生了根本变化。从人的角度上讲，每个人都更加重视自身价值的实现，每个公民都很重视用法律武器保护自己的权益不受侵害。在这个大的社会背景下，不仅党政机关、企事业单位和社会团体更加注重经济效益和社会效益，每个公民考虑问题、处理事情也都非常强调经济效益。从大的方面看，提拔干部要强调实绩、政绩，要从德、勤、绩、能四个方面进行考核和评定；看一个地方的发展，不仅要看 GDP，也要看环境保护，无处不体现以价值评价为重的思想。尽管这种情况有一定的副作用，如刺激一部分人只顾向钱看，只注重自身利益而忽视国家利益、集体利益，一部分人只以金钱多寡论成败，一些人个人利益至上、个人主义、金钱崇拜抬头，等等。但是从总的方面看，这种大众化或者通俗化的实践价值哲学或者客观效益论，培养了全社会浓厚的以实践价值评价社会事物成败的氛围，客观上促进了我国经济和社会主义建设的发展。三是从哲学学术研究的角度理解，实践价值哲学在我国有雄厚的实践与理论研究基础，促进了我国实践价值哲学的发展。

当前，我国哲学界迎来一个大发展的机遇。我们知道，哲学是时代精神的升华，是理论化、系统化的世界观。在这样一个改革发展的伟大时代，我国哲学界的学者们有责任、有条件使当代我国的实践哲学推进到一个新的高度，来更好地指导社会生活和社会实践。正是在这样一个大的背景下，我国哲学界的学者们已经在提升实践哲学理论的道路上迈出了可喜的一步。目前，学术形态的实践价值哲学，或称效应价值论或者实践效应论已经初步形成了完整的理论体系。其内容主要包括以下几个方面：一是认为应从主客体的相互作用中客体对主体的效应出发理解价值，既肯定主体对客体的作用，也肯定客体对主体的作用，既肯定价值因物而异，又肯定价值因人而异；认为价值既有绝对性又有相对性，既有一元性也有多元性，既有客观性也有主体性。强调客观而全面地理解价值。二是价值的本质从根本上说，在于促进事物发展，促进主体特别是社会主体生存发展完善，使社会全面发展进步，使人类社会更加美好，促进每个人全面而自由的发展。认为哲学价值是功利价值与真、善、美的统一，坚持眼前价值与人类崇高理想的统一。三是坚持以人民为价值主体和评价主体，从对广大人民的发展的效应出发理解价值，有利于促进客观、公正、全面地理解价值，有利于促进社会公平正义。四是认为实践价值哲学或效应价值论、实践效应论具有普遍的适用性。从哲学意义上说，主客体相互作用中客体对主体的效应，在社会生活中就表现为效益。社会生活的各个方面都有效益问题，如经济效益、社会效益、政治效益、生态效益等。这种效益是在主客体相互作用中客体对主体的效应的表现。在社会生活中，人们根据不同的客观效益，就可以比较准确地判断事物的价值。从客观效益出发理解价值，就是实事求是，从实践和实践结果出发理解价值，就是社会生活中广大人民群众广泛应用的通俗化的实践价值哲学。我们研究警务工作的意义或者价值，就是在这个基础上出发的。

（三）警务工作的政治价值、社会价值与经济价值

作为警察组织，我国公安机关的警务工作具有政治性、社会性，还由于公安机关的特殊地位，为了保证警务工作的正常运行，公安机关也与其他社会组织一样，具有经济性。所以，从更广阔的领域理解我国公安机关这种警察组织的警务价值，也要从警务工作的政治价值、社会价值与经济价值等大的方面来把握。

第一，警务活动的政治价值。

在这里，我们所说的警务活动的“政治价值”的概念，不同于西方行为政治学者们关于行为政治学的“政治价值”的概念。在一些西方行为政治学者们看来，政治价值是指权力、财富、技能、知识、安全、声誉等有形或无形的事物，而政治就是对“价值的权威性分配”。在实践价值哲学的视角下，“政治价值”主要是指人们对政治活动和政治现象

作出的价值判断，对政治活动和政治现象的道德、伦理的评价和判断。这种价值判断以政治活动实践为基础，离开了社会实践活动，这种价值判断也就失去了意义。

警察组织的性质决定了这个组织是与国家的政治体制、政治活动紧密相连的，警察组织存在的目的首先是政治目的。换句话说，从阶级和国家的角度上讲，警察组织是为了实现一定的政治目的而存在的。也就是说，警察组织存在的价值、警察组织一切警务活动的价值，首先是政治价值。

在我国，公安机关存在的价值和所有警务活动的价值首先也应该是政治价值。衡量所有警务活动是否有必要，首先要考虑这种警务活动对国家安全、社会稳定、人民幸福是否有利。如果是有利的，那么这种警务活动就应该坚持下去，如果对上述要求无益，也就失去了进行这种警务活动的价值和意义。

在这里，我们必须把警务活动的政治价值与一些警察组织、特别是各级公安机关领导的政绩观区别开来，不能一概而论。而目前的情况恰恰是，一些公安机关的领导，为了自己的政绩，在实现警务活动政治价值的幌子下，轰轰烈烈大搞形式主义，搞面子工程，其结果，不仅没有实现良好的政治价值，相反却严重浪费有限的警务资源，造成基层民警的工作压力过大，也产生了极坏的社会影响。衡量一项警务活动的政治价值与公安机关领导扭曲的政绩观的区别很简单。那就是看一项警务活动的结果，是满足了国家、社会、广大人民群众的某些需要，还是满足了某些领导升迁、进步的需要。前者的价值在于国家、社会和人民，而后者的价值仅在于对某些个人有利。

第二，警务活动的社会价值。

社会价值可以从作为社会主体的人，即个人的角度和社会群体、社会组织两个层次来理解。关于社会价值，百度百科作如下定义："社会价值是指人通过自身和自我实践活动满足社会或他人物质的、精神的需要所做出的贡献和承担的责任。"分析上述定义我们可以发现，社会价值的内容，可以是精神的也可以是物质的，社会价值的形式，一是对于社会或者他人的贡献；二是对于社会和他人应当承担的责任。

“国家兴亡，匹夫有责。”这是我国古人针对社会主体个人承担社会责任所提出的要求。其实，在中国的传统文化中，古人非常强调每个人都要有社会责任心。例如，在儒家经典《大学》中，强调的“大学之道”八个步骤，由“内”的格物、致知、诚意、正心、修身，到“外”的齐家、治国、平天下，说明社会个体的修养，关乎社会平安康宁，而社会个体也只有为社会服务，才能实现自己的社会价值。

作为社会组织的警察机关，怎样实现自己的社会价值？要回答这个问题，也要从精神的和物质的、贡献和责任等方面来说明。

有人回答作为社会组织的企业应该怎样实现自己的价值，认为作为企业，首先要回答好企业的根本目的是什么、企业的盈利是不是必须以牺牲社会利益和公众利益为代价、企业的价值体现在哪里、什么样的企业是有价值的企业等问题。还认为，企业的目的必然存在于企业之外，当有人问企业如何才能够成功的时候，要先问自己企业如何贡献；当有人问企业如何才能有价值的时候，要先问自己企业如何才能对社会有价值。并最后得出结论，认为企业的目的是造就顾客，通过创新发现顾客需求，通过营销策略满足顾客需求；一个有价值的企业，不仅是一种社会财富，而且对这个国家在世界上的政治、经济地位，在世界上受尊重的程度都有重要作用；企业组织靠产品、靠服务、靠与之相关的精神文化产品，影响、改变着人、社会和国家。

上述对于企业社会价值的提问和回答，给警察组织和警务活动的社会价值如何体现这一问题的诠释提供了有益借鉴。

其一，警察组织存在的目的和意义，不在于警察组织内部，而在于外部，在于国家和社会、人民。也就是说，警察组织首先应当是对于国家、社会和人民有益的、能够做出贡献的。这一点，警察组织和其他社会组织一样。这一层意义从实践价值哲学的角度上讲，就是警察组织应该通过自己的警务行为，满足国家、社会和人民的物质与精神需要，通过自己的努力，改变这个社会，促进国家的发展，为全社会人民谋福祉。

其二，我们曾经谈到，警察组织尽管是一种社会组织，但它是一种特殊的社会组织。它不像绝大多数的社会组织，具有明显的经济目的。也就是说，警察组织的特殊性在于它不像其他社会组织那样，直接从事物质资料的生产和流通，不是直接的物资资料的生产者。因此，其在为社会增加物质财富方面，似乎有着先天的不足。但是我们应该看到，警察组织虽然不是直接的物质资料的生产者，但警察组织为整个社会提供的安全产品，却是所有的物质资料生产者所必需的。没有安全稳定的社会环境，全社会的物质资料生产就会停滞。这一点，从20世纪六十七十年代我国“文化大革命”期间的事实就完全可以得到证明。站在这个角度看问题，我们会发现，警察组织的重要性一点也不亚于直接从事物质资料生产的诸部门，或者说，警察组织是从另一个角度支持物质资料的生产，间接地为国家、社会的繁荣发展作贡献。

其三，警察组织、警务活动的社会价值更多地体现在精神方面，体现在站在法律的高度，为整个社会提供可借鉴的道德范式。警察组织的警务活动最重要方面就是为了维护社会秩序和稳定而执法法律。而法律是道德的底线，是整个社会道德精神、道德要求的刚性化要求。所以，警察组织主要的警务活动，如打击刑事犯罪、调解治安纠纷，查禁黄、赌、毒等社会丑恶现象，都是通过警务活动，告诉社会上的所有公民，哪些事是法律、道德所禁止的，哪些事是法律、道德要提倡的，通过令行禁止，给全社会公民提供一个明确的行为提示，使全社会公民按照法律和道德的要求行事。这样做，实际上是为社会的有序运行设置明确的法律、道德交通标志标线，直接影响社会发展的方向和走势。

第三，警务活动的经济价值。

长期以来，我们否认或者无视警务工作具有经济价值，甚至羞于用与经济搭边的任何词语来表达警务工作的意义。事实上，这抹杀了警察组织存在的物质基础，抹杀了警务活动的实践价值，是地地道道“极左”思想在警务工作指导思想上的表现。

从实践价值哲学的角度考虑警务活动的经济价值，当然与纯经济学意义上的经济价值有着本质区别。在经济学意义上，经济价值是指任何事物对于人和社会在经济上的意义，经济学上所说的“商品价值”及其规律则是实现经济价值的现实必然形式。

如果把警察组织当作一个价值主体来分析，我们可以发现，所有警务活动也要受一般经济学意义上的价值规律的约束。而且警察组织的所有警务活动所提供的经济价值意义，更多的是与国家、社会相对应的。也就是说，警务工作的经济价值，不一定以警察组织本身的价值尺度来衡量。

我们可以从两个方面考虑警务活动的价值。一方面，从警务活动满足国家、社会的某些经济需要来考虑。一个国家、一个社会的存在与能够正常运转，需要很多物质或者非物质基础。例如，人口数量、地理环境、自然资源、工农业生产体系，以及文化、法律、道德、秩序，等等。这些方面，无论是物质的还是非物质的，对于整个国家、社会的发展，都具有重要的经济意义，是国家或者社会发展所不可或缺的。在这方面，国家或者社会的秩序，则主要由作为政府组成部分的警察组织来提供。从这个意义上说，警务活动本身也是一种具有经济意义的社会活动，可以满足社会物质生产及社会发展、人民生活的某种需要。同时，警务活动不仅对国家、社会的物质生产具有保障作用，还具有促进作用。最简单的例子是，改革开放初期，我国各地的公安机关对于社会生活管理得过于严格，如对国外、境外人员在大陆的规定过于严格、对于从事商业及其他经营活动的人员在业余时间活动的管理过多、限制太多，动辄以“社会丑恶现象”论处。据一些企业讲，这些都压缩了它们发展的社会空间，对于社会的经济建设起到了一定的阻碍作用。为此，许多地方政府明令公安机关对于外资、合资等企业的人员，即使他们从事了嫖娼等活动，也不得随意处罚，等等。

另一方面，从警察组织自身作为一种价值主体来看，警务活动本身也具有一定的经济价值。这是因为，警务活动的成效，是决定警察组织生存状态的重要因素，如果一个地方的警察组织不从事警务活动，不为社会提供有益的社会安全产品，这个地方的警察组织也就没有存在的必要。其实，在日常的警务活动过程中，警察组织时时处处都在受经济因素的制约，也在努力使自身的警务活动具有更多价值，在满足社会和人民群众经济需要的同时，也满足自身的经济需要。还以改革开放之初警务工作的相关现象为例。21 世纪初，一些地方的公安机关为了弥补自身办案经费的不足，经常在公路上设置卡点，以查禁违法运输为名，收取名目繁多的过路费、罚款。即使是现在，个别地方为了缓解办公经费缺口的压力，还要为治安、交警等部门下达罚款指标，通过正常或非正常的警务活动，“创收”“贴补”业务经费的不足。尽管这些都是从负面理解警务活动的经济价值，但是仍然可以发现，警务活动其实与经济价值并没有也不可能截然分开。

一个值得我们关注的现象是，目前一些地方公安机关的领导，始终不愿意把警务活动与经济价值有机联系起来。尽管在刑侦等部门经费严重缺乏，一些跨省、跨地区的案件没有正常的经费支持，侦查员甚至连出门坐火车的经费都报销不了，有的地方办案甚至要靠案件当事人出钱的严重情况下，在决策、指挥、调度本地警务活动的过程中，为了实现领导的“政绩”，不计成本，不是从刑侦理念改革、夯实工作基础方面下功夫，一旦发生案件，特别是社会影响大、上级领导关注的大案、要案，就以牺牲基层民警的休息和健康、浪费本就不足的经费为代价，大搞人海战术、地毯式排查，追求形式上的轰轰烈烈，丝毫不考虑经济因素对警务活动的制约。这样，一方面是经费浪费大量存在；另一方面是一些事关群众生计的小案件却没钱去办理，广大人民群众非常不满意。类似情况应当引起各级各地公安机关领导们的深思。

（四）警察组织的最终价值追求

考察警察组织的价值追求，应该在考察警察个体警务活动的价值追求的基础上进行。民警个人警务活动的价值，主要是指每个民警通过警务活动，即通过劳动所创造的客体价值。从理论上说，这种客体价值的实现，有两方面的衡量标准：首先，是否在某种程度上，或者某个方面满足了相对于警察个体这个主体而言的客体，如社会或者社会公众的需要；其次，是否推动了警察个体以及警察组织本体价值的提升。而警察组织警务活动的价值，在于警察组织的所有警务活动，是否可以满足国家、社会和全社会的公民的某些需要，如国家安全的需要、社会稳定的需要、人民幸福的需要，等等。同时，还要看警务活动是否可以推动警察组织自身的健康发展。

换一种方式理解，在心理学上，价值实现是与自我实现相对应的一种概念。从这种对应关系来看，自我实现是个体以自我为中心的实现方式，而价值实现就是外界，包括家庭、组织、社会乃至国家对个人劳动价值的承认或者认可。以警察个人为单位衡量，警察个人警务活动的价值的实现，就是警察个体价值观的外在表现形式。从警察组织整体警务活动的价值来看，其价值实现的方式，就在于整个警务活动到底达到了什么目的，达到了何种程度，公众、社会以及国家对警务活动作怎样的评价。例如，国家领导人曾经多次评价我国公安机关、公安队伍，说我们这支队伍主流是好的，是一支召之即来、来之能战、战之能胜的队伍，是一支党、国家和人民可以信赖的队伍。这种评价，充分肯定了我国公安机关警务活动的价值。

按照实践价值哲学的理论，我们始终认为，警察组织的所有警务活动的最终归宿，不在于警务活动到底有没有价值，而在于警务活动价值的实现；所有警务活动的最终目的，不是认识价值，也不是创造价值，而在于实现价值，在于通过警务活动完成职能任务，得到党、国家、社会和公众的确证，认为我们的警务工作是有意义的，是对国家和社会发展、人民幸福起到了积极作用的。与此同时，警察组织也通过这种警务价值的实现，自身得到了发展壮大，可以更加适应各方面的要求，使自身更好地发挥职能作用，为国家、社会和公众提供更好的服务。也就是说，警察组织也享受到了这种警务价值，满足了警察组织主体的生存与发展的需要。

从实践的角度，我们仍从警察个体的警务活动的价值来分析，那么，警察个体从事警察职业、警务活动的初衷，抛开为了获得稳定的社会关系，保持职业的持续稳定性和经济来源、生活的稳定性之外，首先是为了实现警察个体的自身价值。这种自身价值可能是职务上的晋升、政治上的荣誉，也可以是职业成功带来的成就感。不管警察个体从事警务活动是上述的哪个或者哪些方面，或者上述诸方面的内容都可能是警察个体所追求的自身价值，但归根结底，从个体的角度来看，这些警察个体的本体价值都属于个人的、“私”的范畴。而警察组织或者社会、国家的本体价值则属于“公”的范畴。在这里，“私”与“公”是一种怎样的关系呢？应该是一种目的价值和手段价值的关系。前者，即警察个体警务活动的价值是目的，为了实现这个目的，警察个体必须重视手段。因为只有警察组织整体的警务价值的实现，才是警察个体警务价值实现的前提和保障。如果没有了社会、国家对于警务活动价值的需求，那么，警察个体要从事警务活动就失去了存在的意义。因此，警察组织警务活动的本体价值是警察个体本体价值的总和，而警察个体警务价值的实现则是警察组织本体警务价值的实现手段。

其实，警务价值还可以从多角度来理解，即警务价值的实现具有多重性。以警察及警察组织为本体来考虑，警务价值的实现首先是国家安全稳定、社会秩序稳定和人民安居乐业；其次，警务活动对于警察组织和警察个人具有重大意义，警务价值的实现与否、价值高低，即国家、社会和人民群众对于这种价值的认可与否、程度如何，对警察组织的发展和警察个人自身价值的实现都有重要意义；最后，警察组织的警务活动需要在社会各界和广大人民群众的理解与支持下完成，在这个过程中，警察组织与社会各界、与人民群众之间应该有一种双赢或者多赢的关系。举个简单的例子，某个群众帮助警察完成一定任务以后，也会因警务活动的完成而获得一定的回报。此外，在一些具体的警务活动中，警察组织和警察个人执行职务的相对人，如犯罪嫌疑人和治安管理的相对人，也可以通过警务价值的实现获得一定的利益。例如，因为警察的及时防范，预防了一些违法犯罪行为，使一些预谋犯罪者没有实施犯罪行为而免除了刑罚的处罚，如在警察进行消防检查的过程中发现了一些火灾隐患，而这些隐患得到及时整治，预防了火灾的发生，使特定的居民或者个体经营者免遭火灾威胁，等等。

特别需要注意的是，警务价值的实现永远离不开警务工作实践，离开了警务实践，警务价值就是纸上画的面饼，没有丝毫的实际意义。

结合历史的、现实的以及发展的警务工作的状况和发展趋势，结合警察机关的存在目的和警务价值的取向，我们认为，评价警务行为的最终价值是秩序与公平、正义的实现。这里既包括警务价值的目标价值、手段价值，包括认识价值、娱乐价值、教育价值、道德价值、审美价值，还包括政治价值、社会价值和经济价值。

第一，秩序价值。

关于人性本善和人性本恶的争论，人类已经争论了太长的时间，但至今没有一个定论。

在我国，战国时期的哲人孟子认为，人的本性，生来就是善的。生来就有“恻隐之心”“羞恶之心”“辞让之心”“是非之心”，这“四心”是善的萌芽，由这些萌芽产生了仁、义、礼、智四种道德。他认为，人性本善，“非由外烁我也，我之固有也”。那些“恶”人不是本性的问题，而是受了社会环境的不良影响使之不能体现人类的本性。到了战国末期，哲人荀子提出了与之截然相反的一种人性观。他反对孟子的性善论，说“人之性恶，其善者伪也”。认为人的本性是恶的，人的关于善的品德是后天人为产生的。荀子讲的性，是人生来就具有的本能，即人生来就有耳目之欲、声色之好。“饥而欲食，寒而欲衣、劳而欲息，好利而恶害”，这些本能如果不加以节制，就会发生争夺、残杀，造成社会混乱。正是因为意识到人性本恶，所以要化性起伪，以礼义教化，以法律约束，这样人性才能得到改造，社会才能治理好。

在西方，人们也从很早就开始争论人性善与恶的问题。西方哲学中很早就有对“自由”的思辨。后来形成了以自由为主要政治价值的一系列思想流派的集合，称为“自由主义”。西方自由主义的特色是追求发展、相信人类善良本性，拥护个人自治权，主张放宽及免除专制政权对个人的控制。自由主义的重要基础之一是“相信人类善良本性”，这就又回到了关于人性本善或者人性本恶的论辩之中。

我们为什么要研究人性的善与恶，以及研究自由主义发展的来龙去脉呢？因为研究人性的善与恶，研究自由主义发展的可能性，都是为了说明秩序价值对于人类社会、警察组织及其警务活动的价值所在。

在今天，说到人的本性的善与恶，我们更倾向于人性本恶。当然，这里的“恶”与我们现在常说的恶有所区别。主要是指人的本性，更多的是从利我的角度出发而非从利他的角度出发的。举个简单的例子，一个婴儿出生后，没有受到过人类文化的熏陶，他的本性应该是天然的、无污染的、无所谓善与恶的。在这种情况下，他饿了的时候会哭，你给他东西吃他就会高兴，如果谁把他手里的奶瓶抢走了，他就会大哭；孩子大一些了，但还不懂事的时候，会抢比他小的孩子的玩具、食物，这时家长会教育他，“弟弟（或者妹妹）比你小，你不可以抢人家的东西啊”。于是他就逐渐开始接受人类文化的熏陶，懂得善与恶的区别。从这个简单的例子可以看出，人一出生之后，完全是靠本能维持生命的。只有接受了人类文化的教化，经过了必要的社会化，他才会懂得什么是善，什么是恶。而善与恶的标准，是人类社会强加给每个社会人的。这个标准最简单地说，就是人的本能需要的满足，不能损害他人的利益。再提高一些层次说，就是人性本身都是利我的、自私的，而且利我、自私本身并不是恶，只要不损害他人、社会、国家的利益，在道德和法律的框架之内，就不能算是恶。在这个基础上，西方的自由主义哲学有了存在的理论基础。但问题是，社会上的绝大多数人能够抑制自己的本能欲望，在道德和法律的范围内满足自己的私利、私欲，但在社会中，人总是会分左、中、右，总是会有极少数人把自己的利益放在他人、社会和国家之上，为了满足自己的私利，或者是低级的、本能的物质欲望，或者自己的权力欲望、虚荣欲望，等等，采取一些极端的、违反道德和法律约束的手段。这种做法我们常称作“把自己的幸福建立在他人的痛苦之上”。我国古人有言，“欲壑难填”，有俗语说“人心不足蛇吞象”，都是对人的欲望以及人性本恶的最好说明。如果我们放任人们的这种欲望和私欲无限度地膨胀，放任把自己的幸福建立在他人的痛苦上的各种恶行，那么，家将不家，国将不国，社会就不成其为社会。由此可以看出，不论是在一个家庭、一个社会或者一个国家，秩序存在的重要意义所在。因为秩序，通俗一点说，正是约束人的本性、约束人的恶行的一种必需的道德和法律的规范。没有了这种规范，国家、社会以及家庭，就都失去了正常运行的基础。警察组织存在以及所有警务活动的最高价值与最低价值都在于此。

秩序包括的内容比较丰富，从宏观的方面看，有自然秩序、社会秩序，政治秩序、经济秩序等。从微观的方面看，有工作秩序、生活秩序、学习秩序等。警察组织的警务活动，所要维护的秩序，既包括社会秩序、政治秩序、经济秩序，也包括工作秩序、生活秩序和学习秩序等。而这一切，都是通过维护社会秩序来实现的。正是通过有效地维护社会秩序，才可以保证国家安全、社会稳定、人民有安全感、生活幸福。而这一切是国家发展与建设的需要，是经济社会发展的需要，也是广大人民群众安居乐业的需要，更是警察组织自身存在的价值需要。

第二，公平价值。

从字面上理解公平，是指公正，不偏不倚。公平总是对一定条件下的人或者群体而言的，就一件事而言，一般是指所有该事件的参与者（人或者群体）的各项属性（包括投入、获得等）平均。“公”为公正、合理，能获得广泛支持；“平”指平等、平均。一般来说，绝对的公平是不存在的，人们所说的公平，一般只能是在理想状态实现。

要求公平是人们的基本权利。没有公平的社会是不平等的社会，而不平等就意味着社会的不公平，社会不公平就可能引起社会的动荡。古往今来，这方面的例子很多。比如，秦朝末年，陈胜吴广起义时，所用的口号是“王侯将相宁有种乎”，意思是人生而平等，不是王侯将相一生下来就注定要成为王侯将相的；宋代李顺、王小波起义时，提出的口号是“吾疾贫富不均，今为汝均之”；宋代钟相、杨么起义时的口号是“法分贵贱非善法，我行法，当等贵贱，均贫富”；唐末黄巢起义时的口号是“天补均平”；清末太平天国洪秀全起义时的口号是“一律平均。无处不均匀，无人不饱暖”“天下人田，天下人同耕”等。这些都是当时饱受不公平待遇的底层人民群众的强烈呼声，是对政治、经济待遇不公平的强烈抗争。

儒家经典《论语》中说，“丘也闻有国有家者，不患寡而患不均，不患贫而患不安。盖均无贫，和无寡，安无倾。夫如是，故远人不患寡而患不均，不患贫而患不安”。（《论语·季氏第十六篇》）意思大致是说，不担心物质贫乏给人民分得少，而是担心分配的不均匀；不担心人民生活贫穷，而担心人民生活不安定。

在我国这个社会主义国家，更加强调社会公平。2012 年 11 月，在党的第十八次代表大会报告中，党中央再次强调，要“逐步建立以权利公平、机会公平、规则公平为主要内容的社会公平保障体系，努力营造公平的社会环境，保证人民平等参与、平等发展权利”。公平是人类社会的共同理想。社会财富越增加，公平越重要。立党为公、执政为民的中国共产党，始终把公平正义作为追求目标，“使发展成果更多更公平惠及全体人民”“朝着共同富裕方向稳步前进”的要求，都体现了公平、正义这个中国特色社会主义的内在要求。

一般来说，要实现社会公平，必须坚持以发展为第一要务。首先，发展是解决所有问题的关键。没有发展做基础，公平就是镜花水月、空中楼阁。其次，必须大力实施依法治国方略。严格依法办事，使广大人民群众的权利得到充分保障。最后，必须让权力在阳光下运行。没有约束的权力必然产生腐败，损害社会公平。

在实现和保障社会公平的过程中，警察组织肩负着重要责任。社会主义的法治要求，从根本上说，是社会实现公平的根本保证。警察机关执行法律、按照社会主义道德的一般要求开展警务活动，就是实现社会公平的一个刚性措施。如果没有警察组织严格执法的警务活动，社会上一些人的私欲就会无限膨胀，出现人欲横流、弱肉强食的局面，实现社会公平就只能是一句空话；在各项警务活动过程中，是非分明，处事公道，妥善处理人民内部的各种利益纠纷，就是为了形成社会公平的有利导向；在警务活动过程中严格执法，不办人情案、关系案，不以权谋私，不知法犯法、徇私枉法，就可以通过警务活动来平衡社会矛盾，使国家、社会公平分配社会资源的工作顺利实现。

英国哲学家培根在他的著名著作《论司法》中写道：“一次不公的裁判比多次不平的举动为祸尤烈。因为这些不平的举动不过弄脏了水流，而不公的裁判则把水源败坏了。”这说明，警察组织在警务活动的过程中，严格按照法律规定办事，具有怎样重要的意义。

实现社会公平，是所有社会成员的共同需要。这种需要，在原始社会中曾得到过满足。因为在原始社会中，没有阶级，没有国家，没有压迫，人人平等。现在，为了实现社会公平的需要，人类正在努力向共产主义迈进。而在共产主义社会，物质财富将极大丰富，消费资料按需分配，社会关系高度和谐，人们的精神境界极大提高，每个人都可以自由而全面地发展，人类实现从必然王国向自由王国的飞跃。在共产主义社会里，没有阶级，没有国家，消灭了生产资料私人占有制，就可以实现真正的社会公平。这种公平价值，正是人类发展的最高理想。

第三，正义价值。

在一般情况下，人们把正义理解为一种美德。其实正义还有更深刻的内涵。

在汉语言环境中，正义即公正的道理，作为道德规范，与公正的意义相同，主要是指符合一定道德规范的行为；还有人认为，正义即因果轮回，有因必有果，在社会活动中，通俗地解读为善恶相报，即善有善报，恶有恶报，并且由此延伸至理性生活的各个角落。在西方语言中，“正义”一词有公正、公平、正直、法、权利等多种含义。

在伦理学中，正义指人们按照一定的道德标准所应当做的事，也指一种道德评价，即公正。

在马克思主义理论中，正义作为人的价值追求，只能在人类的自由与解放中获得真实的价值判断。

在法学中，正义是人类社会普遍承认的崇高价值，它主要是指具有公正性、合理性的观点、行为、活动、思想和制度等。正义的最低要求是，分配社会利益和承担社会义务不是任意的，要遵循一定的规范和标准。即正义是彰显符合事实、规律、道理或某种公认标准的行为。在法学理论中，正义可以分为制度正义、形式正义和程序正义。制度正义指社会制度的正义，具体指社会财富、资源、责任、义务分配是否公平和正当；形式正义是对法律制度的公正一致的执行，强调法律制度始终如一地实现；程序正义是指保证实现制度正义和形式正义的具体步骤和方法。制定正义的法律，应有公正的立法程序，保证司法公正，也要有公正的司法程序。

警察组织在警务活动过程中自觉体现正义的精神，是社会历史发展的必然要求。要充分认识到，警察组织作为执行法律的专门机关，正确执行法律与实现社会正义有着必然联系。一方面，法律与正义相互联系、相互促进，正义对法律发展起了一定的推动作用。另一方面，正义作为法律追求的最高目标，是社会所有成员区别现行法律是良法还是恶法的标准。同时，法律也是实现社会正义的重要手段。从最直观的角度上看，警察组织依据法律规定，通过充分发挥国家强制性，保护社会公民的合法利益，通过打击违法行为，限制、惩治非正义的行为，从而实现社会正义。

实现正义是全社会所有成员的共同需要，也是警察组织的警务活动要实现的价值需要。在社会生活中，人们对于那些弱肉强食、巧取豪夺、欺男霸女等非正义行为恨之入骨，迫切要求国家、社会组织或者某些强力个人“该出手时就出手”，惩治邪恶，保护公民的合法利益。而警察组织正是广大社会公众赖以实现社会正义的最有力的国家机器和社会组织。因为警察和警察组织可以通过国家的强制力，通过运用法律，制裁社会邪恶，为普通社会公众伸张正义。

新中国成立之初，新生的人民民主政权用雷霆手段将国内的黄、赌、毒、黑社会等社会丑恶现象扫荡一空。改革开放以前，一些年轻人甚至不知道黑社会为何物。但是改革开放之后，随着对外开放的不断扩大，一些海外、境外的黑社会势力借开放之机进入我国，一些宣扬黑社会文化内容的文化作品也在国内大行其道，在这些消极因素的影响下，从沿海到内地，各种黑恶势力如原上草，割了一茬又一茬，打不胜打，防不胜防，而且目前大陆的黑社会组织构架越来越严密，对国家、社会的危害越来越大。深刻剖析其原因，当然与政治、经济、文化等方面有密切关系，近年来，全国各地陆续出现了一些“地下 110”，一些群众遇到困难不是去请求公安机关的帮助，反而去求助黑社会，就充分说明了这个问题。而且这种情况的出现和存在给我们敲响了警钟。这个例子也恰恰从反面提醒警察组织，必须及时改变自己的形象，取信于民，更及时有效地执行法律，为广大社会公众伸张正义，满足社会公众对于正义的心理需要，只有这样，我们的警务活动对于社会、广大人民群众、警察组织自身，才具有更大的存在价值和意义。

警察组织的警务活动所要实现的秩序、公平、正义价值，与全社会所要实现的真、善、美和自由具有密切联系。简单地理解，我们发现，秩序和公平、正义，其实是实现真、善、美和自由的最现实的社会基础。我们假设，在一个混乱的社会里，人们连最起码的安全问题都得不到有效保障，就更不会有余力去追求真、善、美和自由，或者空有追求真、善、美和自由之心，但实现起来却难上加难。为此，警察组织通过充分发挥职能作用，创造秩序井然的社会环境，通过打击和限制假、丑、恶，促进社会风气的好转，无疑是在追求和实现真、善、美和自由方面所作的最有成效的努力。

十、把文化建设放在警察队伍建设的重要位置

长期以来，党中央强调要坚持做到物质文明建设和精神文明建设“两手抓、两手硬”，但是从客观上看，由于促进经济社会发展的需要，经济因素已经成为社会生活中最活跃的、具有主导性的因素，我国社会中出现了物质文明建设和精神文明建设发展不平衡的倾向，产生了较为严重的精神文明建设滑坡问题，导致社会中出现了金钱至上、极端个人主义、拜金主义、享乐主义等腐朽、消极文化元素的泛滥，严重阻碍了我国经济社会发展的进程，而且这种精神文明建设滑坡的情况，不仅仅反映在一般社会公民的身上，也反映在警察组织、警察队伍的建设过程中，导致了一些民警理想信念动摇，在警务活动中以权谋私、知法犯法等情况屡见不鲜。

警察组织作为国家的专政机关，肩负着保卫国家安全、维护社会稳定、保障人民群众安居乐业的重要职责。对于这样一支特殊性质的队伍来说，加强队伍文化建设具有更加重要的意义。可以说，警察组织文化建设的程度，决定了这支队伍整体素质的高低，决定着这支队伍能否真正做到严格、公正、文明执法。

（一）马克思主义哲学中的文化观

现在，我们都知道，文化是软实力，是促进社会发展的动力。那么，到底什么是文化？马克思主主义哲学怎样认识文化？

关于“文化”一词，理论界已有过诸多定义。第一个明确而全面的定义，是英国人类学家爱德华·伯内特·泰勒在他的著作《原始文化》中提出的。他认为，文化是“包括知识、信仰、艺术、法律、道德、风俗以及作为一个社会成员所获得能力与习惯的复合体”。20世纪初，美国学者拉尔夫·林顿在他的著作《文化树——世界文化简史》中把文化概括为“社会的全部生活方式”，“一种文化是习得的行为和各种行为结

果的综合体，构成文化的各种要素为一定社会的成员所共有。”上述对文化的定义，应当理解为广义上的文化而非通常人们所说的狭义的观念形态的文化（即单纯指文学艺术）。

对广义的文化一般有两种理解：一是认为广义的文化具有外显的文化和内隐的文化两个层次。外显的文化有三种形态：物质形态、组织制度形态和观念形态。而内隐的文化即心理形态，就是人们通常所说的“文化心理”，包括人们的思维方式、价值取向、行为模式、审美情趣等。二是认为文化包括物质文化、社会文化（又称为行为文化）和精神文化三种。物质文化是指通过物质生活和种种有形的实物表现出来的文化，如建筑物、各种生活用品、各种工具等。物质文化作为劳动的产品，是劳动的直接对象化；社会文化即行为文化，是通过社会成员共同遵守的社会规范和规范行为表现出来的文化。社会规范包括制度、法律、纪律、道德、风俗、信仰等，对社会成员起规范作用，调节社会行为和协调人际关系，它作为一种社会规范而存在，是社会意志的产物；精神文化是指通过精神活动和精神产品表现出来的文化，包括文学艺术、科学、哲学、大众传播等。

上述两种对文化的理解，大同小异，基本包括以下三个主要方面：物质文化，即有形的文化状态；社会文化，即社会规范，如组织、制度、法律、纪律、道德等；精神文化，包括文化心理以及由文化心理支配而发生的行为、行为的结果和各种文化形式、精神产品等。

从宏观的角度上说，文化具有如下几个显著特征：

其一，具有继承性。文化的继承性，直接表现为所有文化都是学来的，而不是通过生物遗传天生就有的。因此，可以说文化是人类的“社会遗传”。在人类文化学中，这种文化从一代传到下一代的过程称为“濡化”。同时，文化的功能在于满足人们的某种需求，这种需求是由生理决定的，但需求满足的方式却是由文化决定的。因为通过对文化的继承，人们可以学会满足自己生理需求的适当的方式。

其二，以象征符号为基础。德国著名哲学家恩斯特·卡西尔在他的著作《人论》中说，“人是符号的动物”，“符号是文化的形式”。在任何文化现象中，符号的象征意味都非常明显，可以说，符号是文化最重要的象征形式。象征符号的形式很多，包括语言、文字、思维、音乐、偶像等。其中最能代表文化的象征符号是语言——文字，它是人类文化的基础。正是因为有了象征符号，人类才能把文化代代相传。

其三，具有一体化的倾向。文化的一体化，有两方面的含义。一是文化是一整套共有的理想、价值观和行为准则，它是使个人行为能为一个社会或集体所接受的共同标准，尤其是以血缘或者地缘为纽带的社会中，或者是在某个群体中，这种一体化倾向更加明显；二是文化的各个方面作为相互关联的整体而发挥作用。也就是说，文化是一个整体，各有机部分之间密切结合，相互补充、相互支持，缺一不可。如果某种文化缺乏一体化倾向，它本身也就不可以称为文化。

其四，具有民族性和地域性。事实上，文化的民族性和地域性是一个整体。因为民族是一种群体，是居住在一定地域，过着大致相同的经济生活，有在民族语言基础上形成的共同的文化历史基础的集团。因此，文化的民族性和地域性表现在，不仅国与国之间的文化不同、人种与人种之间的文化不同，就是在同一国内，由于地理位置不同、风俗习惯不同、历史发展过程不同等，文化的表现方式往往也存在较大差异。

文化的功能主要体现在以下几个方面：

首先，具有教化功能。人的社会性决定了一个人要进入社会并被社会所接纳，必须经历“社会化”的过程。社会化的过程，就是人与社会生活不断调适，使个人从“有机体生物人”发展成为社会人的过程，即一个人进入社会以后终生接受社会文化和行为模式的教化、完善与发展个性的过程。

文化对人的教化作用的表现形式多种多样。例如，我们常常说，父母是孩子的第一任老师。从孩子一出生，只是从本能需要出发，只知道要满足对食物的生理需要时开始，父母就对孩子一步步地进行符合社会文化和社会规范的教化；孩子稍大一点，就要到幼儿园中与小朋友们相处，建立一定的表现在纯真的友谊基础上的关系，知道要听阿姨的话，不能时刻都为自己着想，要把好吃的东西让给比自己小的小朋友；之后要继续读小学、中学、大学。从大学毕业之后，这种社会化还要继续，所以说，文化对人的教化是终其一生的。文化对人的教化作用从大的方面看，它要完成作为一种文化现象为了本身的生存发展所必须完成的濡化过程，即通过各种形式，如通过人或者物的记载，通过一个人传给另一个人或一个群体，一代传一代，使其自身得以存在和发展，完成“文化遗传”，最大限度地使社会成员形成符合一般社会文化这种行为准则要求的道德价值体系，并且使自己的行为能动地反作用于社会文化环境。

其次，具有规范作用。文化的基本功能之一，是通过道德、法律、纪律、规章制度等具体的要求，规范和约束社会成员的行为，使之符合社会的一般要求。文化最重要的一种表现形式，是文化作为社会文化，具有通过法律、道德、纪律、规章制度、信仰、风俗、社会舆论等成文或不成文的规范的约束力，规范所有社会成员的行为，使之符合社会的一般要求。在社会中，各种形式的规范很多，从社会生活的各个方面规范人们的思想和行为。其中法律、纪律等成文的规定是硬性规定，是人们在社会生活中必须遵守的作为底线的生活准则。而道德要求、风俗习惯和信仰以及社会舆论等则属于一种软性的行为规范，要求每个社会成员遵守。而所有这些规范，无不是以文化形式表现出来。离开了文化的外壳，这些规范就无从谈起。

再次，具有娱情功能。文化的基本功能之一，是满足社会成员的娱乐需要，简称“文娱”。即通过各种文艺形式和游戏活动陶冶社会成员的情操，培养他们的情感和满足他们精神享受的需要。我们知道，人有各种需要，首先是必须满足生存的基本需要，如饮食、睡眠、空气、阳光等；这些条件基本满足之后，人还会逐渐产生高级一些的各种精神需要如阅读、听音乐、看电视，而所有这些，都无疑是靠文化的功能来实现的。举个更直白一些的例子，人的性的需要具有文化的属性。人不是动物，所有的性行为都具有文化的内涵。在上古时代，由于生产力的低下，人们的生活条件极端艰苦，人要生存下去很难，为了维持种族的繁衍，性的功能主要体现为传宗接代，实现人口的再生产。而到了近现代，随着生产力的发展，科学技术水平的提高，避孕技术越来越普及，性生活就不再是单纯为了维持种族的需要，更主要的功能就变成了娱乐，即纯粹的娱情。当然，文化的娱情功能，更多地体现在通过文学艺术等形式的熏陶，使人们能够更好地实现社会化，树立高尚情操，从而更加符合社会文化对人的要求。

最后，促进社会发展的功能。社会发展的根本标志，是生产力水平和社会文明程度的不断提高。换句话说，人类社会历史的发展，最重要的标志就是生产力水平的提高，即物质水平的提高和全社会精神文明程度的提高。而无论是物质水平的提高还是精神文明水平的提高，最终都将体现在文化的发展上。另外，正是借助文化的象征符号的使用、文化的规范作用的实现，才使人类社会在复制上一代的基础上有所发展与进步。只有文化的发展进步，才可以促使社会物质生产的发展和精神文明产品的丰富与发展。

在马克思主义哲学中，虽然并未对文化及其本质作出明确界定，但是，却在不同方面对文化进行了解释，形成了独具特色的文化观。这种哲学意义上的文化观，对于我们理解文化的本质具有重要意义。具体地说，马克思主义哲学的文化观具有如下特征：

第一，强调文化是人类社会实践活动的历史产物。

从文化学理论中我们知道，文化是人类所独有的。文明的传承也是人类社会独有的文化现象。至于文化的产生，马克思主义哲学也给了我们明确答案。我们知道，广义上的文化包括人类在社会历史的实践中所创造的所有物质财富与精神财富。狭义的文化指社会的意识形态以及与之相适应的制度和组织机构。不管是从广义文化的角度来理解，还是从狭义文化的角度来理解，都离不开人的社会实践。

在马克思主义哲学中，重点剖析了作为人类文化中核心成分的人类意识的产生与发展过程。马克思主义哲学认为，意识或者意识现象也是物质世界长期发展的产物。意识不是从来就有的，它起源于物质，是社会的产物。首先，因为劳动对意识的产生提出了客观需要，也就是说，人类要通过劳动有意识地改造自然环境，使之更加适应自己的需要。这就要求人类不仅认识事物的表面现象，还要深入地认识事物的本质和规律。这就决定了人类的认识必须向以抽象思维为特点的人类意识发展。其次，劳动促进了思维的物质外壳——语言的产生。在劳动过程中，人类需要协调动作，交流思想，于是就产生了语言。而语言的产生，使人类通过大脑来概括各种感性材料，进行抽象思维。最后，劳动和语言促使猿脑变成了人脑，经过从猿到人的不断发展，人类的感觉器官、思维器官不断发展和完善，人类的活动范围不断扩大。随着人类社会的不断发展，人类意识也不断发展和完善，形成了一种依赖于物质世界而存在的人类意识。所以，人类意识发展的过程，在一定程度上也可以说明文化的产生无论如何也离不开人类的物质生产活动和社会实践活动。对此，有学者指出，“无论作为广义还是狭义的文化，其内在本质都是人的创造性的劳动实践。”①

第二，认为文化的发展具有阶段性，体现了唯物辩证法中的批判与扬弃。

批判性是马克思主义哲学的主要特征之一。辩证唯物主义认为，人类社会历史的发展，包括人类文化的发展，都具有阶段性。也就是说，文化总是在批判中继承，继承不是照抄照搬，而是必须进行合理的取舍、扬弃。同时，批判也不是离开传统另搞一套，而是对原有事物合理部分的发扬光大。从人类社会、人类文化、文明发展进步的过程看，不论是物质生产的进步，还是精神文化的传承，都深刻体现着这种批判的继承性。这一点，无论是从人类社会形态的进步来说，还是从文化传承的发展进步来看，都莫不如此。例如，列宁就曾指出，马克思主义对资产阶级文化的批判是一种理性的批判，“并没有抛弃资产阶级时代最宝贵的成就，相反却吸收和改造了两千多年来人类思想和文化发展中一切有价值的东西”。②

马克思主义哲学的文化观一方面肯定了资产阶级文化在剔除封建腐朽思想观念，追求自由、平等、民主、人权、法治等方面所做的历史性贡献，认为相对于封建文化而言，资产阶级文化的确体现出人类社会发

① 左亚文：《马克思文化观的多维解读》，载《学术研究》2010年第3期。

② 《列宁选集》第4卷，人民出版社1995年版，第299页。

展进程的一种进步，为促进人类文化发展提供了一定的支撑。另一方面，对资产阶级文化的产生根源、价值观念等内容进行了合理性的批判。

第三，认为文化的发展受时代和社会发展规律的制约。

发展是唯物辩证法的总特征之一。这一点体现在马克思主义哲学的文化观中，认为人类的社会文化作为社会实践的产物，其产生、发展也都要受到时代和社会规律的制约。正如马克思所说的，“宗教、家庭、国家、法、道德、科学、艺术等等，都不过是生产的一些特殊的方式，并且受生产的普遍规律的支配”。[①] 这一论述说明，社会生产规律支配着法、道德、科学、艺术等精神文化产品的生产，各种精神文化的生产也只有合乎社会生产的一般规律，才能够有得以延续和发展的前提条件。马克思主义哲学的文化观认为，文化与经济存在密切联系，文化的产生和发展与其说是受社会生产一般规律的支配，不如说是受社会经济具体条件的支配。一方面，社会的经济方面统领着文化生产的全过程；另一方面，文化生产对社会经济基础产生能动的反作用。因为文化作为社会生产力的重要组成部分，本身也是社会生产力的一种表现形式。随着这种符合经济社会发展需要的文化不断发展、提高，整个社会经济必将呈现出全新的发展态势。正是由于文化这一软实力的推动，经济社会的进步和繁荣才有了持久的动力支撑。由此可见，文化作为一种生产力和软实力，整合凝聚着社会各方面的力量，其渗透力和影响力在整个社会发展和文化建设过程中不可忽视。因此，我们只有更加重视文化的力量，不断创造和发展符合时代要求和社会发展规律的先进文化，才可以更好地促进文化对经济社会发展的引领与革新作用。

第四，强调文化要为人民群众的根本利益服务。

人民，只有人民才是创造世界历史的真正动力，这是马克思主义唯物史观关于谁才是历史发展的主体的论断。在马克思主义哲学看来，人民群众是人类社会历史的创造者，决定社会历史前进发展的是广大“行动着的群众”，人民群众也是社会物质财富和精神财富的创造者。为此，

---

① 《马克思恩格斯文集》第1卷，人民出版社2009年版，第109页。

马克思主义哲学文化观认为，在无产阶级革命进程中，无产阶级思想文化的价值最终只能体现在其创造主体即广大人民群众的身上；无产阶级思想文化也理应把最广大的人民群众视为其所服务的对象，切实将实现最广大人民群众的根本利益作为其奋斗目标。

在马克思主义同中国革命的具体实践相结合的过程中，马克思主义哲学的文化观同样具有为广大人民群众服务的鲜明色彩。毛泽东同志就曾明确指出，无产阶级的思想文化和社会主义的文学艺术都是“为人民大众的，首先是为工农兵的，为工农兵而创作，为工农兵所利用的”。[①]新中国成立后，特别是改革开放之后，历届中央领导集体都非常重视文化建设。例如，2015 年 10 月中共中央《关于繁荣发展社会主义文艺的意见》中指出，“文艺事业是党和人民事业的重要组成部分。我们党历来高度重视文艺工作，在革命、建设、改革各个时期，充分运用文艺引领时代风尚、鼓舞人民前进、推动社会进步。实现中华民族伟大复兴，离不开中华文化繁荣兴盛，离不开文艺事业繁荣发展。举精神旗帜、立精神支柱、建精神家园，是当代中国文艺的崇高使命。弘扬中国精神、传播中国价值、凝聚中国力量，是文艺工作者的神圣职责。”“坚持重心下移，把各种文艺惠民措施纳入公共文化服务体系建设规划，推行菜单式服务，以实效为标准，提升质量和水平。创新形式、持续开展文化进万家、送欢乐下基层、心连心、文化艺术志愿服务、农村电影放映、全民阅读等活动，深入推进服务农民、服务基层文化建设先进集体创建活动”。

第五，认为发展文化的目的是解放人、塑造人、发展人。

首先，马克思主义哲学的文化观是以文化的解放来谋求人的解放。马克思主义的观点认为，人类社会的历史是人类通过劳动创造人类自身文明的文化史，是人类在不同社会发展阶段不断追求自身解放和自由发展的文明史。马克思把人类社会的发展划分为三个阶段——对“人的依赖”阶段、对“物的依赖”阶段和“自由而全面发展”阶段。所谓对

① 毛泽东：《在延安文艺座谈会上的讲话》。

"人的依赖"，是指在原始社会中，人类被"陌生的、对立的、不可理解的外部大自然"这一神秘力量的控制和支配，所以人对自然力的敬畏迫使原始人类社会逐渐建立起氏族间的血缘关系，人的自由和个性被对自然的原始敬畏和崇拜所掌控和奴役，也被氏族间的人身依附关系所束缚和制约。所谓对"物的依赖"，是指当人类社会发展到资本主义阶段，社会生产力得到了较大发展，从表面来看，人们能够在自由、民主、平等、博爱的文化理念下追求个性的张扬和发展。但是，从本质看，在资本主义社会中，资本取代了人的地位而成为社会的"主体"，金钱成为人的"异己本质"，制约着人的自由个性的发展。只有到了"自由人的联合体"时期，社会文化的发展才能使人摆脱对"物的依赖"而进入自由全面发展的"自由个性"与解放的阶段。

其次，马克思主义哲学的文化观认为，要借助良好文化环境或氛围的营造来促进人各方面素养的提升。马克思主义哲学认为，人创造了文化，同时文化也塑造了人自身。文化作为一种可以改造和变革社会的力量，具有塑造人和完善人的功能，积极营造良好的文化环境或氛围是实现人自由全面发展的有效保障。马克思主义哲学的文化观认为，所有社会的精神文化，尤其是无产阶级性质的精神文化，都应该强化其文化的育人作用和塑人功能，进而培养"具有尽可能丰富的属性和联系的人"，即全面发展的文化人或文明人。在马克思主义哲学的文化观看来，社会的生产发展繁衍出与之相应的精神文化，而这种精神文化的发展也造就着同时期的人，使每个人都能继承和延续人类创造的一切文明成果，并运用这些已有的文明成果来武装头脑、塑造自我，反过来不断推动社会的生产发展。为此，马克思十分重视思想文化对人的塑造功能，认为先进的思想文化是解放人和发展人的强大"精神武器"。

最后，马克思主义哲学中文化观的终极目标，是以文化解放人和塑造人，并服务于人自由而全面的发展。马克思把文化视为一种具有批判性质的"物质力量"，这种文化"物质力量"具有"推翻那些使人成为被侮辱、被奴役、被遗弃和被蔑视的东西的一切关系"的巨大作用，为人类的全面发展斩断所有社会羁绊。在马克思看来，无产阶级文化思想理应成为“批判的武器”而被人民大众所掌握，使人们能够在扬弃其他社会文化形态时整合和凝聚一切文化力量，以实现人的不断发展，使“文化上的每一个进步”真正成为“人类迈向自由的一步”，进而为共产主义社会的实现创造有利的文化条件。

（二）文化建设在警察队伍建设中的重要作用

有人说，文化是民族的血脉，是人民的精神家园。有人说，文化是国家发展必不可少的一种软实力。有人说，文化是一种力量。这些都是人们经过反复实践，对文化的作用经过长期的哲学思考后得出的结论。结合文化学理论、马克思主义哲学中的文化观，我们认为，文化建设对于警察队伍建设的重要作用可以体现在以下几个方面：

第一，提高警察队伍的整体素质和战斗力。

1944 年 10 月，毛泽东同志在陕甘宁边区文教工作者会议上作了《文化工作中的统一战线》的讲演，在讲演中他说，“没有文化的军队是愚蠢的军队，而愚蠢的军队是不能战胜敌人的”。这说明了文化建设对于一支军队的重要作用。在革命战争时期，整个社会的文化水平很低，文盲占人口总数中的绝大部分。在这种环境条件下，按照常规，一个战士只要能服从命令，能够具备作为战士应具备的战斗技能就基本可以适应战争的需要。那么，毛泽东同志为什么还要强调文化建设在军队中的重要作用呢？因为毛泽东同志深刻地认识到，军人只会打仗远远不够，一支只会打仗，却不知道为什么打仗、为了谁打仗的军队，就是一支没有方向、没有目标的军队，而没有目标、没有明确方向的军队不可能有未来。当前，社会形势同战争时期相比，已经发生了根本性的变化，社会中文盲的人数已经微乎其微，大学教育也已经普及。面对这种情况，我们的警察队伍如果不能提高整体的文化素质，不知道为何从警、为谁用警、如何从事警务活动，这支警察队伍依旧还是一支愚蠢的队伍，还是一盘散沙。所以，只有加强文化建设，使我们这支带有专政性质的队伍真正明确自己的专政职能和为人民服务的职能，我们这支队伍的整体素质才能有较大的提高，才能更好地履行自己的职责。

第二，增强警察组织的向心力和凝聚力。

文化具有一体化的倾向，警察文化建设也具有一体化的倾向。警察文化的一体化，首先是指警察文化是整个警察队伍中存在的一整套共有的理想、价值观和行为准则，它是使每个民警个人的行为能为整个警察组织整体所接受的共同标准。前面我们曾经讲过，全国警察是一家。在我国，不论是哪个地方的警察，不论他走到国内的哪个地方，或者是执行警务活动也好，或者是去探亲、访友、旅行也好，见到了所到地方的警察，都会有一种认同感、亲近感。这种情况可以推而广之，也就是说，尽管是不同地区、不同国家的警察，在他们因不同情况相遇的时候，也会有一种认同感，甚至可以令人发出“天下警察是一家”的感慨。从这个意义上说，加强警察队伍的文化建设，向人民警察灌输警察这种职业所特有的价值观和行为准则，就可以使警察队伍中的每个人增强对警察这种职业的认同感，使警察队伍具有更加强烈的吸引力和向心力，使每个人民警察具有职业自豪感，并且为了自身作为警察这种职业的荣誉，为了整个警察组织的荣誉而充分发挥主观能动作用，促进警务活动的顺利完成。

第三，促进警察组织更好地完成各项职能任务，促进经济社会发展。

警察文化是社会文化的有机组成部分。按照马克思主义哲学文化观的理论，警察文化不仅基于一定时期的社会经济，是反映特定时期社会统治阶级意志的文化体现，而且对社会的政治、经济、文化等宏观背景产生一定的能动作用。表现在我国目前的社会情况下，我国的警察组织无论从组织构成还是组织发展目标，或者从警察文化的构成来看，都反映着我国社会主义国家的性质，代表着广大人民群众的意志，服从和服务于国家的经济社会发展，而且警察组织文化建设的目标也很明确，从总的方向上来说，是巩固共产党的执政地位，维护社会长治久安，保障广大人民安居乐业，促进经济社会发展。在这个宏观目标的框架下，警察组织文化建设的目标体现了文化建设为国家和警察组织宏观目标实现服务的要求。基于此，我们可以说，现阶段警察文化建设不论是从制度层面来说，从警察理念、核心价值观的层面上说，还是从具体的警务运行过程中的文化建设等方面来说，都会对经济社会发展起到一定的促进作用，是整个社会发展不可或缺的重要组成部分。随着警察文化建设的不断完善，警察组织职能任务的顺利实现，警察组织的警务工作一定可以在很大程度上促进整个经济社会的发展。

第四，挖掘民警个人潜能，培养适合形势发展需要的新型民警。

社会越发展，文明越进步，就越重视个人的权利、利益和人性的发展与完善。这一点符合马克思主义哲学文化观关于解放人、塑造人、发展人的观点。就个人与社会的关系而言，中、西方的差别很大。在西方人眼中，更加注重人的个性解放，强调个人利益的实现高于一切。而在我国，在东方传统文化中，则更加注重个人的利益要服从于一定的社会团体的利益，如个人利益必须置于国家利益、集体利益之下。因而，对于人性的压抑要远远甚于西方。当然，这种情况随着社会的发展也有很大改观。特别是改革开放之后，不仅每个社会成员的利益诉求得到了前所未有的重视，而且从国家层面更加重视每个社会成员的发展要求。例如，从执政党执政的层面，多次提出并强调要在社会管理过程中突出以人为本的执政理念，在各种社会管理、企业管理和组织管理中突出人性化管理，尽管避免以量化或者物化为标准的冷冰冰的管理方式，主张通过人的自觉和人的素质的提高来实现组织管理的改善，等等。在警察组织中，通过多年来的实践，也逐渐认识到通过文化建设提高民警素质的重要性，走出了单纯强调从严治警的误区，开始把强调从严治警与从优待警并重。而从优待警，不仅仅是为民警提供更广阔的政治上进步的空间、更优厚的物质利益，更重要的一点在于通过关心人、理解人、尊重人、提高人、激励人，最终实现发展人的目的。

第五，从软、硬两个方面规范民警的行为。

警察文化的功能作用，最重要的一个方面是通过组织、制度建设，通过道德、纪律和组织认同，规范民警的行为。要规范人的行为，一般来说应该从两个方面入手。一方面是硬性规范，在社会层面是通过法律和相关的纪律、制度规定，为人的行为划定界限，这一点对于警察队伍这样一支纪律队伍来说尤为重要；另一方面是软性规范，即通过道德约束、目标和组织认同，通过社会成员自身素质的提高，使之自觉地约束自己的行为。而加强警察队伍的文化建设，恰恰可以在这两个方面发挥作用。一方面，通过用作为文化主要表现形式的文字符号制定各种成文的规定，用直观的方式给民警的行为制定规范和纪律，使民警必须遵守；另一方面，通过文化的正面熏陶，使民警真正树立全心全意为人民服务的宗旨观念，真正做到权为民所用、利为民所谋，自觉抵制各种不良风气的侵蚀，从而提高警察队伍的整体素质。

第六，有利于树立新时期人民警察的良好形象。

改革开放之后，为了加强警察队伍建设，我们曾提出了许多口号，给我们印象比较深刻的一个口号是“内强素质，外树形象”。其内涵比较清楚，就是要通过提高警察队伍的整体素质，在社会公众心目中树立警察机关的良好形象。提出这样的口号，无疑是一分为二地分析了警察队伍建设的现状，针对队伍整体素质不高，广大人民群众对警务工作和警察个体中存在的一些突出问题而提出的针对性举措。初衷不可谓不用心良苦，但实际效果却并不理想。究其主要原因，是在内强素质的过程中，措施不够得力，没有把文化建设放在一个重要位置上。

按照马克思主义哲学文化观的要求，警察组织及其文化建设，根本目的是为国家发展、社会稳定和人民群众安居乐业服务的。从警察组织长期以来的工作实践上看，我们确实在这方面做了大量工作，取得了很好的效果，较好地完成了这方面的任务。但是，为什么广大人民群众对此并不满意，而且社会中仇官、仇富、仇警的情绪不断增长？主要原因就是警察队伍的整体素质还不够高。用改革开放之初的话说，警察对群众是冷、硬、横、推，门难进、脸难看、话难说、事难办。而现在的情况是，一些基层民警给群众办点事就伸手要好处，没有好处不办事，有了好处乱办事，这样的情况已有了普遍的倾向，群众的不满意就完全在意料之中了。针对这种情况，内强素质，就是要抓住根本，抓住文化建设这个关节点，要用文化的力量潜移默化地提高民警的文化素质、道德素质、职业素质，通过一点一滴的养成熏陶，从民警的文明礼貌、待人接物等细小的环节做起，真正做到内强素质，然后自然就可以外塑形象。

第七，有助于广大民警在警务工作实践中学哲学、用哲学。

文化对于警察队伍建设的重要作用，非常突出的一个方面在于可以促使全体警务人员在警务工作实践中自觉地学哲学、用哲学。关于文化与哲学的关系，学界有过很多非常深刻的解读。一般认为哲学是一个时代文化的结晶，是对一个时代文化的总结。而且哲学是文化的核心，有什么样的哲学就有什么样的文化，一种哲学总是产生于一种文化当中，是对一种文化的总结、继承和发展。此外，哲学是一种大众的文化，是大众生活的反映；是一种实践的文化，只有在实践的基础上才能开花、结果。基于上述观点我们认为，加强警察文化建设，实际上是对哲学在警务实践中的一种广泛应用。可以推动每个警务工作者在自己的警务实践过程中，不断地认识自己所从事工作的规律性，并通过警察组织有目的地推动，使所有民警认识到学哲学、用哲学的重要意义，从而在实践中把一些基本的哲学原理，如对立统一规律、具体问题具体分析的方法等自觉地运用于警务工作的实践。这种从实践认识的提高，再回过头来指导警务工作实践的过程，就是民警学哲学、用哲学的过程。

（三）警察队伍文化建设的途径

目前，我国各级警察组织尽管已经认识到文化建设对于促进公安事业发展所具有的重要作用，但是客观地说，重视程度还很不够，抓文化建设的力度小，措施不够得力。一方面，各级公安领导机关缺乏对文化建设的全盘谋划；另一方面，基层公安机关因为工作任务重、压力大，也很少真正把文化建设放在应有的位置上。从辩证唯物主义的角度来考量这种情况，总的趋势是忽视了精神文化因素对事物发展的能动的反作用。针对这种情况，我们认为警察文化建设应该从以下几个方面入手，抓紧抓好。

第一，提炼和培育警察组织的核心价值观。

我国著名的经济学家于光远曾说，“关于发展，三流企业靠生产、二流企业靠营销、一流企业靠文化”。当前，社会发展已经深入文化层面，文化软实力的作用已经越来越引起人们的广泛重视。警察机关作为一个结构严密的社会组织，也必须重视文化建设的重要意义，根据当代文化学、管理学中最先进的理论，把文化建设当作一种管理手段，积极提炼、培养警察组织符合时代要求的价值观。美国企业文化专家劳伦斯·米勒在《美国企业精神——未来企业经营的八大原则》一书提出的八大基本价值理论可以供我们参考。这八大基本价值是：（一）目标原则，成功的企业必须具备有价值的目标。（二）共识原则，企业成功与否，要看它是否有聚集众人的能力。（三）卓越原则，卓越不是指成就，而是一种精神，一种动力，一种工作伦理，培养追求卓越的精神。（四）一体原则，全员参与，强化组织的一体感。（五）成效原则，成效是激励的基础。（六）实证原则，即强调科学的态度，善于运用事实、数据说话。（七）亲密原则，即相互信任、互相尊重，团队精神。（八）正直原则，正直就是诚实，用负责认真的态度工作。

2012 年，党的十八大提出了我国现阶段的社会主义核心价值观，归纳起来是 24 个字，从国家、社会和社会成员个人三个层面提出了我们的价值追求，内容是富强、民主、文明、和谐，自由、平等、公正、法治，爱国、敬业、诚信、友善。这一体现全社会时代精神的价值观，是警察组织提炼具有自身职业特色价值观的基本依据。

当前，警察组织应该在社会主义核心价值观的指导下，根据自身的性质、职责范围、任务目的，从人民警察为谁从警、如何从警、从警的职业要求等方面提炼符合时代要求的价值观念体系，并大力提倡、弘扬这种价值体系，从思想上引领全体民警为实现警察组织更加强大的目的而共同努力。

第二，在警察队伍中创造浓厚的文化氛围。

所谓文化氛围，是指在一定社会组织的整体环境中，能够体现组织所推崇的特定传统、习惯及行为方式的精神格调。一般来说，文化氛围可以是有形的，也可以是无形的。它以潜在运动的形态使社会组织的全体成员受到感染，体验到组织的整体精神追求，因而产生思想升华和自觉意愿。文化氛围的特点在于它就像春雨一样，“随风潜入夜，润物细无声”。

有研究者认为，文化氛围主要表现为环境氛围、精神氛围和制度氛围三个方面，具有传播、感染、引领、凝聚、疏导、陶冶、塑造、传播、审美以及娱情等方面的功能。鉴于此，警察组织要充分发挥文化育警的作用，就必须想方设法地培育组织内部的文化氛围。在警察组织中加强文化建设，培养文化氛围，不一定要轰轰烈烈，高潮迭起，但一定要扎扎实实，令人喜闻乐见。在这方面，不同地方的警察组织都做过一些有益的尝试，如进行专项的读书活动、组织民警自编自演文艺节目、搞警营开放日，请群众到公安机关参观，体验警察的日常工作和生活情况、进行警务知识比赛，等等。此外，在制定各项规章制度以及成文规定时，要充分体现以人为本的精神，使民警在不同情况下感受到警察组织对自身的关怀，增强他们的存在感和归属感。

第三，鼓励广大民警积极参与文化建设。

每个民警相对于警察组织而言，是警察文化要培育的对象，但同时也是警察文化建设的主体。所以，离开了民警的广泛参与，警察组织的警察文化建设就是一句空话。鼓励民警参与文化建设，可以从几个方面来考虑：一是在制定本单位、本部门的相关制度文化的过程中，要广泛征求民警的意见，对于他们提出的具有建设性的意见，一定要给予足够的重视，并将其合理的部分吸收到制度规定中去。二是鼓励民警培养自己的兴趣爱好。要认识到文化的元素对人的熏陶作用是巨大的、潜移默化的和积极向上的。不论民警的个人爱好是绘画、摄影、书法篆刻还是文学创作，乃至于制作工艺品，只要有爱好，民警自学的积极性就会被调动起来，在学习、掌握特长的同时，他们的学习面会不断扩大，他们的精神世界就会不断得到积极的熏陶。三是鼓励民警立足自己的岗位，对自己所从事的工作进行微创新。创新的过程不是一个孤立的过程，要与周围的许多事物产生千丝万缕的联系。所以，创新的过程，其实也是学习的过程、分析问题和解决问题的过程，是用哲学原理指导民警实践的过程。四是鼓励民警自发地组织各类兴趣小组。在实践中，许多民警在日常的警务工作中会与周围兴趣爱好相同的同志组成一些松散的小团体，如文学创作、摄影爱好，甚至对一些警务实践问题进行讨论的小圈子。对于这些现象，各级公安机关的领导不要不问情由地横加干涉，而要进行积极的引导。五是大力提倡民警对于警务工作的流程、警务工作的方法等积极提出意见和建议。对于好的、被采纳的意见和建议，要及时给予必要的精神和物质奖励。通过上述方法，可以极大地调动民警参与文化建设的积极性，促进警务工作的发展。

第四，充分发挥典型的模范作用。

培养和树立先进人物、先进集体的模范典型，意义重大。起码可以起到三个方面的积极作用。一是示范作用。一个典型就是一面旗帜，通过各种形式宣传先进典型，就能在相关方面树立起一面旗帜，使单位或者个人，学有方向，赶有目标。二是带动作用。人心向善，每个人都有上进之心。所以，好的模范典型可以带动许多人，产生“一花引来万花开”的效应。三是导向作用。提倡什么，鼓励什么，弘扬什么，只要看宣传什么样的典型就一目了然。所以，大力宣传先进典型，可以凝聚人心、弘扬正气，催人奋进。

新中国成立之后，公安机关在不同的历史时期，曾经培育、树立了许许多多的先进集体和先进个人典型，一些英雄模范人物的事迹，至今还鼓舞着我们奋然前行。一些公安英烈的名字，永远在共和国的背景屏幕上熠熠生辉。但是我们发现，不知从什么时候开始，先进集体和先进模范人物典型的含金量似乎不那么高了。不仅一些民警对先进典型颇有微词，而且一些确实可以称得上典型的民警和事迹突出的单位也尽量避免成为先进模范的典型。为什么会出现这种情况呢？分析其原因，大致有这样几种原因：一是人怕出名猪怕壮的心理在起作用，担心一旦成为典型就会成为众矢之的；二是怕一旦成为典型，就要无形之中受到更多的约束，在警务活动中就要畏手畏脚，失去许多主动性；三是在过去的较长时间里，确实出现过一些站不住脚的典型，一些个人或者集体本身的素质不过硬，但有的人出于各种需要，凭关系、靠弄虚作假当上了典型，结果没过多久就露出了马脚，惹人笑话；四是一旦成了典型，不论是单位还是个人，在警务工作中都不敢有丝毫的松懈和马虎，因为一旦出现问题，不但自身荣誉受损，也会给上级机关和领导添不必要的麻烦，所以不如不要这个典型，等等。针对这些情况，我们认为，先进典型和模范人物也不是天生的完美无缺，也会有这样或者那样的毛病。因此，在工作中出现这样或者那样的问题都不可避免。在培育和树立典型的过程中，我们不能要求也不应该搞高大全，只要一些先进个人和先进集体在某个方面或某些方面具有先进性，就要培养和树立这些先进性，而且在宣传过程中避免过分拔高，避免过分渲染先进集体和先进个人的完美无缺和无所不能，这样才能公正客观，典型也才有人情味，有感染力。

第五，高扬英雄文化和警民鱼水情文化的旗帜。

在新的历史时期，警察组织的文化建设，在突出核心价值理念、突出职责性质的基础上，必须突出英雄文化和警民鱼水情文化。

英雄文化，是警察文化所有内容中最可以反映警察特质的精神文化。自古至今，警察都是社会中正义力量的代表，是驱除邪恶、保护善良的象征符号。所以，古往今来，警察惩恶扬善的英雄故事，是人们永远的话题。在新时期，我们也应该大力弘扬人民警察无私奉献、不怕流血牺牲，大智大勇与各类违法犯罪行为作斗争的英雄事迹，用人民警察英勇顽强、一往无前的大无畏革命英雄主义精神鼓舞全社会公众自觉与邪恶势力作斗争，培养、熏陶社会正气，引领社会的公平、正义。

鱼水情文化，是新中国成立之后，社会主义社会国家的警察机关与广大人民群众之间用血肉与汗水共同浇灌的一朵璀璨的精神文化之花。民拥警，警爱民。六十余年来，公安机关依靠人民群众的力量，靠人民战争的汪洋大海，战胜了新中国成立初期各种敌对势力的疯狂反扑，巩固了新生的人民政权，靠广大人民群众的支持，完成了不同时期的公安保卫任务，靠各阶层、各团体人民群众的支持，构筑了新时期社会治安防范的铜墙铁壁。所以，警察组织不论任何时候都不能忘记自己从群众中来，也要到群众中去，只有在人民群众的支持下，才会有坚实的力量基础。基于此，警察组织的文化建设，要始终把爱民放在重要位置，不断探索在新的历史时期开展群众工作的新方法，探索人民群众喜闻乐见的沟通形式，与广大人民群众一道，开创新时期社会治安稳定的新局面。

第六，各级警察组织的领导要自觉运用哲学原理发现问题、分析问题和解决问题，用哲学指导文化建设。

文化事业和任何科学乃至各类社会现象一样，永远都不能离开哲学的引领。警察文化建设也是一样。我们知道，哲学是文化的制高点，文化是哲学产生的基础。哲学自文化中产生又回过头来指导文化的发展。从哲学的文化功能上看，哲学可以构建文化系统的深层次价值取向，引导文化系统的整合并促进文化系统的变革。

当前，随着社会形势的发展变化，警察组织及其所有的警务活动面临的新问题很多。要有效地解决这些问题，首先必须有效地运用马克思主义哲学的观点，去发现问题，分析问题产生和存在的原因，剖析问题中的主要矛盾和矛盾的主要方面，并根据矛盾的对立统一规律及其他规律和范畴，寻找解决问题的办法。例如，有的同志强调现在基层警务工作繁重，文化建设与警务工作的关系不好摆布；有的同志强调新的社会形势下群众工作不好做；有的同志强调在新的动态社会面前，打击刑事犯罪难度很大。对于这些问题，都应该运用唯物辩证法的观点，具体问题进行具体分析。一方面，既要承认这些问题是一种客观存在；另一方面，要认真分析产生这些问题的主要原因是什么，有哪些制约因素，要解决问题主要应该处理好哪些关系，运用或者借助哪些力量，等等。要做到这一点，就要求我们各级警察组织的领导者、决策者首先要成为学哲学、用哲学的高手，率先垂范学哲学、用哲学，从而促进整个文化建设的顺利进行。

十一、全面客观地看待民警个人的成长进步

在宇宙中，在这个世界上，在哲学发展史中，还有一个问题始终处于争论与探讨之中。那就是人是什么，人的本性是什么。换一个方式提问，那就是你是谁？你是什么？尽管从古至今，对于这个问题的争论没有一个完全一致的答案，但是，从人类进步的角度上认识这个问题，我们已经得出了一个相对正确的答案。在所有的社会生活中，这个问题对于每个社会成员的意义都非常重要。如何回答这个问题，这其实也是每个警察组织中每个成员、每个警察所要回答的问题。

（一）马克思主义哲学关于人、人性、人的价值和社会进步的理论

古希腊的阿波罗神庙修建于公元前6世纪。神庙的石柱上刻着三句箴言："有所为，有所不为；学我者生，似我者死；认识你自己。"其中，最后一句箴言"认识你自己"是对世人影响最大的一句。为什么神庙上会刻上这句箴言？根本原因在于，人类认识自己是一件非常艰难的事情。哲学界一直到今天，仍然没有一个定论。

据说，有人问古希腊著名的哲学家、思想家、科学家泰勒斯，"何事最为难?"泰勒斯回答说，"认识你自己"。德国著名哲学家尼采在他的著作《道德的系谱》的前言中写道，"我们无可避免跟自己保持陌生，我们不明白自己，我们搞不清楚自己，我们的永恒判词是：'离每个人最远的，就是他自己。'——对于我们自己，我们不是'知者'……"

或者，认识一个以纯物质形式出现的人还比较容易。例如，我们在通缉犯罪嫌疑人的时候，往往会为这个犯罪嫌疑人做一个画像，是男是女，身高多少，相貌如何，什么口音，有哪些外部特征。但描述这个犯罪嫌疑人的性格，以及其他内在的东西，词汇往往比较贫乏。这是因为，我们对每个犯罪嫌疑人内在的东西很难把握。就连犯罪嫌疑人自己，对

于自己一些内在的东西也很难把握。我们每个警务工作者也是一样。但幸运的是，在马克思主义哲学中关于人的解放、塑造、发展的理论为我们认识人的本质，指出了一个基本的方向。

第一，从关于人性方面谈什么是人性。

所谓人性，是抛开了具体的人的各种性格、欲望、精神特质等，而使人类有别于动物的本质特征。自古至今，关于人性的争论，集中在善与恶两个根本相反的特质方面。有人认为，人生来是善的，如墨子就主张人性本善，而旬子则认为人性本恶。在西方，一些人认为人一半是天使，一半是魔鬼。上述理论都有其合理的因素，但其中一个重大的缺陷在于，这些理论都仅仅把人性问题抽象化，而没有从人的社会性，从社会实践对人性的影响的角度来考虑人性。而马克思主义哲学关于人的理论则认为，人是“现实”的人，人性也不是某种天生不变的本质，而是在人类改造自然和社会实践活动中形成的某种特性。因此，社会实践才是现实的人的根本特点。离开了现实与社会实践，关于人性的争论其实苍白无力。

根据马克思主义哲学关于人的理论，人的本性可以分为三个层次，即人性包括自然属性、社会属性和精神属性。自然属性，是指人的生物性，包括与人类生存、繁殖、自我保存等相关的饮食男女以及安全需要等。这些是人类得以存在、发展的物质基础，没有这种自然属性，人类就不会存在。社会属性，是指人们在劳动、生产过程中相互依存、互相交往和在人际关系处理过程中形成的社会道德等属性。如果说人和动物都具有自然属性，那么，社会属性才是使人与动物的本能相区别的重要属性，从而使人具有了社会和文化的元素。精神属性，是指人在生产、劳动过程中形成的思维能力，包括创造性、自我意识等能力。

第二，从关于人的本质方面谈什么是人的本质。

所谓人的本质，是指人区别于动物的各种属性中最根本的属性。这种属性是决定人类能够产生相关属性的内在原因，就是社会性。

马克思主义哲学关于人的理论认为，人类劳动或者社会实践创造了人本身，也创造了世界。正是在劳动和社会实践的过程中，动物的自然属性提高到人的自然属性。同时，由于在劳动和社会实践的过程中，人们产生了复杂的人际交往，形成了一定的生产关系和社会关系，从而使动物的群体性上升为人的社会性，并且在劳动和社会实践的过程中，人类的劳动分工催生出语言和文化，使人类原本处于动物萌芽状态的智能上升为人的意识。这些都说明，人的各种属性都是由劳动和社会实践派生出来的，受人的社会性的制约。

马克思主义哲学认为，“人的本质并不是单个人所固有的抽象物。在基现实性上，它是一切社会关系的总和”①，“人的本质是人的真正的社会联系。”② 马克思的这一论断说明，社会性才是人的本质属性。换句话说，人的本质是一切社会关系的总和，而且人的本质是具体的、历史的，随着不同时期社会关系的变化而变化。总之，考察人的本质绝对离不开人的社会实践与社会关系。

第三，从关于人的价值方面谈什么是人的价值。

李白说过，“天生我材必有用”。意思是说，人生下来，作为自然与社会的一种产品，必定可以在某个方面发挥作用，做出对自然、社会或者他人有益的事情。可见，价值一定是人对某些事物或者人有所益处才可以体现出来。

在马克思主义哲学中，关于人的价值的理论主要包括三个方面的内容：

第一个方面，人是价值主体与价值客体的统一。所谓主体与客体，是用以说明人的实践活动和认识活动的一对哲学范畴。主体是实践活动和认识活动的承担者；客体是主体实践活动和认识活动指向的对象。马克思主义哲学把主体和客体的相互作用建立在社会实践的基础上，科学地阐明了主体、客体及其相互关系。主体和客体是对立统一的。主体和客体不仅相互联系、相互制约，而且在一定条件下相互转化。体现在人的价值上，就是客体属性对于主体需要的满足，或者说客体对于主体的有用性。作为价值的客体，可以是物质的东西，可以是精神的东西，也

① 《马克思恩格斯选集》第42卷，人民出版社1979年版，第24页。

② 《马克思恩格斯选集》第1卷，人民出版社2006年版，第18页。

可以是人。

人的价值，既是一种价值主体，也是一种价值客体，是一种一而二、二而一的关系。世界上的任何事物，作为一种价值客体，相对于它的价值主体来说，都具有一定的价值，即对主体有一定的作用，体现在人的价值上也是如此。这里需要注意的是，在价值关系范畴中，人既是价值的主体，又是价值的客体。换句话说，人既是对价值客体的享受者，也作为价值客体创造价值。再浅显一点说，我们一方面享受各种客体价值给我们带来的好处；另一方面，我们在创造价值，为社会和其他人带来益处。例如，我们每天在社会中生活，都要穿衣吃饭、听音乐、看电视，享受不同的物质与精神生活。同时，我们每天进行的警务活动，也是在创造和谐、稳定的社会秩序，这种秩序作为一种公共安全产品，也使广大人民群众受益。

作为价值主体来说，以单个的人、社会群体和人类社会三个层次存在着。

第二个方面，人的价值是社会价值与个人价值的统一。每个人都要在社会中生活，离开了社会的人是不存在的。所以，人既是个体的人，又是社会的人，具有二重性。这一点也体现在人的价值上。也就是说，人的价值既体现为个体价值，也体现为社会价值。

所谓人的社会价值，是指人作为价值客体，对社会这种价值主体所作出的贡献和所承担的责任。在当今社会，任何人都不可能只作为价值主体去享受社会提供给自己的各种物质或者精神方面的益处，而不对社会和他人作出任何回馈。这一点是社会主义的分配原则决定的，因为社会主义社会的分配原则是各尽所能，按劳分配，多劳多得，少劳少得，不劳动者不得食。但没有劳动能力的老弱病残者除外。在这里，人的社会价值，即个人对社会所做出的贡献，既包括物质贡献，也包括精神贡献；既包括贡献的质量，也包括贡献的数量。一个人对社会的贡献大小，既取决于他的劳动能力，也取决于他的劳动态度。而且每个人的社会价值，与他的职务高低、能力大小和强弱都有直接关系，但这不是个人社会价值大小的决定性因素。一般情况下，一个人的职务越高，能力越大，对社会的贡献和价值就越大，但如果职务高、能力强的人不安心工作，或者倚仗自己的职务和能力去做坏事，则不仅不是为社会做贡献，反而却会成为社会的负价值，而且职务越高，能力越强，所做的坏事对社会的损害越大。这也是我们的一些领导宁愿用能力不强的人，也不去用道德败坏的人的原因。与此相反，一些人尽管能力一般，从事的社会工作也非常普通，但是他们勤勤恳恳，兢兢业业，在平凡的岗位上做出了不平凡的贡献，这样，他们为社会做出的贡献，不仅是有形的物质产品，也包括无形的、高尚的精神和情操，可以鼓舞和推动社会精神与物质生产的进步。

所谓人的个人价值，是指个人作为价值主体，而社会作为价值客体，对个人需要的满足程度。这里既包括物质需要、精神需要的满足，也包括发展需要的满足。而且社会发展的程度越高，对于个人需要的满足就越充分，就会为个人的人生发展提供更宽阔的空间。

人的价值作为社会价值与个人价值的统一，作为价值主体与价值客体的统一，包括相互联系的三个层次：一是生命价值。生命，活着，既是人的第一需要，也是人的最高需要，是一个个体的人创造价值和享受价值的基础，也是人类延续和发展的基础。因此，社会对于人的尊重，首先在于尊重人生存的权利。二是能力价值。劳动是人生命的意义所在。不论是体力劳动还是脑力劳动，都对人与社会具有重要价值。人的能力决定了劳动成效的高低、创造价值的大小。在当今社会，最大的浪费不是各种物资的浪费，而是人才的浪费。人不能尽其才，就是社会最大的不公正。所以，每个人都应该考虑如何增强自己的能力，同时也尊重他人的能力，并把这种能力最大限度地投入为社会作贡献中去。三是劳动价值。劳动是产生价值的源泉。没有劳动，就没有价值。人的价值从根本上说来源于人的劳动。不论是体力劳动还是脑力劳动，不论是从事物质生产还是从事精神产品的生产，不论是提供服务还是经营商业活动，人只有通过劳动才能创造价值，才能为社会作出贡献，个人的价值才会得到体现。警务活动也是一种劳动，是一种脑力劳动与体力劳动相结合，各种复杂的劳动形式集于一身的特殊的劳动形式。警务活动的价值是通过为广大社会群众提供安居乐业的环境，维护国家的政治稳定与社会稳定来实现的。

马克思主义哲学关于人的理论认为，人的个人价值和社会价值是人的价值的两个方面，而且这两个方面不可分割，相互依存、相互促进。一方面，个人只有创造更多的社会价值，社会才可能最大限度地满足个人的物质、文化、精神需要，也才能更好地调动个人的劳动积极性和创造性，为社会创造更多、更好的物质和精神产品；另一方面，个人的价值通过社会体现得越充分，说明个人对社会的贡献越大，社会也才会更多、更好地回馈个人的劳动。所以，每个人只有在实现自身的社会价值的过程中，才能实现个人的自我价值。如果从个人的“我”和社会的“我们”这个角度考虑问题，我们可以得出：思考“我的价值”是必要的，但它必须因“我们的价值”而存在；思考“我们的价值”是必需的，但它必须满足“我的存在”而存在，不能虚无缥缈。这就是二者存在的一种辩证关系。

第三个方面，人的价值是如何评价。从人类发展的历史来看，不同时期、不同阶级、不同的社会形态下对人的价值评价的标准是不同的。在原始社会中，劳动是衡量人的价值的唯一标准。人的价值体现在能为氏族其他成员提供多少食物或者其他物资。在阶级社会中，劳动作为人的价值评价标准被彻底否定了，代之以阶级和血统。封建社会中刑不上大夫，礼不下庶人，就是这种价值评价的一种赤裸裸的表现。而在资本主义社会中，金钱成了对人进行评价的唯一尺度。谁有钱谁光荣，谁没钱谁下贱，甚至笑贫不笑娼也成了社会的一种风气。这种情况，在今天我们的社会中也并不罕见。

按照马克思主义哲学关于人的理论，人的价值标准就在人的自身当中。劳动才是价值的源泉，也是评价人的价值大小的唯一尺度。用最直白的话说，人的价值不在于自己认为自己多有能力，多有水平，不在于周围的酒肉朋友怎么吹嘘你有能力、有实力，而在于个人为社会做出了多大贡献，社会给了你多大的赞赏与肯定。因此，把劳动和对社会贡献大小作为人的价值评价尺度，才是当今社会应有的对人的价值评价标准，是对原始社会朴素的、以劳动为价值标准的评价方法的否定之否定。

第四，从关于人的根本属性方面谈什么是人的根本属性。

人的根本属性在于社会性。人类社会是由人组成的社会，人只能是社会中的人。从这个意义上讲，人类社会的进步总是与人的历史命运和人的解放联系在一起的。一方面，人类需要在社会进步中得到解放；另一方面，人的解放进一步推动社会的发展与进步。换句话说，社会进步的程度，一定与人的解放的程度相关。社会越进步，人的解放也越充分。马克思主义哲学关于人的理论认为，人的解放程度是社会进步的重要标志。只有我们个人通过自己的努力，最大限度地推动社会的发展进步，个人才能在社会中获得更大的解放与自由。

（二）民警对于自身发展应有的哲学观

人的本质是一切社会关系的总和。在社会中，每个人都是一个节点，与社会中其他的人、其他的节点发生这样或者那样的联系，因此形成了各种各样的关系。有的关系直接，有的关系间接，有的关系相当明显，有的关系却似有似无。不管这些关系的具体情况怎样，每个人要在这个社会上立足，都离不开这些关系的羁绊，都必须处理好这些关系。这个道理，对于我们警察队伍中的每个人来说，都是如此。尽管我们每个人要处理的关系可能不尽相同，但只有处理好这些关系，我们才能真正地在警察队伍中立足，在社会中立足，并在站稳脚跟的基础上，去谋求更大的发展。

第一，摆正自己的位置。

要做好一名人民警察，首要的一点是摆正自己的位置，这是处理好自己的社会关系的第一步，也是能不能在警察队伍里走得稳、走得更远的关键所在。

每个民警要摆正自己的位置，实际上就是如何认识自己，如何为自己定位的问题。再深究一些就是一个确切的哲学问题，即我是谁，我要做什么，我要怎么做。

一位英国作家曾经写道："我心于我，即一王国。""我"就是一个世界。这是因为，每个人都是以我为中心来看待、来接近这个世界的。所以，当人们感受这个世界的时候，也习惯于用“我”的标准来衡量、评价世界。每个人都是一个世界，而人是多种多样的，所以，世界也是多种多样的。每个人只有在自我的心中，才有可能自由自在地完全成为自己心灵的主宰。而对于社会来说，人对自己的主宰，却很有可能成为与社会、与世界完全格格不入的叛逆精神。因此，怎样调适自己适应这个社会，有时会成为人生存的第一大问题。

从客观的存在这个角度上出发，我们谁也不能否认，每一个“我”都是客观存在的，都是具有自己的主观意愿和要求的。但是，我们每个人都不过是寄生在一个肉身上的灵魂，人死以后，来自尘土的肉身会按照物质不灭定律变回尘土，而灵魂则无所依托，烟消云散，但我们还是摆脱不了“我”的阴影，还是要时刻在“我”的枷锁的禁锢下熬过漫长而苦难的岁月。所以，对于人来说，“我”就是人生中最大的敌人，很少有人能够战胜这个敌人。

现在，人们常常把“自”和“我”联用。这两个字都是“自己”的意思，都是从人本的意义上出发，强调个体的“人”的存在。把“自”和“我”联用，就是在强调“自我”，就有了一层通过自己的奋斗和努力来实现自我的意义。

从人的本性来说，自我的最大意义，在于自己的经济、性方面以及同这两点有关的欲望可以得到最大限度的满足。这一点，无论是从理论方面，还是从实践方面，都是无可非议的，这也符合人的需要的理论。因为人生在世，为“我”的需要而努力，是一种生存的规定性。正如马克思所说：凡是有某种关系存在的地方，这种关系都是为我而存在的；动物不对什么东西发生“关系”，而且根本没有“关系”，对于动物来说，它对他物的关系并不是作为关系而存在的。人和动物的一个根本的区别，就是人意识到了自己与自己所需要对象的区别，意识到了自己是一个主体，所以才建立起了与他人、他物的关系，建立起了主体与客体的关系，而这些关系只是为了我而存在的。为我性是人的一个特性。

但是，作为一种高级生命形式的人来说，仅仅得到这种实际需要的满足还是不够的。因为作为一个社会来讲，它需要不断进化，向更高层次的社会形态发展。作为一个人来讲，他也要有更高层次的追求。有些人可能会把这种更高层次的追求理解为更多的金钱、更大的权力以及更多、更漂亮的女人等，其实这远远不是我们所说的更高层次的对实现自我的追求。我们所说的更高层次的追求，实际上是一种在完善的人格基础上能够得到的高尚的精神享受。

认识自我，超越自我，是人对自己的高水平的要求。而要真正地认识自我，超越自我，最根本的一点是要有明确的生活目的，这样才能在纷繁复杂的社会生活中，把握自己，而不使自己迷失在给自己造成的怪圈中不能自拔。

归根结底，在关于人生的哲学、关于“我是谁”的哲学思考中，一个重要的问题就是，人如何正确认识自己，给自己定位。这个问题，对于所有从事警察职业的人来说，具有更加重要的现实意义。

在现实的警务工作实践过程中，一些民警摆不正自己位置的情况是普遍存在的。例如，有的民警在执法过程中，以管人者自居，一副我就是法律，天王老子也不怕的傲气；有的民警在与群众交往的过程中完全是高高在上的感觉；有的民警随意执法，甚至徇私枉法，以权代法，等等。这些情况证明，在警察队伍中，不知道自己是公仆，不知道自己的权力从哪里来，不知道自己手中的权力应该为谁所用的情况还是很普遍的。这种情况不改变，不仅对于我们的公安事业发展不利，而且对民警的个人进步非常不利。因为在这些民警看来，“我”大于一切，他们已经在自我中迷失，如果不一巴掌打醒他们，他们就可能在歧路上越走越远。

第二，正确对待纪律与自由。

警察队伍中的纪律与自由，相对于其他群体来说，是一对更加尖锐的矛盾。这是因为，在警察队伍中，纪律要求更严，个人的自由会受到更多的限制。

自由是人生的最高和最终追求。匈牙利著名诗人裴多菲·山陀尔在《自由与爱情》一诗中这样写道：“生命诚可贵，爱情价更高，若为自由故，两者皆可抛。”美国革命时期杰出的政治家、演说家、《独立宣言》的主要执笔者之一帕特里克·亨利曾经说过，“不自由，毋宁死。”这些都说明，自由之于人生的价值具有怎样的意义。

但是，纪律对于一个社会、一个组织来说，与自由一样也具有重要意义。我们不能设想，一个没有纪律的国家、社会、群体是一种怎样的状态。警察组织作为国家专政的工具，作为半军事化的、铁与血凝成的队伍，纪律要求的意义就更加重要。

所以，我们生活在这个社会，不能没有自由，也不能没有纪律。自由和纪律既是对立统一的。自由是在纪律约束下的自由，而纪律则是带有强制性能够保障自由实现的手段。如果没有了强制性的纪律，人的自由也就无法实现。自由只有在纪律的框架内，遵守相应的游戏规则才能得到充分的实现。从另一个角度讲，纪律只是约束违反纪律的人和行为，只要不违反纪律每个人都会有充分的自由。在这方面，德国著名哲学家康德给我们树立了很好的典范。康德是德国古典哲学的创始人，在政治上，他是一个自由主义者，主张自由平等。但就是这样一个自由主义者，在他的生活中，他每一天的每一项活动，如起床、喝咖啡、写作、讲学、进餐、散步，时间几乎从未有过变化，就像机器那么准确。每天下午3点半，工作了一天的康德先生便会踱出家门，开始他那著名的散步，邻居们纷纷以此来校对时间，而教堂的钟声也同时响起。这种情况，对于我们普通人来说，或许很难理解。但对于康德来说，每天的习惯就是他给自己制定的纪律，遵守了这些纪律，他也就获得了自由。

对于警察组织中的每一个警察来说，追求自由和遵守纪律，同时也是处理一种关系，即处理自己与警察组织、其他同事之间的关系。因为纪律是警察组织所制定的、每一个警察都应该遵守的。如果某一个警察不遵守纪律，过分追求自己的自由，就是没有摆正自己与组织的关系，并把自己的自由置于其他组织成员的利益之上。

第三，正确对待得与舍。

懂得舍与得，能够处理好得与舍的关系，是一种人生的大智慧，也是一种高层次的人生哲学。古人说，有舍有得，不舍不得，大舍大得，小舍小得。俗语说，难得糊涂，占小便宜吃大亏，都是一个意思。

处理舍与得的关系，就是处理个人与集体、自己与他人的关系。在现实生活中我们都会遇到一些表面上看似很聪明的人。这些人遇事先替自己打算，凡是身边或者单位里有了“好事”，总会有他们争抢的身影。似乎也正应了那句“会哭的孩子有奶吃”，一时间，别人得不到的好处他们能得到，别人不得不吃的亏他们不吃。对于这种极端自私自利的人，我们一般含蓄地称为聪明、奸猾。这些人看起来做事一点也不吃亏，凡事都能占到便宜，于是也自以为得意，很多时候便会飘飘然起来。曾经有个朋友对我说起这样一件事，朋友的单位里有一个很聪明、从来不吃亏的同事问我朋友，“大家都说我聪明，这是什么意思?”朋友对他说，“大家都说你聪明，就说明你傻”。后来朋友对我说，大家都认为聪明的人，往往遇事先替自己打算，这就难免会损害别人的利益，久而久之，大家都知道你聪明了，就会凡事躲着你，以后大家要一起做什么有利益的事时，也会离你远远的。这样看起来，这种聪明是在不知不觉间把自己孤立起来，你说他是聪明还是傻呢?对朋友的话，我深以为然。这里其实根本上就是舍与得的问题。你不吃亏，就是别人吃亏。总是自己占便宜而让别人吃亏的人，一般都不会有好下场，总有一天要吃大亏。

舍与得也是一种矛盾的对立统一。两者相互依存，相互渗透，相互转化，相生相克，相辅相成，存于天地，存于人世，存于人心，存于微妙的细节，囊括了万物运行的所有机理。没有人一辈子只得不舍的，正因如此，也没有人会一辈子只舍不得的。一些在我们看起来是傻子，一心付出而不求回报的人，往往会得到更多的尊重和爱戴。他们才是在舍与得之间能够正确取舍的智者。

在警察队伍中，不懂得取舍之道的人很多。有的人为了一时的得，放弃了对长远利益的追求。类似这样简单的得与失的例子，值得我们深思。

第四，正确处理人际关系。

人际关系就是人们在日常的社会生活、工作等过程中形成的各种关系。其中最重要的一种社会关系，就是同事之间的关系。

现在，各种社会组织从以人为本的角度出发，提倡人们幸福生活，快乐工作。而这个提法最基本的出发点，就是要求人们处理好人际关系，特别是同事之间的关系，这样才可以实现快乐工作，幸福生活。否则，每天和同事之间矛盾重重，面和心不和，相互之间到处设陷阱、下绊子，心情怎么好得起来，工作起来怎么会有干劲儿。

处理好同事关系，主要是处理好与同事的关系和与领导的关系两个方面。

其一，在处理好与同事之间的关系时，要注意以下几点：

（1）要学会尊重别人。常言道，人敬我一尺，我敬人一丈。只有处处尊重别人，才可以得到别人的尊重。如果总是以为自己高人一等，处处盛气凌人，非但得不到别人的尊重，处不好同事关系，还会把关系搞得越来越僵。从这个角度上说，尊重别人，其实就在尊重自己。

（2）乐于助人。每个人在工作和生活中，都会遇到各种各样的困难，总会有需要别人帮助的时候。特别是在一些困境的情况下，更加迫切地需要其他人的关爱和帮助，使自己渡过难关。理解了这一点，我们就会懂得帮助别人，尤其是在别人处于困境的时候，拉人一把，就是雪中送炭，即使是对自己有各种意见的人，在他们遇到困难的时候拉人一把，不仅会化解矛盾，而且会增进理解，化干戈为玉帛。要记住，帮助别人不一定是物质上的帮助，有时简单的举手之劳和关爱的话语，以及帮助别人分析问题，出出主意，也会使人内心产生很大感激。

（3）常怀感激之心。在生活与工作过程中，有些人是没有感激之心的。他们在处于困境时，在自己有各种需要时，会强烈地希望和要求得到别人的帮助，但是一旦他们走出困境，就会忘记在困境中曾经拉过他一把的人。这样的人，我们俗称“白眼狼”。对于这样的人，日久天长，大家都知道他的为人处世之道后，会鄙视他的为人，逐渐地疏远、排斥他。知道感恩是做人的一大美德。只有知道感恩，友谊之树才会常青，如果你对别人的付出从来没有回报，你就得不到别人真正的友谊。

（4）学会真诚地赞美别人。赞美别人，不是无原则地吹捧，也不是违心地说奉承话，而是当别人有成绩、发现了别人的长处时，给予适当和必要的夸奖。赞美别人，其实就是肯定别人的成绩和长处，对别人的成长有益。同时，通过发现别人的长处和优点，也有利于自己的进步。

（5）培养诙谐幽默的语言风格。人人都喜欢和机智风趣、谈吐幽默的人交往，而不愿同动辄与人争吵，或者郁郁寡欢、言语乏味的人来往。幽默，可以说是一块磁铁，以此吸引着大家；也可以说是一种润滑剂，使烦恼变为欢畅，使痛苦变成愉悦，将尴尬转为融洽。但是，诙谐幽默的语言风格不是与生俱来的，需要培养，需要有丰富的知识和人生阅历作为基础，也需要高尚的人格魅力来支撑。

（6）学会宽容。人都是自私的，都有自己的主观意愿和需要。如果在生活和工作过程中，只是一味地强调自己主观意愿的实现和需要的满足，而丝毫不考虑别人的主观意愿的实现和需要的满足，人就不可能在社会上立足。而学会宽容，就是要在一定的时候、一定的程度上，容忍他人对自己的主观意愿和需要满足方面的“冒犯”，在理解的基础上求同存异。在工作和生活中，人与人频繁接触，难免会有磕磕碰碰。在这种情况下，学会大度和宽容，会使你赢得一个绿色的人际环境。要知道，“人非圣贤，孰能无过”。因此，不要对别人的过错耿耿于怀、念念不忘。生活的路，因为有了大度和宽容，才会越走越宽，而思想狭隘，则会把自己逼进死胡同。

（7）放下架了，学会说“对不起。”在生活和工作过程中，人总会无意间捅出些小麻烦，给别人的工作和生活造成一定的困扰。这时，不能以为小节不影响大局，自己的小错误别人可能不会发现，就一笑了之。你以为是小麻烦的事，对别人的心理影响可能会很大。因此，我们要学会真诚地道歉，自己犯了错误，要马上向别人道歉，赢得别人的理解。

当然，处理好同事之间的关系是一门艺术，是一种人生哲学。在这方面，很多人总结出了很好的经验，都值得我们学习和借鉴。但最根本的一点，是要不断提高自己的修养水平，不断完善自己的人格，用自己的人格魅力来影响周围的人，从而处理好自己的人际关系。

其二，在处理好与领导之间的关系时，要注意以下几点：

（1）要尊重领导的权威。领导往往是上级经过一定程序、考核认定具有一定能力水平之后才被任命的。作为领导，手中一定握有一些权力，这些权力就是领导最突出的外部特征。有的同志对一些领导往往采取看不起、躲着走的心态。有的人甚至说，领导有啥水平，越大的领导越好当，啥事秘书都给想到了，领导到会上一说就成了。其实，这些同志是对领导不了解，不知道没有真水平的人，真当不了领导。要知道，作为一名真正的好领导，不仅要业务能力强，更要有政治意识、大局意识，特别是要会用人。很大程度上说，领导的艺术就是用人的艺术。而且在工作实践中，我们都会遇一些好领导。他们不仅各种素质高、能力强，而且具有突出的人格魅力，对于他们的尊重，不仅仅应该是对他们职位的尊重，更重要的是对他们人格力量的尊重。

（2）要增进与领导的相互了解。一个单位或大或小，领导不可能对每个下属的业务能力、人品性格都非常了解。因此在提拔和使用干部时，往往会想到身边亲近的人、了解程度高的人。这一点是人之常情，没有什么非议。因此，想要在事业上有发展的同志，与领导增进相互了解是非常必要的。但在这里要强调的是，与领导增进相互了解，不等于那种庸俗的人际关系。不是非要请客送礼，不是非得逢年过节送红包，搞钱权交易甚至权色交易。跑官要官，花钱买官，不仅是对自己的不尊重，也是对领导的不尊重。你自己和领导都不应该只值买官的那点儿钱。与领导搞好关系，一是要靠机遇，有机会更多地接近领导；二是要更多地为领导分忧解难，让领导更多地了解你的能力和价值；三是靠日常的工作和生活中彼此的了解和感情贴近。

（3）要努力提高自己的工作能力和水平。这是与领导处好人际关系的一个重要硬件条件。当领导遇到棘手的事情时，特别需要敢于担当、善于担当的同志来为领导独当一面，解决面临的一些难点、热点问题。所以，只有自己的能力强了，水平高了，才会有更多与领导接触的机会，也才会有更多发展的机会。

（三）各级警察组织领导应正确看待民警的成长进步

警察组织中的各级领导，责任重于泰山。不仅要肩负维护一方平安的重任，还要肩负促使下属民警成长、成才的重任。不仅要政治过硬、业务精通，更要善于发现人才、培养人才和使用人才，为人才的成长开拓宽阔的空间。

第一，任人唯亲与任人唯贤。

任人唯亲与任人唯贤，是在用人制度上的一对尖锐矛盾。

我国古人早就论述过任人唯亲的危害。在古人那里，所谓的“亲”主要是指有亲缘关系、血缘关系、裙带关系的人。而所谓的贤，笼统地说是指有能力、有才华的人。

为了避免任人唯亲，我国《公务员法》第六十八条规定，公务员之间有夫妻关系、直系血亲关系、三代以内旁系血亲关系以及近姻亲关系的，不得在同一机关担任双方直接隶属于同一领导人员的职务或者有直接上下级领导关系的职务，也不得在其中一方担任领导职务的机关从事组织、人事、纪检、监察、审计和财务工作。如果是公务员单位或者国有企业出现这类情况，就应当回避，否则就会出现“父子局”“夫妻科”“孙子开车爷爷坐”的现象。所以，这种直接的亲缘关系造成的任人唯亲已经在制度上得到了根治。但是，另一种任人唯亲的现象也应当引起我们的重视，那就是一些领导不好把自己的亲人直接安排在自己主管的一亩三分地里，就与其他地方或者部门的领导搞交易，我把自己的儿子放在你的部门里你多多照顾，你把你的女婿安插在我的部门里我来负责提拔。这种情况也是一种裙带关系。但这种关系一般比较隐蔽，似乎也并不违反规定，不了解情况的人还以为领导这样做是任人唯贤。这种情况才是今天社会中、机关单位里用人唯亲的主要表现形式。

排除了血缘关系和裙带关系，今天看来，用人唯亲其实具有相当程度的合理性。因为在今天，在“人才第一”的口号下，唯才是举、用人唯贤已成为一种共识。但就政府机关，包括警察组织来说，招贤的限制太多，所谓的用人唯贤，更多的也只是在一定的范围内，选拔那些有能力、有才华的人。我们知道，现在的用人制度，虽然强调德、能、勤、绩，但其实还是以领导认可为主，领导认可、群众满意，能力水平不错，就是用人的主要依据了。在这个框架内，领导重用一些与自己共事时间较长，自己了解较深，与自己情感上比较接近，关系相对比较密切的人，其实比较符合现在的社会情况。这种形式的用人唯亲在很大程度上是一种必然选择。正如我们在前面所说，民警处理与领导的关系，最重要的一点也是要抓住机遇让领导认识、认可自己。在这个基础上才能有感情上的接近和心灵上的沟通。所以，在这一点上领导用人和民警处理好与领导的关系，为自己的进步创造条件其实是一个问题的两个方面。

第二，善于发现民警身上的闪光点。

人无完人，这句话千真万确。甚至有人说，最伟大的人，心中也会隐藏有最龌龊的地方。这一点与人还远远不能脱离动物性有关。现实中我们也会发现，每个人的情况千差万别，但很少真正有高、大、全，没有任何缺点的人。例如，有的人敢于创新，勇于冒险，但他经常不注意小节，说话做事往往不考虑别人的感受；有的人聪明伶俐，处事圆滑，但缺少大局观念；有的人勇于任事，但是处理问题简单粗暴，等等。特别是一些真正有水平的民警，往往清高孤傲，不太合群，有时甚至经常“抗上”。

作为一名警察组织中的领导，必须善于用一分为二的观点看待下属民警，不能只看到他们的成绩而忽视他们的缺点，也不能只看到他们的缺点而忽视他们的长处。特别是对于与自己感情较接近的民警，不能只看成绩不看缺点，对于与自己比较疏远的民警，则不能只看缺点不看长处。

作为一名领导，最重要的工作其实就是做人的工作。要做好人的工作，最重要的一点就是正确评价每一名下属民警。要意识到，即使最消极落后的民警，身上也有最可贵的精神素质。而领导的责任就在于发现这些可贵的精神素质，并及时鼓励，因势利导，给他们指出需要改正的错误、需要发扬的优点，并指出今后努力的方向，这样才能使民警在工作实践中不断克服缺点错误，不断增长信心，逐渐养成良好的职业道德习惯和业务素质，更好地胜任自己所从事的警务工作。

第三，正确处理宽与严、宠与害的关系。

宽与严、宠与害其实也是一对相互依存、相互转化的矛盾。这对矛盾在警察组织中往往会有非常充分的表现。

对于宽与严的辩证关系，古人早有论述。例如，春秋时郑国的思想家、政治家子产就说过，火性炎，人鲜灼；水性懦，人多溺。意思是说，火的性质比较猛烈，人不敢随意靠近，所以很少有被灼伤的；而水性柔软，人都喜欢亲近它，于是淹死人的事会常常发生。现代人也根据在社会生活中总结出来的经验，常常会说，严是爱，宽是害，而且这方面的例子比比皆是。

警察组织中的宽与严，主要表现在队伍管理方面。其中，宽有宽松、宽仁、宽恕之意。而严主要表现为严格要求、严格管理、严肃纪律等内容。

所谓宽，消极一面的主要表现是，作为领导干部，对下属执行纪律不严格，教育不严格，对一些民警的小“毛病”听之任之，有的把单位当作“家天下”，民警犯了错误“我说可以，别人说不行”。“护犊子”，特别是对自己喜欢的、与自己感情更接近的，或者自己真能做事的下属，只要事办得漂亮，案了破得利索，哪怕在工作过程中有违法、违纪的情况，只要不严重，睁只眼闭只眼就过去了。

所谓严，不过是在法律纪律规定的范围内严格要求，使每个民警都能在法律纪律的有效约束卜执法行政，并不是太过严格的额外要求。有的领导为了怕承担相应的责任，在法律纪律要求之外再给本单位或本部门的民警制定更加苛刻的要求的除外。

处理宽与严的关系，有研究者认为，应该把握一个有效的“度”。但这个度要怎样把握，却是一个难题。我们认为，严格执行法律和纪律规定就是把握好了度。体现宽与严，最终的结果要看是对民警的爱还是害。严格要求民警按照法律政策规定和纪律要求行事，并逐渐培养他们遵纪守法的良好习惯，就可以保证他们的职业生涯顺利、平坦。这就是辩证的宽与爱；而对民警一味护短，有了违法违纪的苗头也睁只眼闭只眼，最多要求一句下不为例，其结果只能是使他们违法违纪的心理不断得到强化，最终只能害人害己。

第四，海纳百川，有容乃大。

作为一名领导干部，必须有宰相肚里能撑船的胸怀，有海纳百川的气度。要放手为下属创造广阔的发展空间，要善于发现人才、培养人才、使用人才、提拔人才，而绝不能嫉贤妒能，像武大郎开店一样。这里的道理简单又深奥，每个领导干部都必须三思。

参考书目

[1] 李瑞环著：《学哲学　用哲学》，中国人民大学出版社 2005 年版。

[2] 韩树英著：《通俗哲学》，青年出版社 1982 年版。

[3] 冯友兰著：《中国现代哲学史》，三联出版社 2009 年版。

[4] 刘思敬等编著：《马克思主义哲学基本原理》，中国人民大学出版社。

[5] 王玉梁著：《从理论价值哲学到实践价值哲学》，人民出版社 2013 年版。

[6]《毛泽东选集》，人民出版社 1967 年版。

[7]《马克思恩格斯选集》，人民出版社 2006 年版。

[8]《列宁选集》，人民出版社 1995 年版。

后 记

哲学来源于社会实践，反过来又指导社会实践。警务哲学同样也来源于丰富多彩的警务工作实践，反过来也会指导我们的警务工作向更高的层次迈进。

长期以来，在我国公安系统中，有过许许多多从事警务工作实践的高手，他们有的在刑侦工作一线中充分发挥聪明才智，攻克了一个又一个重大疑难案件；有的在社会治安管理和社会防范的岗位上兢兢业业，创造了许多成功的治安工作经验；有的在为广大人民群众服务的平凡工作中，尽职尽责，全心全意，成了广大人民群众的贴心人。这些同志在自己的警务工作岗位上都取得了显著成绩，得到了党和人民的认可，也在这个过程中，完善了自己的人生价值，实现了自己的人生目标。他们之所以能够取得这些成绩，绝不是偶然的，是因为他们本身都是学哲学、用哲学的高手。或许他们中的一些同志会说，自己可能并没有系统地学过哲学理论，那么，他们是怎样成为这个行业中的高手的呢？

实际上，从 20 世纪初到现在，从革命战争时期到社会主义建设时期，我国一直在经历一个马克思主义同中国革命和建设的具体实践相结合的发展过程。在这个漫长的过程中，马克思主义哲学理论一直在不断地影响着我们社会中的每一个成员。在我们所处的社会生活中，到处散播着以各种文化形式表现的哲学理论的因素。我们每个社会成员，不论是否系统地学习过哲学理论，都在不同的程度上受过哲学理论的熏陶。正是在这种情况下，我们在从事所有社会活动，包括警务活动的过程中，都会自觉或者不自觉地运用哲学理论来指导我们的工作。只是在更多的时候，我们可能还没有意识到我们对一些事物的判断、对一些现象的分析、对一些规律的把握，都是在哲学理论的指导下进行的。一些在哲学理论的指导下做出的成绩，我们并没有意识到真正的原因所在。这也是一些基层民警对自己的警务工作如何做、如何做好等问题只知其然而不知其所以然的原因所在。也正是在这个基础上，我们认为，学哲学、用哲学对我们每个民警来说并不是一件很难的事，因为我们已经有了学哲学、用哲学的雄厚的、广泛的基础，只要我们有心，只要我们肯下一点功夫，我们每个人都可以成为学哲学、用哲学的高手。

破除对于哲学神秘论和无用的错误认识，使我们的每一名民警都能在丰富多彩的警务实践中自觉地学哲学、用哲学，真正成为驾驭警务实践的高手，从而使警务工作的效能得到整体提升，使每个民警的人生价值得到更好的体现，是我们写作本书所要达到的主要目的。

本书是吉林警察学院重点学科经费资助项目，是吉林警察学院警察心理健康研究中心的成果之一。

由于作者的水平有限，《哲学原理与警务实践》一书只能算得上是一本抛砖引玉之作。希望读者对于本书的错误和疏漏之处，不吝批评指正。

崔北方
2017 年 5 月